U0909224

农村大有可为

2018年全国农学院协同发展联盟单位

安徽农业大学农学院
长江大学农学院
福建农林大学作物科学学院
广西大学农学院
海南大学热带农林学院
河北工程大学园林与生态工程学院
河北农业大学农学院
河南农业大学农学院
黑龙江大学农业资源与环境学院
华南农业大学农学院
吉林大学植物科学学院
江西农业大学农学院
内蒙古农业大学农学院
青岛农业大学农学院
山东农业大学农学院
上海交通大学农业与生物学院
四川农业大学农学院
天津农学院农学与资源环境学院
西藏农牧学院植物科学学院
西南科技大学生命科学与工程学院
新疆石河子大学农学院
云南大学农学院
浙江大学农业与生物技术学院
北京农学院植物科学技术学院
东北农业大学农学院
甘肃农业大学农学院
贵州大学农学院
河北北方学院农林科技学院
河北科技师范学院农学与生物科技学院
河南科技学院生命科技学院
黑龙江八一农垦大学农学院
湖南农业大学农学院
华中农业大学植物科学技术学院
吉林农业大学农学院
南京农业大学农学院
宁夏大学农学院
青海大学农牧学院
山西农业大学农学院
沈阳农业大学农学院
塔里木大学植物科学学院
西北农林科技大学农学院
西南大学农学与生物科技学院
新疆农业大学农学院
扬州大学农学院
云南农业大学农学与生物技术学院
中国农业大学农学院

不忘初心　砥砺前行

走进乡土乡村　助力精准扶贫　系列丛书

阡陌逐梦

——全国农科学子联合实践行动纪实录

中国作物学会作物学人才培养与教育专业委员会
全国农学院协同发展联盟　组编

中国农业大学出版社
CHINA AGRICULTURAL UNIVERSITY PRESS
·北京·

内容简介

2015年底，由全国农学院协同发展联盟组织了全国近50所涉农大学的农学院，形成了一个全国范围内的以知贫、识贫、解贫为目标的学生社会实践力量。行动开展三年以来，联盟共组建小队900余支，奔赴全国835个贫困村开展调研，联盟共组织千余名指导教师、万余名农科学子参与联合实践行动，深入扶贫第一线，潜心调研，深入实践，助力精准扶贫，聚力乡村振兴。

本书为“不忘初心　砥砺前行——走进乡土乡村 助力精准扶贫系列丛书”第三册，记录了2018年实践活动当中，广大农科学子走入乡村、融入乡土，以行动者和亲历者的角度，讲述小队开展的各项社会服务工作，记录广大农科学子在实践中的成长历程。

本书旨在帮助社会公众和致力于“三农”服务的在校学生了解当下真实的扶贫场景。只有认识并懂得了什么是贫困，才能把学到的知识有理有序地运用到扶贫工作中，真正实现精准扶贫。

图书在版编目(CIP)数据

阡陌逐梦：全国农科学子联合实践行动纪实录／中国作物学会作物学人才培养与教育专业委员会，全国农学院协同发展联盟组编．—北京：中国农业大学出版社，2019.6

（不忘初心　砥砺前行　走进乡土乡村　助力精准扶贫 系列丛书）

ISBN 978-7-5655-2230-7

Ⅰ.①阡…　Ⅱ.①中…②全…　Ⅲ.①农村-扶贫-概况-中国②农业院校-大学生-社会实践-概况-中国　Ⅳ.①F323.8②G642.45

中国版本图书馆CIP数据核字(2019)第115950号

书　名　阡陌逐梦——全国农科学子联合实践行动纪实录

作　者　中国作物学会作物学人才培养与教育专业委员会
全国农学院协同发展联盟　　组编

策划编辑　童　云　　　**责任编辑**　郑万萍

封面设计　郑　川

出版发行　中国农业大学出版社

社　址　北京市海淀区圆明园西路2号　　　**邮政编码**　100193

电　话　发行部 010-62818525,8625　　　读者服务部 010-62732336
编辑部 010-62732617,2618　　　出　版　部 010-62733440

网　址　http://www.caupress.cn　　　**E-mail**　cbsszs@cau.edu.cn

经　销　新华书店

印　刷　涿州市星河印刷有限公司

版　次　2019年6月第1版　　2019年6月第1次印刷

规　格　787×1 092　　16开本　　23印张　　390千字　　插页1

定　价　68.00元

丛书编委会

《阡陌逐梦》编委会

《阡陌逐梦》参编人员名单

（按照姓氏笔画排序）

马慧琴　王　龙　王继伟　王　彬　仇　飞　尹小华
尹昌美　孔欣欣　申　鸣　包月英　冯　沸　冯　晖
任贯中　刘　丹　刘　岩　刘　玲　刘　璐　汤瑞瑞
许莹竹　李亚杰　李启涛　李　珊　李婉丽　杨海岩
吴清华　谷元兴　宋　欢　张雨婷　阿布来提·依明
陈占强　陈红星　陈　虎　陈　蕊　陈馨蕊　林彬彬
金　敏　周立云　周　锋　周　霞　郑纪午　赵世浩
赵雪晴　赵　鹏　郝　娜　胡　云　娄凯皓　姚　彬
秦　丽　贯永灵　贯浩洋　殷　美　高　健　高雪纯
高　翔　郭妍妍　郭　婧　郭　瑞　崔　宁　梁佳煦
蔡洁琼　熊海林　魏春楠

序言

2018年，是改革开放四十周年，也是习近平总书记在湖南湘西十八洞村考察时首次提出“精准扶贫”思想的五周年。回首过往，在党中央的正确领导下，在全国各族人民的风雨同舟、砥砺奋进下，中华民族千百年来丰衣足食的梦想成真，实现了由温饱到总体上达到小康的伟大跨越，近五年里，在精准扶贫的思想指导下，脱贫攻坚工作稳步推进，贫困人口累计减少近7000万人。

2018年，是全面贯彻党的十九大精神的开局之年，也是打赢脱贫攻坚战三年行动的开局之年。在党的十九大首次提出“乡村振兴”战略后，党中央新出台了《乡村振兴战略规划（2018—2022年）》。展望未来，一张“产业兴旺、生态宜居、乡风文明、治理有效、生活富裕”的宏伟蓝图浮现于我们眼前，一面实现“农业强 农村美 农民富”的象征使命的旗帜由我们扛于肩上。全国农科高校携手并肩，站在新起点新征程，拥抱新时代新际遇，在深植于田野乡村的生动实践中，打通科学研究与脱贫攻坚之间的“最后一公里”；在扎根于祖国厚土的扶贫振兴中，回答“培养什么人、怎样培养人、为谁培养人”这一根本问题。

光阴荏苒，时光如梭。自2016年全国农学院协同发展联盟启动实施“全国农科学子联合实践行动”至今，已有三年。三年间，这支凝聚了全国50所联盟单位的数万师生队伍，坚持以“走进乡土乡村，助力精准扶贫”为主题，通过帮学支教、支农增收、深入调研、精准扶贫等，躬身匍匐于田野之间，执著倾注于稼穑之事。三年间，联盟平台不断开放，充分整合地方政府、社会力量、校际资源，为有志于投身国家脱贫攻坚战和乡村振兴战略的“新农人”提供广阔平台。三年间，联合实践行动更加丰富，以立德树人为本，以三全育人为基，广大农科学子在师长的带领下走在阡陌间，走入百姓家，胸怀赤诚心，心有扶贫志。三年间，联合实践行动积极弘扬正能量，唱好主旋律，育人成效更加显著，激励青年学子为“两个一百年”奋斗目标、为实现中华民族伟大复兴的中国梦不懈奋斗。

《不忘初心　砥砺前行——走进乡土乡村 助力精准扶贫》系列丛书是对“全国农科学子联合实践行动”的纪实，《阡陌逐梦》是该系列丛书的第三册，也是走进乡土农村、揭开贫地面纱、讲述扶贫故事、指导高校特别是农科院校师生实践工作的参考用书。谨以此书献礼中华人民共和国成立70周年，希望此书能够凝聚更多涉农高校之力，协同在助力精准扶贫、实现乡村振兴的道路上，为党和国家培养更多新时代“有理想、有本领、有担当”的青年一代，努力造就一支“懂农业、爱农村、爱农民的‘三农’工作队伍”的后备力量及社会主义建设者和接班人。也期待有更多青年力量加入这支“心中有阳光，脚下有力量”的队伍，心存“愚公志”，勇啃“硬骨头”，将最绚烂的青春与实现中华民族伟大复兴中国梦交织在一起，众志成城共同书写未来更美华章！

夏帝民
2019年6月

前言

2018年，已是“全国农科学子联合实践行动”开展的第三个年头。三年里，数以万计的农科学子聚成一支有爱有梦想的年轻队伍，汇成一股温暖而坚定的青春力量，他们不问骄阳酷暑，无畏狂风骤雨，毅然奔赴祖国扶贫攻坚的第一线，走进乡土乡村，助力精准扶贫。

2018年暑假，“走进乡土乡村，助力精准扶贫”全国农科学子联合实践行动再次拉开帷幕，来自全国50所涉农大学农学院、339支小队的4000余名农科学子如期而至。心怀振兴乡村的美好愿景，肩负新时代赋予的使命担当，在全国30个省（自治区）343个贫困县的匍匐实践中，他们的足迹遍及村舍田间，他们的目光望及纵横阡陌，他们的言语触及乡民心底。在无数个走村入户、知农帮农的日日夜夜里，他们聆听着当地扶贫助贫的故事，而自己也在不经意间成为了当地扶贫助贫故事中的生动人物。

年轻的联合实践队员们用纸笔记录下的：那些投身于扶贫事业的渺小而伟大的英雄，那些发生在偏远山村的细微而可贵的变化，那些由无数执着与坚守、拼搏与奋斗汇织而成的动人故事，终将成为那些贫瘠土壤上孕育而生的光明与希望，以及对梦想永不言弃的追逐。于是，便有了此刻呈现在您面前的这本《阡陌逐梦》。《阡陌逐梦》是《不忘初心　砥砺前行——走进乡土乡村 助力精准扶贫》系列丛书的第三册，首册《阡陌众行》、第二册《阡陌共语》分别于2017年10月、2018年10月出版发行。第三册《阡陌逐梦》既是2018年全国农科学子联合行动中各小队深入乡村、实地调研的成果集以及新时代农科学子感知民情、助农帮农的纪实录，也是对脱贫攻坚逐梦之路的真实呈现，年轻的农科学子将个人梦与贫困地乡民的脱贫梦交融在一起，与中华民族伟大复兴的中国梦交融在一起，砥砺奋斗，休戚与共。

2018年的联合实践行动在三年的经验积累与沉淀下，也更加成熟。首先，始终不变的是共同遵循的原则和理念：问题导向、精准帮扶、绿色发展、振兴乡村。其次，进一步完善全国统一的联合组织体系，在全国农学院协同发展联盟秘书处的统一协调组织下，全国华北、东北、西北、华中、华东、华南和西南七大片区在片区组长单位的统筹下，持续推进联合实践工作，实践成果遍地开花。第三，进一步建立健全长效扶贫机制。联盟通过组织保障坚持"薪火相传、爱心接力"，无论是产业扶贫、科技扶贫还是教育扶贫，坚持以"一个组织联系一个村""一个队员联系一个儿童""组织＋村＋农户"的方式实现点对点的精准帮扶。最后，深度挖掘联合实践行动的育人价值，建设一流争先的作物学人才培养新体系，联盟高校围绕立德树人根本任务，聚焦培养"懂农业、爱农村、爱农民""有理想、有本领、有担当"的"三农"青年人才，以联合实践行动为纽带，搭建全国农业院校作物学科人才培养交流平台，并以此为导向创新全员、全过程、全方位的人才培养模式，形成了较为鲜明的工作特色。

2018年，全国农学院协同发展联盟也取得累累硕果。在中国作物学会的大力支持下，成立了中国作物学会作物学人才培养与教育专业委员会，并在此基础上启动了"全国农科学子创新创业大赛""全国农学院青年教师教学技能大赛""全国农学院教学科研基地共享计划""全国农学院青年学者论坛"等项目。协同全国农学院面向新时代精准扶贫和乡村振兴战略集中发力，致力于培养一批"懂农业 爱农村 爱农民"的年轻力量。

联合实践行动自实施以来，得到了教育部、国务院扶贫办、团中央、中国科协、全国妇联、北京市等上级领导机关相关部门的高度重视与关怀；得到了中国扶贫基金会、中国作物学会、黑土麦田等社会公益组织的真诚帮助与合作；也得到了联盟各校领导和相关部门的大力支持与协助；同时，本书的顺利出版还得到了中国农业大学出版社领导和编辑们的鼎力相助，对此我们表示最诚挚的感谢！

本书建议作为教育系统实践育人的参考用书，也可供有意了解精准扶贫社会参与的研究者和热心读者参阅，更欢迎一切热心公益、关爱青年成长、关心“三农”问题的读者赐阅。谨以此书献礼我们伟大祖国的七十华诞，惟愿能激励更多青年不忘初心，牢记使命，一同携手在实现中华民族伟大复兴中国梦的逐梦之旅中，放飞青春梦想，谱写人生华章！

书中难免有不当错漏之处，请读者朋友批评斧正！

本书编委会

2019 年 6 月

目录 CONTENTS

若非长路跋涉怎知道路曲折，若非跨越江海怎知前途壮阔。

从精准扶贫到乡村振兴，农科学子走过了两年认知乡村的征途，而今，他们选择再次出发，奔赴远方山河。

带上对古老文明的温情与敬意，带上从泥土中得到的对基本国情的掌握，带上对资金、技术、人才、管理之于“三农”的思考。

他们站在时代的交叉路口默念：

任重道远，行稳致远。

待入尘寰，与众悲欢，始信丛中另有天。

唯有深入乡野，奔赴最贫困落后的乡村田野，才能意识到在喧嚣城市外，还有这样一方水土亟待浇灌，方会知晓祖国的前途未来，不仅仅在高楼大厦，也在高山脚下、阡陌之间。

如果说，青年强才能国强，

那我们今天的行动，恰是播种未来。

《建军大业》中有这样一句话："如果我们正在经历一场失败，那么，我们中国共产党人就是从一次又一次的失败中走出来的。"

历史总是惊人的相似。

从上海嘉兴游船卷起的骇浪惊天，到凤阳小岗村"十八个红手印"的壮烈宣言，再到合作经营、万千"淘宝村"的欣欣向荣。

改革的鼓点一刻未停，而农业，亦正阔步从传统跨入现代。

依靠人民，实事求是。

这是我们献给这时代的中国方案。

这里是精准扶贫开始的地方，万水千山走过。

中华儿女将理论与现实、经验与创新、输血与造血在碰撞中交织升华，编织着一幅壮阔画卷，自从下笔便一刻未停。

没有比脚更长的路，没有比人更高的山，

愿我们无论走了多远，都不要忘记为什么出发。

当青年一代将青春梦融入中国梦，承沙海老兵精神，怀铸剑成犁誓言，沿一带一路畅想接续奋进，改变，也正在发生。

于是我们发现，原来每个人都可以是彼此世界的“盖世英雄”。

再次站在过去与未来的边界，着实应了那句：

凡是过往，皆为序章。

纵有千古，横有八荒。

八千米的海拔落差，造就了大西南巍峨却柔美的绿水青山，星星之火从这里出发。

当那段苦难辉煌与人民一道传唱大江南北，天地为卷，山河做鉴，我们渐渐悟到成功的真谛不在预见，而在实践。

遵义会议后，毛泽东道：雄关漫道真如铁，而今迈步从头越。

我们仍需奋进。

三中全会的春风，依稀还拂过昨日的窗台，春雷轰鸣，于南海边掀起海浪惊大。

四十年的众志成城，时代见证了一个国家、一个民族从“吃不饱饭”成为世界第二大经济体、造就“中国奇迹”的华丽蜕变。

这是什么力量？是造梦的力量。

不是杰出者才善梦，而是善梦者才杰出。

面对乡村未来，我们的梦，在路上。

华北片区

若非长路跋涉怎知道路曲折，若非跨越江海怎知前途壮阔。

从精准扶贫到乡村振兴，农科学子走过了两年认知乡村的征途，而今，他们选择再次出发，奔赴远方山河。

带上对古老文明的温情与敬意，带上从泥土中得到的对基本国情的掌握，带上对资金、技术、人才、管理之于“三农”的思考。

他们站在时代的交叉路口默念：

任重道远，行稳致远。

聚焦“三农” 乡村振兴

——北京农学院植物科学技术学院2018年联合实践行动纪实录

实践团高栅子村合影 摄影：袁梦

2018年中央一号文件指出：“举全党全国全社会之力，以更大的决心，更明确的目标、更有力的举措，推动农村全面升级、农村全面进步、农民全面发展，谱写新时代乡村全面振兴的新篇章。”

习近平总书记在十九大报告中指出实施乡村振兴战略，农业农村农民是关系国计民生的根本性问题，必须始终把解决好“三农”问题作为全党工作的重中之重。要坚持农业农村优先发展，巩固和完善农村基本经营制度，保持土地承包关系稳定并长久不变，第二轮土地承包到期后再延长三十年。为确保国家粮食安全，把中国人的饭碗牢牢端在自己手中，加强农村基层基础工作，培养造就一支懂农业、爱农村、爱农民的“三农”工作队伍。在党和国家的战略部署下，消除贫困，改善民生，扎根农村，情系乡土乡亲，做到“两不愁”“三保障”“一达标”，实现乡村振兴，高等院校责无旁贷，农业院校一马当先，农科学子更是使命在肩。

北京农学院植物科学技术学院的同学们响应国家的号召，推进科技兴农事业的发展，利用自己的专业知识为广大农民做力所能及的事。在实践过程中，同学们也提高了自身的社会实践能力和对所学知识的转化应用能力，培养了自身艰苦奋斗的精神。

第一章　薪火相传，继往开来

同月同日不同“年”，同天同地不同“人”，同情同感不同“物”，同心同德不同“事”。2017 年的今天，实践团的成员们在平顶山上合影。2018 年的今天，同样是一群满含热血的青年，带着助力乡村振兴的目标，在丰宁满族自治县这个地方充分发挥自己的能力，用实际行动支持国家扶贫政策，用所学所想实现青年服务社会的价值。“平顶山”见证了农科学子为社会做出贡献的心，也见证了传承着的农科精神。2017 年，学长学姐们来到丰宁满族自治县为国家的扶贫计划奉献自己的微薄之力。2018 年我们带着同样的目标，来到了这里，将心中的理想付诸行动，实现青年服务社会的价值。这次志愿活动不仅给了我们一个为改善贫困边远山区的教育和农业落后状况做出自己贡献的机会，还让我们实现了人生的另一种价值，同时也让我们切身地了解到丰宁满族自治县村民的实际情况是多么困难。因此我们更加坚定了自己的目标，即在未来为乡村振兴战略做出贡献，用自己所学的知识为全面建成小康社会做出贡献。我相信这种服务社会的农科精神会影响一批又一批像我们一样有理想、想要为国家的富强贡献力量的青年人。相信在不久的将来，一代又一代的农科学子会来到丰宁贡献出自己的一份力量，帮助丰宁满族自治县的人们脱贫致富、走向小康。

第二章 志气凌云，砥砺前行

2018 年 7 月 23 日早上 7 点，北京农学院植物科学技术学院“北农植科学子，聚力乡村振兴”实践团带着自己的专业素养和一颗赤诚的扶贫之心出征扶贫，前往河北省丰宁满族自治县南关蒙古族乡和杨木栅子乡。本次实践团共 45 人，由植物科学技术学院党总支副书记、学生工作副院长牛奔老师及团委书记郝娜老师带队。

丰宁满族自治县是国家级贫困县，是距离首都最近的一个贫困地区。当地主要产业为农业，但经济收入较差。我们计划针对农业生产遇到的问题对该贫困地区进行帮扶。实践期间我们每天走访 个村了，在每个村子完成两项基本实践工作内容。其一，走访村委会，了解村子贫困现状及主要经济作物种植情况。实践团根据村子气候、土壤、水源、劳动力等情况就当地适合种植的作物种类与村委们展开讨论并提出建议，并到现场针对现有作物、蔬菜的种植（农产品的种植养殖）技术等问题进行指导、解决问题。其二，实践团走访村民农户，开展问卷调查，以数据统计村民实际经济收入情况。

全体实践团成员于上午 11 点到达河北省丰宁满族自治县南关蒙古族乡，安顿好住处和行李物资后，实践团召开了一次实践前动员大会。实践团团长朱子豪向同学们传达了此次活动的目的、要求和意义等，细心叮嘱了此次实践活动的安全问题和注意事项。在他的带领和鼓动下，队员们充满了信心和干劲。

7 月 23 日下午 3 点，实践团的同学们一同步行前往北黄土梁村进行问卷调查、采访农户等活动。其中调研组进入农户家里，了解当地农户的生活现状，发现每户村民的生活情况并不相同。我们不仅用镜头记录了当地的情况，同时也记录下了实践团成员的成长。晚上 6 点，实践团返回住所，交流下午调研的情况和总结工作经验，并进行书面的汇总整理。领队为我们安排了接下来的工作任务，由组长给调查问卷组人员开会，详细说明了调查内容和注意事项。

2018 年 7 月 24 日上午，北京农学院植物科学技术学院“北农植科学子，聚力乡村振兴”实践团来到了南关乡苏武庙村。实践团在农学系副教授赵波老师、牛奔老师和郝娜老师的带领下与苏武庙村赵书记等村委会成员进行调研座谈，了解本村种植、扶贫情况及农业产业结构调整情况。专家赵波老师以当地种植户王瑞强的甘薯种植地为例，带领实践团成员前往种植地进行考察，针对甘薯茎、起垄情况、土壤条件等实际问题提出改良意见。实践团团员积极地为村民出谋划策，种植户从中得到了很大的启发，来年将尝试改变种植模式，引进新品种，以提高农作物的经济收益。

第三章　乡村振兴，我们在行动

助力乡村振兴，改善农作物的种植便是其中的一部分。认真落实好乡村振兴战略，做好产业结构调整及规划改造工作，需要农业专业技术指导，进一步做优、做强、做实。科技支农，既需要干劲，更需要每一位学农、知农、爱农人的不懈努力行动。十九大提出乡村振兴发展战略，描绘了推进新农村建设的宏伟蓝图。党的政策落实是取得乡村振兴阶段性胜利的必要条件之一，党的制度贯彻是开创乡村振兴新局面的基本要求之一，党的精神传承是顺利进行乡村振兴工作的充分条件之一。在乡村振兴的道路上，青年人更应承担起自己的责任，发挥自己的作用。作为新时代的大学生，更作为新时代的农科学子，我们应继承发扬不怕苦、不怕累、不怕挫折的精神，将所学知识应用于实践，用青春热血助力乡村振兴。

实践团到达杨木栅子乡政府所在地杨木栅子村后，欧乡长邀请植保专家参与“杨木栅子乡扶贫攻坚技能培训会”，为当地种植户讲解病虫害防治知识。培训会上，任争光老师首先以“蔬菜防治”为题，从茄科的病毒病、晚疫病、灰霉病等病症进行了讲解，随后老师们科普了常用的农业知识，其中包括每种病害的症状、发生规律、发病条件和防治方法，讲解生动形象、通俗易懂。种植户认真听讲，及时做好笔记。种植户们对病虫害防治知识的掌握在农作物种植过程中不可缺少，做好病虫害防治工作，才能达到事半功倍的成效。随后实践团去富贵山村展开调研活动，一同前往的还有土壤营养学专业的刘杰老师和作物学专业的南张杰老师。刘老师就当地环境保护、土壤现状做了简要介绍；南老师以当地种植面积最广的玉米为例，为大家讲解了玉米的生长习性、杂交种的优势、优势植株的特征等。两位老师为大家上了一堂“农业知识科普课”，理论结合实际、实践结合专业，用生动易懂的语言为大家分享农业种植经验。同学们就玉米行间距对其长势的影响、地膜的重要性等问题积极向老师请教，老师一一为实践团成员讲解专业知识。大家全神贯注，仔细记录，受益匪浅。实践团此行的更深远的意义是改变村民思想中存在的错误种植方式，传授给他们种植技巧，正所谓“授之鱼，不如授之以渔”。实践团成员之间经过第一天的磨合，在第二天的工作中严谨认真，愈加精益求精。助力乡村振兴，我们在行动。

2018 年 7 月 26 日上午，“北农植科学了，聚力乡村振兴”实践团对横河村展开调研活动。采访组对本村食用菌种植大户卢艳淑（化名）进行采访。她带领采访组进入种植大棚，从种植规模、生长属性到病虫害防治向采访组一一进行了说明，使实践团成员对横河村的大体情况有了清晰的认识，也了解到食用菌在种植中的优势和劣势。

下午 2 点实践团前往长阁村，同行的还有植物科学技术学院的张杰老师、杨柳老师、任争光老师、张明照老师。随行老师与新媒体组先去村委会，从村主任那里了解了本村作物种植情况，并提出解决作物病虫害的建议。随后实践团来到香菇种植基地，任争光老师就香菇菌棒生长青霉、毛霉的问题提出防治建议，并提供防治方法。随后，一行人员在村主任的带领下到达冷棚番茄种植大棚，针对病虫害问题、生产模式等为种植户提出了意见和建议。

紧接着，实践团来到了官队营村，村子里的苹果、梨种植大户们邀请实践团成员前往果园进行参观指导。张杰老师为种植户提出了很多针对性意见。之后实践团前往桔梗种植地，药农们向植物保护专家陈述了他们在种植过程中遇到的种种难题，比如由于缺乏技术支持桔梗出现出苗率不高、苗长势不齐、死苗等现象。这些都影响着桔梗的产量，更影响着药农的收益。经过一天的奔波，实践团成员虽有疲惫，但热情仍然不减。成员们都切身感受到，不论是村民还是外出打工的青年，不论是回乡创业的领头人还是村干部，都应该尽心尽力、尽职尽责做好自己的事情。对家乡的情、对家乡的爱及对家乡的眷恋，都激励着每一个人为家乡做出一份贡献。我们爱农、知农、为农；希望调优产品结构突出一个“优”字，调好生产方式突出一个“绿”字，调顺产业体系突出一个“新”字；做强一产，做优二产，做活三产。让我们“专”“学”结合，“质”“量”结合，“销”“售”结合，“应”“用”结合，为脱贫致富付出一己之力，在帮助他人的过程中认识到个人的价值所在。我们应该时刻提醒自己——我们是农科学子，我们要为了我国农业方面更好的发展贡献出自己的一份力量。返乡青年推动脱贫，政府落实乡村振兴，勤奋农民劳动致富，脱贫路上，有你有我，脱贫之路，任重而道远。

第四章　绿树青山就是金山银山

习近平同志在十九大报告中指出，坚持人与自然和谐共生。必须树立和践行绿水青山就是金山银山的理念，坚持节约资源和保护环境的基本国策，像对待生命一样对待生态环境，统筹山水林田湖草系统治理，实行最严格的生态环境保护制度，形成绿色发展方式和生活方式，坚定走生产发展、生活富裕、生态良好的文明发展道路，建设美丽中国，为人民创造良好生产生活环境，为全球生态安全做出贡献。实现以“产业兴旺、生态宜居、乡风文明、治理有效、生活富裕”为总要求的乡村振兴。

经过近一周的社会实践，“北农植科学子，聚力乡村振兴”实践团成员在调研过程中发现了存在于农村中的一些环境问题：垃圾随意倾倒、家畜粪便处理不当、秸秆焚烧、农药化肥污染。在走访调研的过程中，实践团了解到村民对改善本村环境的需求十分迫切。

乡村振兴不仅需要“扶”经济，也需要“扶”环境。“美丽乡村”的建设既要“蓝天白云”，又要环境宜居。习近平总书记提出的“绿水青山就是金山银山”，是实施乡村振兴战略的基调。实现生态宜居，还要努力建设农民的幸福家园。生活环境变好了，村民生活变得幸福了，扶贫工作做得才有意义。好的环境是人类可持续发展的前提，有了良好的环境人们才有健康的体魄，才能实现人与自然的和谐共处，才能保证各个生命健康持续的共存共生。生态环境直接关乎人民群众的生活质量。保护生态环境就是保障民生，改善生态环境就是改善民生。为人民提供更多优质的公共生态产品，这就是绿水青山的民生价值。单纯一味地发展经济，不顾环境容纳量、超越自然，这种做法只能改变一时，并不能改变一世。经济增长不应该以牺牲环境为代价，我们要让村民不只是“富”起来，更要“福”起来。

第五章　民族的脊梁，红旗不倒

2018 年是中国人民解放军建军 91 周年，实践团前往道德坑后方医院遗址接受爱国主义教育。道德坑后方医院是解放战争时期的军队医院，医院在短短 2 年 8 个月的时间里，医护人员达到 300 余人，道德坑村 70 余户农户几乎都成了“农户病房”，周边的村庄也参与了进来。男女老少全家齐上阵，都在照顾伤员，这是军民一心的体现。随后实践团成员在“光荣烈士永垂不朽碑”前驻足，庄重肃穆，一同缅怀革命先烈，感受革命精神，是他们用生命换来了今天中国的繁荣，是他们的鲜血染红了国旗。在实践活动中，同学们采访到了几位退伍老兵，他们的事迹令同学们记忆深刻。九宫号村里有一位退伍老兵是当年董存瑞的战友，九十多岁了，生活十分朴素，看到同学们的到来他也十分开心。采访组的同学就老人的基本生活情况、军营经历进行了访问。老人向采访组同学详细讲述了当年董存瑞炸碉堡的情形，回想起当年的情景，老人情绪激动。在横河村有一位退伍的老人，老人的生活几乎不能自理，与儿子一起生活。我们了解到老人前两年在儿子不在家时自己烧火做饭被烧伤了，现在老人的手上和腿上都是烧伤痕迹。虽然老人已然年迈，听得不是很清楚、表述也不清晰，但老人讲述当初当兵打仗的事情时，情绪高涨。“老兵不死，只是逐渐凋零”，时间流逝，这些退伍的军人都老了，英雄们总有一天终会老去，但他们的精神和人生价值却永远活在人们的心中，后辈们不会忘记他们保卫祖国，保卫家乡，打败敌人的英勇事迹。英勇战斗是民族的精神，我们心中牢记由鲜血和生命铸就的中国人民抗日战争和解放战争的伟大历史，牢记中国人民维护民族独立和自由，捍卫祖国主权和尊严建立的伟大功勋。

第六章 执子之手，共创乡村

实践团前往杨木栅子乡中心小学支教。与校长及学校部分师生一同参加了庄严的升旗仪式后，简短的破冰游戏让实践团成员们很快和学生们熟悉起来。实践团成员按照艺术创想、舞动青春、传统文化、“中国梦”分组，与中心小学同学们进行互动。休整后，实践团成员带领学生们在室外用白布描绘自己梦想的蓝图。学生们用彩笔勾勒出心中的未来，感动了实践团成员，也激励了学生奋发向上、为实现梦想而努力奋斗。园艺和农学专业的实践团成员带领学生们在地里种下了爱的种子，希望友谊和种子一起生根发芽、茁壮成长。在支教的尾声，实践团成员与学生们一起跳了他们的课间操舞蹈。一张张青春活力的笑脸、一个个旋转跳跃的身影构成了一幅快乐温暖的画面。实践团成员与小朋友进行“结对子”项目，留下彼此的联系方式，为实现联谊的长期性、持久性而努力。虽然本次支教活动只有一天，但是实践团成员为大家带去知识的同时，更是用行动为孩子们种下对未来的憧憬，助力边疆学子“走出去，走回来”。

第七章　科技在手，得心应手

此次支农活动中，实践团本着高效实践、探索实践、创新实践的理念，将航拍无人机、绘图数位板、时下流行的短视频技术手段融入此次助力乡村振兴的实践活动中，以此呈现出高科技与新农村融合的成果。摄影组让带有摄像机的航拍器飞到空中，拍出高清的视频，通过无人机拍摄任何实践中想要拍摄的地方。精致的画面让我们内心激昂，每一帧都是视觉的极致体验。实践中使用无人机拍摄，也使得视频变得更加完美，为活动留下一份别致的回忆。同时也希望无人机技术早日普及。

数位板，又名绘图板、绘画板、手绘板等等，是计算机输入设备的一种，通常是由一块板子和一支压感笔组成，它和手写板等非常规的输入产品相类似，都针对一定的使用群体。数控板的加入使回忆别有韵味，视频组每日记录并拍摄以乡村为主题的宣传片，比如《实践团宣传片》《美丽乡村宣传片》，并为当地自然环境拍摄百度词条素材，以便让更多的人了解这里。美术组进行实地采风，绘制当地地图及美丽乡村明信片。新媒体组记录实地走访发现的种植问题，搜集正能量故事，进行新闻采写，协助当地政府编写百度词条。

第八章　乡村振兴，任重道远

2018 年 8 月 2 日，“北农植科学子，聚力乡村振兴”实践团结束了河北承德市丰宁满族自治县南关乡和杨木栅子乡为期 11 天的暑期社会实践活动。虽然天数不多，但是却让我们走出校门、走进农村，了解民生、民情、民意。在这 11 天里，我们走访调研、填写问卷、采访种植大户、进田间地头、进行支教等，参与了许多实践活动，体会到苦辣酸甜，也收获了很多，更多的是深刻体会到我们作为农科学子所要承担的一份艰巨又光荣的责任。其中，我们走访了多个贫困村，发现了一些问题，诸如政策落实不到位、医疗保障不健全、农民思想觉悟不够等。这些对于我们中国乡村的发展来说，都是阻碍，不利于全面建成小康社会。这次的暑期实践，我们对于外面的世界有了更多的认识和了解，为了探索文化古迹横穿玉米地，视频组的成员在烈日下扛着三脚架奔跑，美术组每天晚上工作到深夜，虽然劳累，却十分充实并充满意义。对实践团成员来说，这段经历既是经验，也是收获。乡村振兴，任重而道远，我们作为新一代农科学子，肩负着伟大的使命。正因为如此，我们更要努力学习科学文化知识，将其发挥出来，用于实践，脚踏实地地为乡村振兴贡献自己的一份力量，不忘初心，坚定目标。

启　发

这次社会实践活动，让实践团成员有着很大的感触：学校教我们专业知识，社会实践则教导我们运用知识。社会实践，一晃而过，却让我们从中领悟到了很多的道理，而这些道理与经验将让我们终生受用。社会实践加深了我们与社会各阶层人士的感情，拉近了我们与社会的距离，也让自己在社会实践中开阔了视野、增长了才干，进一步明确了我们青年学生的成才之路与肩负的历史使命。社会是学习和受教育的大课堂，在那片广阔的天地里，我们的人生价值得到了体现，希望以后还有这样的机会，让我们从实践中得到锻炼和升华。在本次的社会实践中，我们还同诸多群众谈心交流，思想碰撞出了新的火花，从中学到了很多书本上学不到的东西，汲取了丰富的营养，理解了“从群众中来，到群众中去”的真正含义，认识到只有到实践中去、到基层去，把个人的命运同社会、同国家的命运联系起来，才是大学生成长成才的正确之路。

这次社会实践活动，丰富了我们的实践经验，提高了我们的团队合作能力，使我们更加了解社会。作为21世纪的大学生，社会实践是引导我们走出校门，步入社会，并投身社会的良好形式。我们要抓住培养锻炼才干的好机会，树立服务社会的思想与意识。同时，我们要树立远大的理想，明确自己的目标，为祖国的发展贡献一份自己的力量！

期待下次与实践团的相遇！

扶贫——我们在路上！

实践团成员采访当地食用菌种植大户　摄影：韦娆

（牛奔　郝娜　朱子豪　刘梦　古丽尼嘎尔·阿布德列依木　周梓琪　文）

助力科技扶农　彰显青春活力

——河北北方学院农林科技学院 2018 年联合实践行动纪实录

支农小分队合照　摄影：李春宇

2018 年 7 月 15 日，在农林科技学院党委的精心组织下，由河北北方学院农林科技学院组建的全国农学联盟暑期科技支农小分队 25 人，赴河北北方学院精准扶贫点——康保县邓油坊镇东村、西村，开展了“不忘初心、砥砺前行，走入乡土乡村、助力精准扶贫”的主题系列活动。此次支农小分队成员是河北北方学院农林科技学院在 2000 多名在校本科生中层层选拔、细心挑选出的品学兼优的学生。他们具有深厚的理论基础和实践经验，并且十分热心于实践活动，他们的专业分布于农学、园艺、植物科学与技术、植物保护、种子科学与工程、食品科学与工程、食品质量与安全等各个领域。小分队已经连续三年深入村镇开展科技支农、走访慰问、社会调查等活动。

第一章　走访乡镇科技扶农——“农业科技支农小分队”系列活动

7月12日上午6点，由农林科技学院团委、农林科技学院部分学生联合组建的“农业科技支农小分队”，即共25人的暑期科技支农小分队到达了张家口市康保县邓油坊镇东村、西村。同学们刚下车，一缕阳光照耀到身上，顿时感到一丝温暖。之后扑面而来的清新空气驱散了还未散去的睡意，映入眼帘的便是秀丽山水，让我们不禁想到习近平总书记说过的“绿水青山就是金山银山”。

随后，我们在镇干部的带领下，来到了乡间地头。同学们看到农作物便第一时间进入了状态，认真地分析和讨论了该村农作物的种植技术和耕作模式的特点，结合自身在校学习的专业知识和特长，对村里各式各样的农作物种植现状进行了系统化的分析，并且与农户们进行了充分的讨论。

刘院长、毕书记、刘老师对本次实践调研具体的行程规划进行了详细的讲解，并且列出了此次实践调研的实践内容和具体任务的分配，同时着重强调了此次社会实践的安全问题。队长李同学采取分组的方式，将此次小分队的成员分成5组，分别为实践组、问卷组、宣传组、慰问组、记录组。采取小组队长负责的制度，每个小组由一名组长和四名成员组成，队长将任务详细分配给每组。实践组负责亲身入田感受农业种植，与当地农户交流种植经验及了解历年农作物的生长情况和病虫害程度。问卷组负责挨家挨户访问农户，并填写农户调查问卷，了解农户个人信息及是否接受过农业技术培训、是否为贫困户等情况。宣传组负责向农户们宣传最新农业技术以及农业种植中的一些专业知识，并且向村民讲述毒品的危害及艾滋病的相关知识，着重介绍了“禁毒防艾”的措施和方法。慰问组负责走入贫困村民家中，送去爱心。记录组负责记录本次实践调研的流程及情况。

小分队成员具有深厚的理论基础和实践经验，分布于农学、种子科学与工程、园艺技术、植物科学、植物保护等专业。根据不同专业，小分队成员进行不同的实践内容。农学、种子科学与工程专业的同学利用平时在学校所积累的作物栽培与耕作技术方面的知识，发现并现场指出了作物种植中存在的问题，并为村民提出了应对策略，给予了相应的指导。园艺技术、植物保护专业的同学为农民解决了平时遇到的病虫害防治问题，提供了相关的农作物培育知识和技巧。实践结束后，队员们将数据进行整理汇总，遇到疑难问题时及时求助学院的教授和导师，把实践活动产生的新思路、新想法及时记录在案，为以后的科研攻坚留作一手资料。

通过科技支农社会实践活动，实施对贫困地区农户的技术帮助和农业科学知识的普及，加强贫困地区育种技术和育种方法，实现科技支农的基本目标，普及专业种植知识，为贫困县农民提供技术支撑，帮助农户提高农作物产量和质量，实现经济上的创收。

在实践活动中，我们访问了很多乡亲们，接触了很多人，他们很善良，待人很温和，十分的朴实，我们很感谢遇到的每一个人，他们积极配合我们的工作，热心帮助我们完成工作。

此次实践活动是一堂生动的社会实践教育课，虽然队员们在炎炎的烈日下被晒成一个个“黑煤球”，但是还是义无反顾地投身于科技支农。看到农民伯伯们的一张张笑脸，我们感到无比的自豪。

第二章　科技支农的大数据——科技信息入户系列活动

我们来到张家口市康保县邓油坊镇东村、西村，受到了村支书和村民的热情接待。村支书给我们介绍了村民基本情况及村内的主要经济来源、主要经济作物、耕作土地基本情况、耕作模式。邓油坊有着自己的文化和历史，最早以胡麻榨油出名，村民们延续其民风民情才有了现在的邓油坊。该村现有 2000 余人，外流人口 500 余人，20 个村民组，总户数 500 余户。村民长期以种植小麦、玉米、马铃薯为主，缺少创业致富领头人。

在这些贫困地区，小分队成员发现这里缺乏各种专业品种，尤其是加工品种奇缺，忽略品质育种观念，缺乏高产抗病育种技术，不能满足加工业的需求和机械化操作的需要。

7 月 12 日，小分队成员分组系统性地对张家口市康保县邓油坊镇东村、西村的村民进行了科普，通过互联网、微信、QQ 等新媒体方式，挨家挨户地对当地农户们进行了科技帮扶支农的深入的专业指导，并且进行了农户调查问卷的发放、填写及回收，进一步了解了农户基本生活情况、农作物种植及耕地情况。此次实践调研中共计发放农户调查问卷 80 份，其中回收有效问卷为 57 份，实践小分队对调查问卷进行统计整理，便于以后持续追踪农户种植情况的变化。

第三章　爱心服务，不忘初心——走访空巢老人，捐赠爱心系列服务

在村干部的引导下，小分队实地走访张家口市康保县邓油坊镇东村、西村内的贫困户、空巢老人以及特殊家庭。

在校时，我院学生组织团委学生会以及大学生青年志愿者协会联合发起“向贫困地区捐赠爱心”的活动，我院学生积极参与并捐赠衣物及一些生活用品，为贫困地区献出自己的一份力量。此次实践活动我们小分队将我院学生的爱心送达目的地。

小分队成员帮助贫困农户购买生活用品，打扫卫生并且与他们亲切交谈，详细了解他们身体、生活、家庭情况，以及需要解决的实际困难。与此同时小分队为贫困户送上事先在学校筹集的衣物和生活用品。我们难忘的是村民们热情而亲切的目光，同时更让我们感觉到幸福生活的来之不易，更应倍感珍惜。小分队成员感谢此次实践活动带来的收获，因为帮助他人让每一个人感到自豪。

本次走访，让我们小队感触颇深，与此同时也时时提醒我们不仅仅是要在物质上关心弱势群体，更应该在精神上给予鼓励，从实际困难出发，给予我们最大的帮助。

第四章　武装自己，丰富知识——邓油坊文化展览馆，参观学习历史

邓油坊百年油坊文化源远流长，油坊文化的沉淀如胡麻油的醇香，飘传千里，使这个小镇在坝上草原远近闻名。

1920 年，山西天镇商人邓青云走西口搬迁此地，开设胡麻油坊，故名“邓油坊”。邓青云制作的胡麻油通过张库商道远销库伦、俄国，南销京津以南地区，远近闻名。同时带动了其他商贸的兴起，从而形成了康保县境内第二大集镇，也是县域内西、南、北部商贸流通的集散地，素有旱码头之称。

在邓油坊文化展览馆中，墙壁上的简介透露着文化气息，历史悠久的榨油工具让我们感受到了历史的文化沉淀，周转在展览馆里，早时期用的农技工具也让人眼前一亮。生在这个科技发达的时代的我们，对先人的智慧结晶无比敬佩。在展览馆的一角，有一间早时土房的模型，屋内有土炕，小分队成员们看着串起的玉米以及旧时的工具不禁幻想旧时邓油坊居民的生活，那个时候的乡土乡情也感染着每一个人。

此次实践活动虽是来到邓油坊科技扶农、扶贫等，但小村落也有悠久的历史，我们也亲眼见证了广大劳动人民的心血结晶。

第五章　禁毒防艾，责任重大——宣传“禁毒防艾”知识系列

本次实践活动的宣传地点是淳朴的乡村，之所以会选择乡村，是因为各种宣传活动中尤其是关于毒品和艾滋病的知识很少普及乡村。小分队成员走进美丽的乡村，闻到了泥土的芬芳，看到了人们的辛勤劳作，感受到了最纯真的乡村情。颠簸的道路、辛苦的奔波也不能阻挡我们对工作的热情。我校领导与志愿者来到乡村之后，受到村民们非常热情的接待，同时乡里的干部也跟我们讲述了一些村民的生活情况。随后，在乡内干部的带领下，我们实地走访了许多农户，给乡亲们发放宣传页，宣讲禁毒防艾相关的知识并进行亲切慰问，了解了乡亲们对禁毒防艾工作的看法，同时也送去了学生们募捐的衣物。乡亲们对我校志愿者给予了高度赞扬。

随后小分队为了给乡亲们做更好的咨询，在乡内摆设桌椅，老师向乡亲们详细讲解了毒品的种类，让大家知道什么是毒品，重点讲述了毒品的危害，以及如果触及毒品我们应该怎样保护自己，我们应该做什么事情来降低毒品对社会的危害。吸毒贩毒是社会的肿瘤、人类的噩梦，一旦沾染毒品，小则毁灭个人，殃及家庭，大则破坏社会，危害国家。当前，毒品屡禁不止依然是人类共同面临的社会问题，禁毒斗争形势仍旧十分严峻。

艾滋病是一种病死率极高的传染病，目前还没有治愈的药物和方法，但可以预防。我们主要宣传了它的三种传播途径：母婴传播、性传播和血液传播。因此我们要洁身自好。同时告诉大家艾滋病并不可怕，艾滋病患者也不可怕，不要对艾滋病有很大的恐慌，但是也不能掉以轻心。我们老师又联系总结了一下毒品和

艾滋病之间的关系，希望我们每个人无论在城镇还是乡村，都有一个更健康、更安全的环境。

由于白天勤劳的乡村人需要劳动工作，只有在中午吃饭时或者晚上劳作以后，小分队成员才能到村民们家中走访调查。虽然这次工作有一定的难度，但是我们依旧收获很多，我们将更加努力学习专业知识，以便更好地服务人民，充分实现大学生的价值。

本次实践活动的开展，不仅让队员们深入地了解到贫困地区的现状，体会到农情、村情、民情的变化，感受到扶贫攻坚任务的艰巨，也更加坚定了队员们对于国家精准扶贫、精准脱贫的信心和决心。同时同学们通过暑期科技支农实践活动，明白了自己所学学科的重要性，更明白了农户们最需要的是什么样的知识。活动结束后，各位同学纷纷表示回到学校以后会努力学习学科知识，今后更好地为农户们服务。

院长讲解马铃薯相关种植技术　摄影：李春宇

（刘岩　文）

青春炫舞正逢时　精准扶贫再接力

——河北工程大学园林与生态工程学院2018年联合实践行动纪实录

河北工程大学实践团出征　摄影：石爱军

我们每付出一份艰辛，就会有一份收获。收获是农民头上的汗水，是一条坎坷的路。我们只有不断努力，才能收获。

——题记

第一章　一份耕耘，一份收获

2018 年 9 月，丰收的季节，在教育部公布 2018 年省属高校精准扶贫精准脱贫典型项目推选中，河北工程大学驻平山县石榴沟村精准扶贫工作队“创新构建生态保护 + 特色产业 + 乡村旅游精准脱贫新模式”项目获评全国省属高校精准扶贫精准脱贫 20 个典型项目之一。看到收获的成果，我们学院实践团队领导、师生欢欣鼓舞，因为石榴园里留下了我们的脚印和汗水，留下了我们劳作时的欢笑声和对石榴成园的希冀。“啊！丰收果里有你的甘甜，也有我的甘甜；军功章呵，有我的一半，也有你的一半。”学院党委副书记包月英老师即兴唱出来的这两句更是唱出了我们实践队伍的心声，一份耕耘，一份收获，我们的汗水没有白流。

陈敬谊连续两年担任学院赴平山暑期实践团队的专业指导老师，是燕赵果农信了 30 年的“财神”，也是“河北省李保国式科技扶贫和富农工作先进团队”带头人。陈老师有两个愿望：一是能帮助更多老乡脱贫致富，二是教出更多有真才实学的学生。石榴沟全村老百姓都知道陈老师，从石榴园的规划、品种引进、栽植到管理和技术培训都有陈老师的心血。陈老师十几次往返石榴沟，见证了石榴沟的石榴梦。

目前，石榴沟村已建成农家乐三家、农家饭店一家、特产商店一家。山沟沟里的农民摇身一变，成了导游、服务员、售货员。很多城里游客来到石榴沟，登石榴山，游石榴园，观石榴馆，品石榴果，唱石榴歌。“靠着这小小的石榴，俺们现在是不出村就创业、不离家就挣钱，日子是越过越好了。”说起自己现在经营的农家乐生意，当地村民胡四妮笑得合不拢嘴。（摘自《中国教育报》，题目：小小石榴变成了“宝”）

2018 年实践队伍的车刚停到村口，2017 年曾跟队参加实践的老队员裴跃翔就忍不住感慨说：“老师，石榴沟的变化太大了，明天到石榴园我一定看看我去年剪的那几棵石榴树长得怎么样。”是啊，真的变化太大了，石榴沟拦水的塘坝修好了，水清了，溢出来的水流像瀑布一样。大家真的像是置身于画中，有水渠旁盛开的草花，有村边的石桥，再加上翠绿山岭的包围，小山村别有一番风味。现在那个漂亮的小山村的样子即刻就能浮现在我的脑海，而 2018 年暑期的社会实践活动更是历历在目。正是大家一起播种希望、辛勤耕耘，才换来这沉甸甸的收获啊。

第二章　初心未改，使命在肩

在石榴沟村，驻村工作组和村支书对我们的再次到来表示欢迎。驻村队长说："今年低温和多雨造成一部分石榴树死亡，希望你们一定要多来指导呀。""请你们放心，既然来了我们就一定要做好，这是承诺也是我们的使命，"学院党委书记、此次暑期社会实践服务团领队侯占平这样说。

5月底，学院就启动了2018年社会实践准备工作，从队伍组成、队员选拔，到指导教师的配备，学院党委都给予指导和把关，专门制定了《园林与生态工程学院2018年暑期社会实践活动实施方案》。7月10日，学院隆重举行2018年暑期社会实践启动仪式，党委书记侯占平、副书记包月英、院团委书记石爱军、学院各党支部书记、辅导员和暑期社会实践团队骨干队员参加启动仪式，与会领导分别为全国农科学子代表队、校级重点团队等团队授予队旗。会上，包月英副书记就学院重点服务团队和活动进行专题培训。最后，党委书记侯占平对本次社会实践活动提出希望和要求，他明确指出实践目的即"受教育，长才干，做贡献"，并希望同学们在实践中端正态度、虚心学习，要求各团队要抓住"助力乡村振兴和精准扶贫"的实践主题，还要结合各学科和专业特色开展好活动，用专业知识引领和服务农村、农民，在实践的过程中提高师生解决问题的能力，特别强调活动要注意安全，要在开展好工作的同时保护好自身安全。

2018园林与生态工程学院暑期社会实践赴平山组建了2支服务团，团队师生20人，指导教师有体系专家2名，博士3名，在组团时就精准对接学校在平山县的3个扶贫村和扶贫支持项目，科学整合资源，配备专家团队。7月15—16日，服务团分别到石榴沟石榴园进行夏季修剪和管理技术指导，郑素月老师带领小队到西下庄羊肚菌种殖项目地与当地种植户进行指导交流。其间，师生们还开展入户走访调查，参加义务劳动，推广"农天下"App等活动。

第三章　得来终觉浅，此事要躬行

7月16日，河北工程大学园林与生态工程学院"助力精准脱贫 聚力乡村振兴"赴平山实践团全体实践队员在平山县神堂关村进行了庄严的升国旗仪式。仪式结束后在园林与生态工程学院党委书记侯占平、我校驻神堂关第一支部书记王首一的带领下，全体实践队员重温入党誓词并向村民捐赠慰问品。随后实践队员分别前往石榴沟村、西下庄村、神堂关村开展实践活动。

教育调研小组来到神堂关村，在该村梁果双教师的家中，就当地学校师资、升学、教育现状等问题进行调研。随后小组成员又与老党员代表进行座谈，老党员们分别讲述了各自的入党经历并向队员们指出："作为党的干部要为人民谋利益，领导班子要团结一致共图发展，从群众中来、到群众中去，只有这样，国家才能发展，人民的生活才能越过越好。"老党员们用最朴实的话语打动了在场的每一个队员。农业帮扶小组为果树松土、除草，进行防倒伏处理，捡拾垃圾并清扫乡间街道。

实践队员们均表示，本次实践活动进一步提升了他们的理想信念，并立志要把所学的专业知识转化到实践中来，让工程学子更好地融入河北，服务河北，为建设新时代经济强省美丽河北汇聚青春力量。

尽管一部分同学来自农村，但是当他们到了石榴沟、西下庄村，看到了老区、深山区、山村的落后面貌，走访了解了村庄的现状后，同学们也感受颇深。"我看过一些美丽乡村，今天也看到了我们的扶贫村，差距太大了。党的十九大提出的乡村振兴战略太有现实意义了，作为农科学子的我们感受到了祖国的召唤和肩上的使命。通过实践，我们看到了农民对科技的需要，知道了自己的差距，也坚定了自己学农、爱农、服务'三农'的信心与决心。我们回校后一定学好专业知识，将来像老师一样为老乡解决问题"，来自团队的大二学生蔡进这样说。

第四章　年轻的带头人，最亲的扶贫队员

实践团队的一项实践内容是挖掘整理和讲好"扶贫故事"。队员们通过几天的实践体验，发现了许多小故事。

故事一：最年轻的老支书。西下庄村的支部书记魏书记 2018 年 63 岁，他 2017 年带头开始搞羊肚菌规模栽培。虽然各方面因素造成 2017 年收成一般，但是这次我们的到来使他谈到 2018 年的再生产时信心十足，他说："有驻村工作组的帮扶和你们的技术支持，2018 年我们肯定会有好收成。"他在给团队介绍村里的情况时告诉我们："除去外出打工的，我们村常住人口不到 50 人，再除去小孩，就数我最年轻，剩下的都比我岁数大，党的政策好，给了好的扶贫项目，我

一定带头干好。”实践团的指导老师郑素月教授是河北省食用菌产业体系岗位专家，多年来一直从事食用菌研究，被聘为阜平县食用菌产业发展技术专家。省委明确要求，阜平县要把食用菌产业作为推动农业增效、农民增收和全面小康建设的支柱产业。郑老师指导西下庄扶贫项目搞羊肚菌种植示范，2017 年基地建成试生产，由于错过了最佳时期收成不是太理想。2018 年郑老师作为实践指导教师，专门挑选了跟自己搞食用菌生产的 3 名同学，组成专门的小组到西下庄村羊肚菌基地现场进行指导。师生和魏书记等人实地察看了棚室结构，郑老师对 2018 年羊肚菌栽培前准备、栽培季节安排、栽培管理中的关键环节和可能遇到的问题进行了详细讲解，并结合当地实际情况对 2018 年的栽培提出了具体建议。郑老师和小组学生还了解到，村民充分利用当地山村植被多、森林好的条件，因地制宜沤制绿肥，但是技术还不太成熟。师生们当场详细讲解相关技术，告诉村民绿肥一定要完全腐熟，腐熟后的绿肥无恶臭气味，且含有丰富的氮、磷、钾、有机质和各种微量元素，养分全面，既是良好的有机肥料，又是很好的土壤调节剂和土壤病菌的抑制剂，施用后可促进土壤团粒结构的形成，有利于水、肥、气、热相互协调，并有利于微生物的活动，尤其是在食用菌生产中，还能增强土壤蓄水保墒的能力。郑老师和魏书记从项目开始就熟悉了，当做完指导我们要回去的时候，魏书记还邀请我们说：“暑假没事情了再来玩，我们这里环境好、凉快。”

故事二：驻村队员是我们的辅导员。驻村工作队队员薛占永老师刚迎接完国检，本来头天刚回到家休息，知道社会实践队要来，便放弃休息时间，专门回到驻地迎接我们。薛老师领着队员们去搞调查，认真又严谨。队员蔡进在石榴园拔草时不小心手被划破了，薛老师给送来了创可贴，还给干活的队员们送来了一大桶水。满头汗水的队员们喝着水，玩笑地说：“这水真甜啊。”薛老师在休息时间还给队员讲自己驻村工作、生活的情况。薛老师是 2018 年主动报名来平山县扶贫的，半年来走遍了村子里各个农户，对村子里的情况如数家珍。薛老师指着腿上的包讲自己过的驻村生活“三关”——“语言关、虫咬关、做饭关”，即学会当地的方言便于交流，忍受不知名的虫子的叮咬，学会自己做饭。学生们问的多了又知道薛老师来之前还是他们在校学习期间接触最多、最亲近的人——“辅导员老师”，薛老师也是 2017 年学院社会实践团队的专业指导老师，用薛老师的话说："2017 年和同学们参加社会实践，同吃同住同劳动，2018 年我还要和大家一起共同完成实践任务，还要给大家提供好后勤服务。"

第五章　收获劳动的快乐，青春炫舞正逢时

7 月，正是山村收获马铃薯的季节，村子外的田里村民们都在忙着收获。实践团专门安排了一个小组帮助两户年龄大的村民收获土豆。同学们开始时操作十分生疏，一不小心就将地里的土豆刨成了两半，后来在老乡的指导下大家慢慢就熟练了，前面人挖，后面人拾，分工明确，将土豆大小分开。挖土豆分为挖、捡、装、运几个环节，每个环节都需要人手，可谓是众人拾柴火焰高！装运的过程中，小伙子们还进行了比赛，劳累被火一样的热情遮盖了下去，他们体会到了劳动收获的快乐。晚上大家一起吃着自己收获的烤土豆，土豆软糯、清香、回味悠长，每一个人对入口的土豆都有着一份独特的情感。更让我想起了何为乡愁？"乡愁"是沿着石板房顶飘散的炊烟，是十八弯向家门口的山路，是妈妈手里的煮洋芋……

山里人爱土豆，那就是山里人的宝。他们世代以种土豆为生，土豆既是他们的主粮，也是唯一的经济来源。老乡说，在二十世纪五六十年代的艰难岁月里，土豆成了救命粮，被山里人奉为餐桌上的宝贝。实际上，这里的土豆在青山环抱中，在全是有机肥和无农药的环境中自然长成，本就有着不同于其他土豆的黏糯口感，即使是在追求绿色健康的都市人眼中，也可被誉为难得的佳肴。由于信息不流通、交通不便利，这里的村民们收获的个大的、卖相好的土豆都被商贩收购，小的则留下来自己吃。这次来，同学们就带着调研任务，来帮助留守的村民通过互联网卖土豆，拓宽销路，让他们的辛苦劳动能换来更大的回报。

2018 年河北工程大学园林与生态工程学院组建的 5 支暑期社会实践团队于 7 月 10 日正式启动，分赴河北省石家庄、邯郸多地开展实践主题为"助力精准脱贫 聚力乡村振兴"的专项实践活动，深入生产一线开展科技支农服务、农业政策宣讲、社会调查、医疗服务等。

实践出发前，各团队汇集大家的意见，整理形成实践团队宣言，而实践结束时，我们心怀自豪，终于不负宣言——前进，向老区！向一线！向农村！科教兴国，乡村振兴，农科学子生逢其时，把论文写在大地上，把人生挥洒山水间。炫

舞！为崭新的时代，为火热的青春！

河北工程大学捐助　摄影：石爱军

（侯占平　包月英　石爱军　文）

风风雨雨历三载　行遍青龙万里路

——河北科技师范学院农学与生物科技学院 2018 年联合实践行动纪实录

实践队队员为农民培训谷子种植技术　摄影：郭明军

青山叠翠峰回转，曲径通幽碧水间。
蛙鸣鸟啼旷谷幽，红日渐隐雾朦胧。
踏遍青山人未老，走村串户情深切。
风风雨雨历三载，行遍青龙万里路。

——参加 2018 年“全国农科学子联合实践行动”有感

我们这些城里来的热血青年，熟悉了都市的节奏和喧嚣，如今却大都住在了“小桥、流水、人家”的村舍里。朝闻鸟鸣阵阵，晚听蛙声片片，一派山野田园生活的美景。但是，大伙不是来度假休闲、享受自然的，而是要攻坚克难，挖穷图富，改变面貌，建设新村。

青龙满族自治县位于河北省东北部，燕山东麓，古长城脚下，隶属于秦皇岛市，素有“八山一水一分田”之称，这就是我们河北科技师范学院农学与生物科技学院暑期社会实践队的扶贫攻坚主战场。2018 年的“全国农科学子联合实践行动”坚持突出专业特色和扶贫村发展的实际需要，开展的实践内容涉及野生中药材资源调查与利用、谷子开发及果树病虫害防治、中小学生科普夏令营、食用菌栽培技术推广、资源昆虫利用与科普志愿服务、科技文化下乡支教、农作物种植养殖科技服务等多个方面。

第一章　资源昆虫利用与科普宣传

走出象牙塔的大学生们，在今夏的炎热暑期，披荆斩棘、经风见雨。以“助力精准脱贫，聚力乡村振兴”为主题的 2018 年全国农科学子联合实践行动让我们真实地触摸了外面的世界，体验到乡土乡村人民群众的真实生活状况。纸上得来终觉浅，绝知此事要躬行！

我们“资源昆虫利用与科普宣传”志愿服务小分队顶风冒雨前往青龙县大巫岚镇陈台子村，开展为期一周的暑期社会实践活动。

沿途风景美不胜收，雨后山雾缭绕更是令人分外神怡。

实践的首要任务是引导秦皇岛都山金牧种禽科技有限公司进行鸡粪无害化处理工作。利用饲用昆虫处理鸡粪；利用当地良好的自然环境资源高效养殖中国林蛙；利用中国林蛙独特的食性特点取食饲用昆虫，通过以上三个有机结合的科学利用巧妙地实现农业产业循环。这既解决了鸡粪无害化处理的问题，又解决了饲用昆虫产业发展中遇到的人工饲料生产成本偏高的矛盾，做到了鸡粪资源循环利用，以及养鸡行业污染防控问题。

其次，“资源昆虫利用与科普宣传”志愿服务小分队还对青龙满族自治县大巫岚镇陈台子村的养牛农户进行科技帮扶。为解决养牛农户家牛粪难以处理的困境，实践队将带来的黑水虻赠予农户试养，清除粪便，优化生态环境。指导老师还与农户建立长期联系、持续跟踪、帮扶，以推广资源昆虫的产业化。

再次，实践队前往秦皇岛市三晶新农有限公司，将黄粉虫、黑水虻推荐给三晶新农有限公司进行新型高档鱼饲料的生产，并促使此公司与大巫岚镇陈台子村饲养昆虫的农户以及都山金牧种禽科技有限公司达成合作协议。三晶新农有限公司定期定量收购昆虫，为大巫岚镇带去可观的经济效益。

最后，小队带着新型高档鱼饲料来到中卓庄村渔场，在渔场经理的见证下进行新型鱼饲料的投喂实验，受到了渔场负责人的高度认可，促使中卓庄村渔场与三晶新农有限公司达成合作协议，互惠互利。

在完成前期工作任务后，实践队在陈台子村正式建立试点，为扶贫户搭建蛙圈，提供 100 只幼蛙及一些黄粉虫和黑水虻，传授养殖林蛙及黄粉虫、亮斑扁角水虻的技术。间歇，实践队前往大巫岚镇朱杖子村林蛙养殖场，帮助解决其幼蛙饲料昂贵的问题。实践队将黑水虻介绍给蛙场负责人，促成签订了蛙场与农户的合作协议，为农户带来经济效益的同时降低蛙场饲养成本，实现双赢。

整个实践期间，“资源昆虫利用与科普宣传”志愿服务小分队师生秉承“心往基层想，脚往基层迈，劲往基层使”的工作干劲和精神，冒着炎炎酷暑，克服暴雨天气带来的困难和不便，有条不紊地按计划全面组织开展活动。小分队促成了秦皇岛都山金牧种禽科技有限公司、资源昆虫饲养农户、三晶新农有限公司、中卓庄村渔场、老李洞村养蛙厂等多方协议。我们以资源昆虫为契合点，科技扶持企业与农户的合作与发展。

在实践过程中，实践队师生激发了实现中国梦的社会责任感和历史使命感，发挥了农科学子在实现“脱贫攻坚”战略中的应有作用，在服务“三农”的伟大社会实践中彰显青春使命与责任担当。临行前，老乡粗糙的双手紧紧握住实践队员白皙稚嫩的小手，老茧沧桑的大手磨得队员们双手生疼。“孩子们可千万别住腻了啊!”这是一位八十四岁高龄老人的肺腑之言，有挽留、有感激、更有期望!太多太多美好的记忆，我们将永远铭记!我们定将用这份美好来构建未来的人生壮景。

第二章　食用菌栽培技术惠农

又是一年骄阳似火的七月，又是一年知了啼声不停的夏天，又是一年暑期扶贫工作的呼唤。在这样一个特殊的日子，河北科技师范学院“食用菌栽培技术惠农李保国”志愿服务小分队再次出发。

经过了前两年的扶贫工作，“食用菌栽培技术惠农李保国”志愿服务小分队在 2018 年显得更加自信。满载着过硬的专业知识和作为大学生的担当，我们来到秦皇岛高通生物科学有限公司，希望以企业扶贫为点，进而推广更大范围的精准扶贫工作。列夫·托尔斯泰曾说过：“与人交流一次，往往比多年闭门劳作更能启发心智，思想必定是在与人交流中产生的。”这次暑期社会实践过程中，我们一起交流、启发心智，收获颇多。“实践是检验真理的唯一标准”，通过此次实践活动，我们更深刻地理解到了这句话的含义，只有亲身实践才能增长我们的视野，提高我们的技能，使我们走向更广阔的天地。

谈及此次实践的感触，说是颇深怕也难以表达自己实践中五味杂陈的心情。为期七天的社会实践，虽然身体要承受那种累至极限的感觉，但是心中依然充满着与他们一起奔向希望的渴望，有着迸发向上的动力。扶贫不是一句话，更不是一个口号，它真真实实存在于我们身边。对于我们，它本来就不是一件十分容易的事，不仅仅需要我们拥有热情，也需要我们有坚实的知识储备和坚定不移的信念。没有本领何谈扶贫？没有信心何谈成功？

“艰辛知人生，实践长才干”。作为一名大学生，即将走上社会，更应该提早走进社会、认识社会、适应社会。社会实践就像一个炼丹炉，在其中磨炼可能会感到十分劳累痛苦，但当你扎身其中，努力修炼自己，你会得到你从来没想到过的收获；当你走出炼丹炉，走向社会的时候，你会知道，知识固然重要，但实际操作能力更重要，这种能力才是引领我们成功之路的指明灯。

执着于小小的伞盖，专注于细小的孢子。我们急迫地希望它能够带动当地经济更快的发展。是的，狂热地爱着真菌，狂热地憧憬着关于我们和它的未来，并乐在其中。我们沉醉其中，为之前行。

第三章　满药本草志愿服务

作为新时期大学生，对缤纷多彩的大学生活充满了好奇，在大学的暑假里，我们希望这个暑假能与以往有所不同。在这个时候我们都有了参加实践活动的想法。平时，我们学的都是理论知识，真正用到的却不多，可是理论加实践才是最科学的学习方法。感谢学校给我们提供了一个社会实践的平台。通过对青龙县河南村开展为期一周的暑期社会实践活动，队员们收获很多。一方面，通过这次实践，队员们走入了社会、走进了农村，了解了社会和农村现在的发展以及农村家庭的生活状况。让我们贴近了生活，开阔了视野，锻炼了自己的表达能力和交往能力，在实践中成长学习，充实自我，同时树立并提高了服务社会的思想，增强了自身的社会责任感和使命感。另一方面，通过这次社会实践，队员们意识到了自己的不足，与人交流沟通的能力还有待提高，知识还很匮乏，生活经验不足。我们更加意识到目前农村种植技术落后，科技兴农尚未落实。作为一名农科学子，我们要利用本专业特长好好掌握专业技能技术，为日后农村农业发展贡献自己的一份力量。

第四章　中小学生夏令营

一周的暑假社会实践，我们从初期准备阶段满怀憧憬的开始，到实践期间亲身经历的深刻体会，再到临行时依依不舍地结束，实践的每一天都让我们感慨万分，收获良多。通过社会实践我们可以趁此机会锻炼自己，提高各方面的能力；同时我们也可以收获真挚的友情；还可以借此机会提前接触社会，向当地的居民带去我们点滴的爱心，向社会奉献我们大学生应有的微薄力量。

从报名参与这次暑期社会实践活动开始，我们就做好了吃苦耐劳的准备，为了这次期盼已久的实践，就算再苦再累我们都要坚持。现在实践结束了，我们在整个实践的过程中，虽然表现仍有不足，但是我们对自己的整体表现还是满意的。

工作开展过程中，为了能使大家参与到每个活动中，老师给每个队员都安排了工作，让大家都能尽可能地参加各项工作，得到不同方面的锻炼，全方面提高能力。

在整个社会实践活动中，为了考察当地居民的生活条件，我们小分队开展的另外一个活动是扶贫调查。我们主要的调查方式是填写调查问卷。实践小分队分为三组，挨家挨户进行调查，偶尔在大街上看到居民也会进行调查。在烈日炎炎的天气下和当地居民不解的眼光下完成每份调查问卷可不是容易的事，我们放下腼腆，尽量克服语言交流的障碍，认真完成每一份问卷。

也许，我们调查出来的结果不一定能全面代表大众的情况，但我们多少能够将其中有用的信息归纳总结起来，希望这些信息能对目前的情况有所帮助。

为期一周的社会实践活动转眼间就结束了，时间虽然很短，但我们却从中学到了许多在书本上不能学到的东西。另外最重要的收获，便是我们在很短的时间内种下了这么多份长存的友谊，大家在这段时间里互相帮助、互相照顾，那种温馨的场面让我们久久不能忘怀。我们共同吃苦、共同欢笑、共同进步，满载而归。

这段日子是那样的快乐，相信我们会一直想念这段时光。

第五章　秦木沟种植养殖科技服务

岁月如梭，韶光易逝。在秦木沟的暑期实践的时间眨眼过去，在这短短五天里，我们付出了很多，收获了更多。不仅拓宽了视野，巩固了知识，还帮助村民做了我们力所能及的事情，收获颇丰。不管是村干部热情的接待，还是路边伯伯阿姨亲切的问候，抑或是孩童质朴天真的目光，都为忙碌的实践时光增添了色彩。

第一天是我们期待已久的日子——农学与生物科技学院参加全国农科学子联合实践行动出征日。空中飘着雨却丝毫没有打消队员们的积极性，一个个紧握着的拳头高举向前方，坚定而有力。登上大巴车，大家便开始了热烈的讨论，冷水鱼养殖、经济作物的种植等等声音在车里回荡。转眼间就到达了我们小队的目的地——秦木沟村。

抵达后在驻村“第一书记”胡书记和当地农民的带领下，队员们沿着山路一路上行，其间，了解到了村中的许多扶贫项目，如翻建了10座危桥、搬迁脱贫项目等。一个个脱贫攻坚项目，让我们切实感受到了政府对贫困村的帮扶。胡书记带领我们到达当地人口中的“鼋仙洞”，告诉我们他们准备2018年七八月份对其进行改造，发展成为特色旅游景点，并邀请小队成员为其献言献计。

第二天上午小分队成员冒着酷暑，顺着蜿蜒的小溪一路前行，考察沿途小溪水质以及周边污染源情况等。道路两旁随处可见环保局驻村工作队帮扶的垃圾桶和修建的垃圾池，但多为闲置。河道中不时可看到丢弃的各类生活垃圾，可见村民的环保意识有待提高。我们在途中经过木耳基地，这也是我校协助规划建设的一个项目，已经顺利经营了几年，给村民带来一定的经济效益。但在对周边环境进行考察时，我们却发现了问题：使用后废弃的菌棒随意堆放在河道及道路两侧，经过雨水的冲刷，菌棒碎屑散落到河道内，该河段水域水生生物的物种多样性远不如正常水域，鱼类难觅踪迹。木耳厂次生废料的不妥当处理对环境的影响不容忽视，未来我们将对此问题进行深入研究调查，协助处理废弃菌棒，更好地维护生态环境，将负面影响降至最低。

小分队在村支部书记的带领下来到了村委会。李书记向我们介绍了秦木沟村基本情况：耕地多以水浇田为主，果园林地为辅；林果作物主要是苹果和板栗；饲养的家畜主要是猪和羊。小队成员对村子未来的发展提出了自己的想法，并赠送了关于猪、羊等家畜科学养殖的指导用书，希望能在技术方面给予村民支持，为村庄的发展尽自己的绵薄之力。之后，李书记又带我们实地考察了村民的冷水鱼养殖基地。我们相信，如能妥善发展好冷水鱼养殖产业，利用好这一资源，定会为脱贫攻坚战做出一份不容忽视的贡献。

脱贫的实现，光靠金钱的给予是行不通的。古语有云：“授人以鱼，不如授人以渔”，这在扶贫的道路上同样是条真理。对于那些贫困户来说，是否能掌握一项赚更多钱的技术，直接决定了他们的未来是否能得到长远的经济利益。

为了更好地了解附近村庄的整体情况，小分队前往镇上调研。镇里有两个农资站，农资站里农药的包装瓶上都有二维码，可扫描辨真伪，以杜绝不达标产品流入市场。店主热情地向我们介绍了情况，出售的作物种子以玉米杂交种为主，由于当地气候条件与辽宁相似，所以玉米种几乎都是从辽宁购进，一家农资站每年出售玉米种子 10 000 斤左右。大豆种子销量也很可观，主要销售的大豆品种是“开育 12 号”，近几年盲椿象对大豆产量影响相当严重，必须打药两次以上才能防治。我们发现当地农药的使用规模还是相当大的，这也为我们今后的工作提出了新的要求，应建议农户多利用生物方法与手段来防治病虫害。

在和村民的沟通中得知，村中小溪的流向是下游的青龙河，小分队专程前往此处。我们发现下游河水与上游相比污染较轻，水温稍高。在河边，一些农户可直接圈起小范围的水域进行鱼的养殖，目前尚没有相关部门对其进行管理规划和技术上的协助。我们也将继续对其跟踪调查，争取可以将其发展为冷水鱼养殖的合作项目。

苹果是当地种植的主要果树，也是当地重要的经济作物。由于前段时间连续的干旱缺水，导致一些苹果树的叶子有较大面积的枯萎变黄，而且落果的现象很明显，地面几乎被掉落的果子铺满。队员们又对旁边的板栗树进行了调查，发现板栗间接种在油葵地中，这种“板栗-油葵”间作方式属于当地特色。板栗树种高大，栽植分散，立地条件比较复杂，影响板栗生长和结果的主要病虫害有板栗红蜘蛛、木撩尺蠖、栗透羽、栗红斑点病等，通过与油葵间作可有效防治以上病害的发生，保证树体正常发育生长、果品优质丰产。

“扶贫对象精准、项目安排精准、资金使用精准、措施到户精准、因村派人精准、脱贫成效精准”，这是扶贫的六个精准。我们在秦木沟的实践工作一定会给村民生活带来积极的改变，凭借我们的专业与诚心，也一定可以发挥出更大的作用和价值，为秦木沟奉献更多，服务更多。

“风轻花落定，时光轻落足。”时光老人带走了那些忙碌又充实的日子，却带不走那段日子带给我们的收获与感悟。在与村民同吃同住的日子里，我们真切感受到了当地的风土人情，体验到了校园生活所经历不到的酸甜苦辣。秦木沟这个地方实在很美、很有魅力，这么独特的大自然有一种无声的吸引力，让人长久驻足细细品味，让我们深深留恋，期待明年再来！

第六章　谷子开发及果树病虫害防治

习近平总书记指出，要实现全面建成小康社会这第一个百年目标，最艰巨的任务就是扶贫攻坚。农村贫困人口全部脱贫是这一目标的标志性指标。要坚持精准扶贫、精准脱贫，提高脱贫攻坚成效的具体要求。这高度体现了党中央动员全党、全国、全社会的力量，齐心协力打赢脱贫攻坚战的坚定决心。

参加“全国农科学子联合实践行动”，也正是在积极响应国家扶贫脱贫战略。以“助力精准脱贫，聚力乡村振兴”为主要内容的师生联合实践活动，既是全体农科师生在建成小康社会的进程中的时势之需，更是应有之举；既是进一步加强和改进大学生思想政治教育工作的重要途径，更是高校提高教育质量、提升实践育人成效的切实举措。

7月14日清晨，细细的小雨给炎热的夏天增添了一份清凉。同学们怀揣欣喜与激动的心情，穿着整齐、精神饱满地站在教学楼前，个个神采奕奕。伴着向往和喜悦，汽车承载着内心的希望，驶出校园，奔赴山区。

在张庄期间，我们对该地的杂粮类作物及果树的病虫害进行了观察调研，并针对其情况做出了专业的指导，同时对张庄的中小学生进行了义务支教活动，彼此间建立了深厚的友谊。

暑期社会实践是大学生磨炼品格，增长才干，实现全面发展的重要舞台。在这里我们真正地锻炼了自己，为以后踏入社会做了更好的铺垫，以后如果有机会，我们会更加积极地参加这样的活动。

在本次社会实践中我们还走入农户，同诸多群众谈心交流、访谈民情，形成调查问卷。从中学到了很多书本上学不到的东西，汲取了丰富的营养，理解了“从群众中来，到群众中去”的真正含义。我们认识到：只有到实践中去、到基层去，把个人的命运同社会、同国家的命运联系起来，才是大学生成长成才的正确之路。

通过实践，丰富了我们的经验才干，提高了我们的团队合作能力。实践活动意义深远，让我们一生受益。作为新时代的大学生，社会实践是引导我们走出校门，步入社会，并投身社会的科学途径。我们要抓住培养锻炼才干的好机会，提升我们的境界，树立服务社会的思想与意识。同时，我们要树立远大的理想，明确自己的目标，为中华民族的伟大复兴贡献一份力量！

在脱贫攻坚和全面建成小康社会的冲刺阶段，实施党和国家精准扶贫战略，高校责无旁贷，农业院校更应一马当先，农科学子更是使命在肩。国家精准扶贫的对象主要是农村贫困人口，而农科高校承担着促进农业发展、农村繁荣、农民富裕的重要责任。因此，我们农科院校既要顶天也要立地，既要做好人才培养和科技创新，也要在服务国家发展，服务农村发展，服务基层发展中贡献力量。参加全国农科学子联合实践行动既是党中央的号召，也是农科院校的共识，更是农科学子的使命和情怀。

忆往昔峥嵘岁月稠，既有初来乍到满目青山的感触，又有如何精准脱贫施策的思索，更有撸起袖子加油干的行动。跋山涉水艰苦奋斗的汗水，伴随每每喜怒哀乐、酸甜苦辣泛起的泪光，挥洒在这“峰回路转，是山，还是山”的漫漫征途上。

实践队员帮助贫困户搭建林蛙饲养基地 摄影：郭明军

（赵鹏 张红新 王颢宇 文）

用奋斗描绘最美青春　用青春书写无悔篇章

——河北农业大学农学院 2018 年联合实践行动纪实录

专家田间技术指导　摄影：谷占元

7月，我们又一次乘车来到张家口张北县小二台乡，当车子穿过巍峨的太行山脉，来到广阔的张北坝上草原，我们离目的地越来越近了。车子在高低不平的柏油小路行驶，路边油菜花、向日葵、土豆花、胡麻花，一条条一带带，美不胜收，不时有车辆停下，游客下车拍照嬉戏。“小二台的变化真大啊！”是的，随着国家扶贫攻坚重大战略的不断深入，张北县在变化，小二台乡在变化，黑山堡村也在变化。沿途的低矮土坯房不见了，宽敞温馨的农家院外停满了私家车；路边的荒地沙土不见了，整齐规划的大棚旁收购蔬菜的卡车排起了长队；墙根下晒太阳的村民不见了，熙熙攘攘的地头上，老农早早开始收割成片的圆白菜。

当河北农业大学小二台乡黑山堡村委会高高飘扬的红旗映入眼帘的时候，车上的队员们精神振奋，“到了、到了，终于到站了。”农学院李保国扶贫志愿服务队的 4 支小分队，一行 30 余人，再次来到实践地，开始为期一个月的社会实践活动。

第一章　梦想开始的地方

每个人都是一株树，心里有多少阳光，它就会长多高。2018 年，是河北农业大学农学院李保国扶贫志愿服务队在张北县小二台乡开展社会实践活动的第三个年头，也是“十三五”规划实施的攻坚年，正是深入发力国家脱贫攻坚工程，汇智聚力国家乡村振兴战略的关键一年。农学学子循着李保国老师的足迹，三年来积极投身实践活动，以学院张北试验站为平台，辐射周边重点扶贫 4 个村落，在实验站科技支持下，不断深化成果转化，持续开展乡村调研、科普宣传、技术指导、乡村支教等实践活动，已与当地乡亲结下了不解之缘。随着活动的不断深入，一批批农科学子深入乡土乡村，体农事、知农情、解农意，我们学农、爱农、为农，扎根“三农”大地，在国家精准扶贫攻坚的浪潮中，扬帆起航。三年来，一批批学子来往于农村与学校，有些已经毕业，走上了农业科技工作的岗位，而实践活动是我们梦想开始的地方，激励我们迈出坚定的第一步。

第二章　从相识到相知

一句承诺记心间。“大爷、大娘回去吧，明年的这个时候我们还会再来。”这是 2017 年做问卷调查的时候，我们实践团的一名队员说过的话。一句承诺一年坚守。队员们走过曲折的小路、陡峭的小坡、泥泞的路面，再次来到那个裸露着泥土的简陋院落，看到院子里悠闲地啄食的几只母鸡，好像回到了 2017 年的这个时光。还记得我们初次来到这里，一个穿着深蓝色花上衣、黑色裤子，头发蓬乱的大爷出现在门口，用听不太懂的地方话问“你们是谁?”看见他后，我们队员当时都有点发怵，心里直打鼓。大爷通过介绍知道我们来的缘由后，便把我们请进屋。屋内就是做饭的大锅台，陈放着六七十年代的家具，上面堆满了东西，里面还有一间屋是睡觉的火炕，墙面上挂着陈旧的照片，都令人难忘。

因为一句承诺，2018 年我们又走进了这个熟悉的小院儿。大爷听见我们的声音走了出来，他一眼就认出了我们。“我在看书呢，我就喜欢看书，喜欢你们这样的大学生，上学多好！可以学习文化知识”，他指着炕上放着的书说道。大爷高兴地告诉我们，两个孩子出去上学了，一个在上海、一个在重庆，孩子们希望老人搬去和他们住，但是老人还是舍不得自己的家。

三年来，通过对张北县许家营村、战海村、鱼儿湾村、黑山堡村的农户调查，我们知道像大爷这样的家庭在农村屡见不鲜，村里年轻人不是出去打工就是上学走出了大山，村里面只剩下老、幼、病、残，偶尔看见的年轻人，也是假期回家探亲的。老人渴望交流、希望陪伴、盼望探望，实践团的队员们就像孩子一样，已成了大爷大娘心中的期盼。

第三章　架起知识桥梁

阳光正好，大手拉小手，幸福向来如此，你在闹我在笑，天真灿烂的笑脸深深烙印在我们的心里。由于家长都在外打工，这里的孩子们多数成了留守儿童，跟着爷爷奶奶一起生活。为了和孩子们拉近距离，我们一起折彩纸、绘画、玩跳棋、跳绳，很快打成一片，孩子们从最初的躲避到临走时的恋恋不舍，“大哥哥、大姐姐明天见！”一声声甜甜的呼唤，一句句温暖的约定，十几天的实践中，队员们与孩子们朝夕相伴，形影不离。温暖的阳光，温馨的家，一片蓝天，一片草地，欢声笑语为孩子们心中留下美好的期待。队员们和孩子们亲切交流，了解他们的学习生活状况，告诉他们大学的美好生活，希望他们一定要好好学习，出去看看外面的精彩世界。

“授之以鱼，不如授之以渔。”我们实践团专家教授经常出现在田间地头，集思广益，为农民出谋划策。2017 年帮助当地农民引种了特色蔬菜、耐储存蔬菜，教给农民蔬菜套作、间作等技术，调整蔬菜集中上市的时间，有效解决了当地蔬菜品种单一、上市时间集中的问题；结合地质水文条件和土壤条件，实践团的随队教授、专家为贫困村黑山堡村引种了高品高产油菜新品种和土豆新品种，新品种的种植使得油菜亩产由 150 斤提高到 300 斤，土豆亩产由 1500 斤提高到 4500

斤，每亩直接经济效益千余元，为农民增收注入源源动力。2018 年，实践团的专家们瞄准了这里丰富的草场资源，考察了近千亩的草地实况，重点对草地资源分类及分布、草地资源利用现状、草地资源属性、草地植物资源和动物资源进行了调查和分析。经过调查分析，拟设计将当地光伏发电项目与农业立体养殖技术相结合，光伏电站下面开展野山鸡养殖、中草药繁殖，打造绿色农业、观光农业、“互联网 +”体验式农业的乡村旅游产业，希望为农民再找到一条绿色农业致富的道路。

习近平总书记曾强调：“要适应人民期待和需求，加快信息化服务普及，降低应用成本，为老百姓提供用得上、用得起、用得好的信息服务，让亿万人民在共享互联网发展成果上有更多获得感。”我们走进大山，指导农民用上了“农天下”手机 App 网络技术服务平台，即“互联网 + 农业服务”这一新型农业生产技术服务模式，架起了一座农户与科技专家的桥梁。科技专家在线答疑农技难题，及时发现病虫害，提早防御自然灾害，破解了科技专家与农户无缝沟通的“最后一公里”问题。

第四章　科技带来改变

7 月 22 日，我们来到了德胜村，首先了解了德胜村村容村貌发展状况，就农村基础设施建设与有关负责人进行了交流与沟通。该村负责人介绍，德胜村在国家乡村振兴战略指导下，合理开发利用生态资源，加快改善人居环境，力求打造一个生态新农村。顺着他的手放眼望去，一栋栋新民居楼房拔地而起，让我们看到了新农村的变化。

习近平总书记到张家口考察调研，曾关注张北县光伏扶贫项目，做出重要指示“希望把这种切实可行的事抓紧做起来”。这次实践过程中，我们也参观了亿利资源农光互补扶贫项目，此项目覆盖面积之广，用“震惊”两个字不足以形容，该项目基于当地自然条件，将光伏发电项目纳入其中，结合现代农业发展农光互补示范，并融合外部资源发展科普旅游及休闲度假，确立“光伏 + 农业 + 旅游”三重发展定位，打造清洁资源发展示范区，成为现代农业示范区与互动旅游的观光实证基地。光伏板下的土地可由贫困户承包种植蔬菜、土豆、灌木苗圃、蘑菇等，企业下订单回购，电站发电收益优先补贴农户，以生态产业形式精准助力贫困人口脱贫致富。队员们真正感受到农村发生着翻天覆地的变化。

第五章　共同感悟成长

登过一些山，才知道艰难；蹚过一些河，才知道跋涉。习近平总书记强调广大青年要扎根中国大地了解国情民情，用青春书写无愧于时代、无愧于历史的华彩篇章。我们的实践团成员经过实地走访调研、参观学习，感受颇深。让我们一起倾听他们的心声。

7月16日至31日，农学院小分队进驻张北县农村，开展“助力精准扶贫，聚力乡村振兴”为主题的系列实践活动，在15天的调查走访中，我作为一名队员，感触颇多。

本次扶贫志愿服务，是我们第一次深入山区农村开展扶贫、支教、科普宣传、调研等一系列活动。辗转于贫困村的不同农户间，行走在这片民风淳朴的土地上，我们对于“精准扶贫、精准脱贫”乃至“李保国精神”有了更深的思考与感悟。2020年要实现全面脱贫，扶贫之路则更任重道远。尽管我们只是普通的大学生，但我们相信，通过我们不断努力，能让大家看到美丽的“新农村”。

社会实践活动虽然告一段落，但我们仍会在实际生活中践行活动宗旨，努力完善自身品格，做新时代“六有青年”，丰富自身学识，扎实操作技能，为乡村振兴贡献一份力量。农科学子在行动。

——实践队员　农村区域发展1601班　刘书朋

伴着淅淅沥沥的小雨，踏着泥泞的道路，我走进张北县小二台乡黑山堡村。走访村民，调查村民的生活状况；走进农村小学，陪孩子们玩耍，教孩子们知识。村民们的淳朴形象深深地印入我的脑海，哪怕没有丰盛的食物，他们也会拿出最好的饭菜招待我们。看着实践团带来的农业知识能够成为他们的“财富”，我心里非常高兴。孩子们的眼睛里都写着诗，里面有夏天般湛蓝如水的天空和翠绿的幕幔，他们简单地向往着绿水蓝天的生活，将孩童的天真彰显得淋漓尽致。而我能做的是发挥我所学，为农户解决哪怕一个小小的难题，为孩子送去哪怕一点点温暖。学农、爱农，农科学子为乡村振兴贡献自己的绵薄之力。

——实践队员 种子科学与工程 1601 班 李艳娜

经过 7 个小时的车程，我和队员们来到了河北省张家口市张北县。在这里，我真实地看到了农村生活的艰辛，真切地感受到了当地人民的热情，感受到了乡村的现代化发展和党的正确领导。在这几天时间里，我们走过大大小小许多村庄，走过田间地头、走近农户，也参观了德胜村、马铃薯育种基地等现代化农业基地。在这个过程中，我收获了很多，也发现了很多不足。本以为可以结合自身知识发光发热，可每每遇到实际问题时，却绞尽脑汁也想不出答案，时常陷入尴尬之中，也总是在此时，我也真切地意识到自己所学是那么有限，那么微不足道，自己更应该好好学习，将知识与实践相结合，致力于用科技和教育去改变农村，发展农村。

——实践队员 植物科学与技术 1601 班 冯滢

此次跟随农学院社会实践小分队来到张北县的村里，所见所闻都刷新了我对农村的认识。虽然自己也来自农村，但坝上地区的农村还是第一次亲身感受。走进张北，青山绿水是第一印象，等下了车走进村里才发现，寒窗破瓦，实在令人触目惊心。通过调研走访，我们得知大多数的乡村都存在相同的现象，村民大多数为留守老人和儿童，家里没有壮劳力，60 多岁的老人依然要承担起繁重的农务劳动。但是，有些农村在国家政策引导下开发了旅游业，有些在公益企业的扶持下开发了光伏发电产业，一部分村民在张北试验站的帮助下种上了新型农产品，收入状况有所改观。我相信，在多方的共同努力下，美丽张北乡村一定蒸蒸日上。

——实践队员 种子科学与工程 1602 班 李锦超

“农业教育非实习不能得真谛，非试验不能探精微”，我们走近农民、走进农村、走进农业，在实践中受教育、长才干、长本领。继承发扬“艰苦奋斗，甘于奉献，求真务实，爱国为民”的太行山精神，走基层、接地气、察民情，深入了解，用脚去丈量，用心去感受，在勤学力行、知行合一的实践过程中丰富阅历、磨炼意志。农科学子走进乡土乡村，聚力乡村振兴，对“太行山精神”有了深刻感悟，坚定了学农、爱农、服务“三农”的决心和信念，一批批农科学子以知识和技能为原动力，推动农业农村现代化进程，服务乡村振兴战略。

新品种试种推广　摄影：谷占元

（郭妍妍　郭婧　文）

陌上花开，筑梦扶贫

——内蒙古农业大学农学院2018年联合实践行动纪实录

实践队员们发放马铃薯、燕麦种植技术宣传单，与农户友好交谈　摄影：刘永婧

为积极响应党的十九大精神，践行习近平新时代中国特色社会主义思想，深入发力国家脱贫攻坚工程，汇智聚力国家乡村振兴战略，内蒙古农业大学农学院组建了暑期社会实践小队，共计13人，前往乌兰察布市兴和县张皋镇开展社会实践活动。经过几天的准备，大家带上厚重的行囊，踏上了通往兴和的旅途。一路上大家有说有笑，欢乐的氛围充斥着整个车厢，激动的心情也为单调枯燥的旅途增添了一丝趣味。沿途的风景深深地吸引着我们。我们用眼睛记录着每一处的风景，感慨着大自然的鬼斧神工之笔。车厢从安静到喧闹再到沸腾起来，每离兴和更进一步，我们的心情就更加激动一分。四小时的时间悄然而过，短暂的旅途就这样结束了，我们到达了实践地——兴和县张皋镇。

在此次社会实践小队到达之前，我们内蒙古农业大学农学院早在 2016 年就曾组建实践小队来过兴和。我们透过资料翻看着以前兴和的点点滴滴，才发现与过去的两年相比，由于国家的大力扶贫政策，张皋镇发生了翻天覆地的变化，昔日泥泞的土路变成了宽广的水泥路，昔日斑驳的外墙现已修复一新。我们共同走在乡间的小路上，远离了城市的繁华与喧闹，享受着大自然反馈给我们的恬淡与闲适。

经过了一路颠簸，队员们不免有些疲惫。和蔼的李镇长为大家安排了住宿，送来一套套崭新的被褥。休整安顿之后，我们跟随着李镇长的步伐去参观了当地具有浓郁文化特色的“张皋文化大院”。镇长操着一口浓郁地方特色的口音为我们讲解，虽然我们听得不是很懂，却被它神圣庄严的外观所震撼，被它深厚的文化底蕴所折服，觉得这个安静的小镇并不简单。

第一章　入户调查，心系百姓之苦

清晨伴随着淅沥沥的雨声醒来，与扑面而来的潮气撞了个满怀，队员们一股脑地坐起来，穿上洁白的队服，整装待发。雨水打湿了脸庞、泥泞的土路沾染了裤腿，但是这一切却丝毫没有阻挡住我们前进的脚步。在村委会书记的带领下，我们开始了第一天的实践调查。因为语言交流上的不便，我们心中本来有着一丝芥蒂，然而村民们的热情招待感染了我们。当我们与他们面对面交流时，无形中心与心之间也架起了一道桥梁，从一开始的拘束慢慢地转变，与村民们热切地交谈，询问着一些家长里短的事情，比如种了几亩地、养了几只羊，和谐的氛围充斥着整个房间。与此同时我们发现，虽在国家扶贫政策的帮助下，村民生活条件有了改善，但村里还是留守老人和儿童居多，大多数年轻人都选择外出打工来维持生计。从王大爷口中得知，他的子女也一样在外打工，家中只剩下年迈多病的老两口，王大爷还有很严重的高血压，常年靠药物维持。尽管国家近几年的政策正逐步完善，但村民们的大病医疗保障依然难以实现，农村医疗水平低下，突发疾病很难得到及时治疗。看着满头白发的夫妻俩，队员们陷入沉思，不仅有担忧，更多的是无能为力的挫败感。我们深知只有努力学习，夯实自己的专业基础，才能使自己更加强大，去帮助那些真正需要我们的人，成为他们最坚实的后盾。在与王大爷融洽交谈的时候，他的小孙女婷婷（化名）匆匆从学校归来，放下沉重的书包后，跟随着王大娘做起了家务，忙碌的身影、娴熟的动作都让我们感到意外。由于家境贫寒父母外出打工，她比平常人家的孩子少了一些父母的陪伴，生活的艰辛逼迫着婷婷成长，也正是因为这样她比别人更早懂得生活的艰辛，更加地热爱生活。看着婷婷脸上洋溢着灿烂的笑容，我们心里默默地为她竖起大拇指。拜别了王大爷家，我们继续前行，回头看着两位老人渐渐模糊的背影，我们衷心祈祷所有的老人都能有一个幸福安康的晚年。

第二章　支农增收，力行解答农民之难

“实践是检验真理的唯一标准。”告别了枯燥乏味的课堂，我们第一次真正将在学校学到的知识带出校外。在进行问卷调查的同时，我们还发放了与马铃薯相关的科普手册，并耐心地为村民讲解其中的一些注意事项，不厌其烦地为村民答疑解惑，帮助他们了解马铃薯的新型种植技术。我们的随行老师与研究生也开展了教学讲座，为村民们解答一些农业上的问题。李大爷听说村里来了农大的学生，特地抽空过来咨询一些问题。李大爷说他家的马铃薯产量低，而且有的马铃薯表皮呈绿色，吃起来发涩，口感很不好，所以马铃薯销量很差，近两年收入不容乐观，着实让人头疼。随后，我们跟随李大爷来到田间地头进行实地考察。我们发现李大爷家的马铃薯有的结薯后块茎外露，我们分析这是种植深度过浅造成的。马铃薯直接暴露在阳光下照射，使薄壁层的外皮细胞产生了叶绿素，引起表皮变成绿色，并会有麻、涩的味道。我们探讨了马铃薯的最适种植深度，查阅相关资料，证明最适深度应在 25 厘米左右，过深会影响马铃薯对养分的吸收，过浅就会出现李大爷家的情况。我们解决了李大爷的“心头大患”，李大爷十分高兴。随后我们看到赶来咨询的乡亲们的写满疑问的额头渐渐舒展，我们的心头仿佛涌入一股暖流。乡亲们频频向我们点头，这是对我们最大的肯定。我们也更加坚定了自己在农学方向上的脚步，尽管路途遥远，但我们风雨兼程。

第三章　帮学支教，浇灌祖国之花

伴随着窗外孩子们叽叽喳喳的喧闹声，开启了我们美好而充实的一天。在我们的召集下，有大约二十个孩子加入到了我们临时建立的小小夏令营中。我们带

着他们一起绘画，陪着他们玩耍。孩子们用彩笔勾勒着他们美好的明天，他们爽朗的笑声撒在院子里的每个角落。其中的一位小朋友画了一排排整齐的房子，充满好奇的我们询问了他所画的内容，他说："我在设计我们未来的教室呢，我想像电视里的小朋友一样，想坐在宽敞明亮的教室里上一次课，老师可以用电脑来给我们讲课。"孩子咯咯地笑着，还有那双渴望知识的双眼眨呀眨着。希望他能带着这样的憧憬与愿望，更加努力学习，去迎接一个更加多彩的世界。之后我们带着孩子们一起扔沙包、跳房子，孩子们都积极地加入到我们的活动中来，与我们一起玩耍。在玩耍中，我们倾听着孩子们的梦想，他们渴望的眼神中透露着对未来的憧憬。希望孩子们可以努力学习，用梦想编织张皋镇美好的未来。

那是一个晴朗的早晨，许久未见的阳光透过窗子撒在了我的脸上，惺忪的睡眼隐约看见门卫大爷忙碌的身影，好奇心促使我来到屋外一探究竟。花坛里长满了黄花菜，大雨过后正是收获的好时候，大爷忙得不亦乐乎。大爷因为喜欢跟孩子们生活在一起，所以在这所学校里一待就是 15 年。"我每天早上叫醒孩子们，夜晚安顿孩子们休息，冬天冷了给孩子们生锅炉，"说这话时大爷脸上洋溢着幸福的笑容，让我们看到了平凡人身上也有闪光点。即使生活再困顿不堪，也依然要有一颗热爱生活的心。

第四章　满载而归，扶贫之路任重道远

在踏上归途的那一刻，车厢里比来的时候少了一丝喧闹，大家将眼神驻足于窗外的景色，没有了当初的激动与憧憬，却在心底写满了祝福。扶贫攻坚不是一句口号，农村的发展需要我们所有人的共同努力。通过 5 天的学习、实践和交流探讨，使我清晰地明白了作为一名农学人肩上的重担。我国人多地少，如何用有限的耕地养活十几亿的人口，一直是我们的目标与责任，而农业便是担当这份重任的最重要的基石，农业技术的与时俱进与创新对农业发展至关重要，它能够帮助农民增收、脱贫。现在的农业技术技能，是满足不了农业发展需要的，我们必须不断学习更新农技新知识、新理论、新方法、新信息，提高自身的技术、知识技能和自身的综合素质，才能更好地为"三农"服务，满足新农村建设的需要。十九大报告为我们描绘了一幅壮丽远景，宏伟的蓝图一定要变成行动，伟大的目标更要变成现实，关键是要实干、要落实。十九大报告指出，必须始终把解决

“三农”问题作为全党工作重中之重。要坚持农业农村优先发展，按照产业兴旺、生态宜居、乡风文明、治理有效、生活富裕的总要求，建立健全城乡融合发展机制和政治体系，加快推进农业农村现代化。要培育造就一支懂农业、爱农村、爱农民的“三农”青年人才队伍。农业综合开发是政策惠农的一项事业，我们作为农学学子，要不忘初心、牢记使命、扎实工作，为成为一名懂农业、爱农村、爱农民的农之栋梁而努力，为我国农业农村事业的发展贡献一己之力。

冰心说过：“爱在左，情在右，走在生命之路的两旁，随时撒种，随时开花，将这一路长途点缀的鲜花弥漫。”我们此次前行的目的也是为了能将自己的知识进行“播种”，也希望在祖国大地上挥洒我们青春的汗水，耕种我们梦想的种子。

实践队员入户调查，填写问卷　摄影：刘永婧

（刘永婧 申鸣　文）

传承与坚守　创新与振兴

——山西农业大学农学院2018年联合实践行动纪实录

山西农业大学农学院党委书记席丛林同李锐教授为
当地农户发放桃树种植资料并进行讲解　摄影：杨昊

当清晨的第一缕阳光跃上山头，犹可见那岚气雾云与山峰间的缠绵。跳跃地平线，芳草散发盎然生机，绿树荫浓，密密层层的枝叶间投射下来的那一抹抹光在地面映满了粼粼斑影，蝉鸣阵阵，流萤闪烁。漫步山间田野，有这样一群年轻人，朝气蓬勃、容光焕发，迎着山间清爽的风，踏上了这片热土，尽情地挥洒着自己的青春汗水。

2018年7月，山西农业大学农学院积极响应“全国农学院协同发展联盟”关于开展万名学子联合实践活动的号召，结合山西省扶贫办脱贫攻坚目标任务，组织由师生党员、本硕学生组成的实践队分赴山西省的运城平陆、吕梁中阳、晋中和顺和忻州繁峙4个国家级贫困县，开展以“助力精准脱贫，聚力乡村振兴”为主题的社会实践活动。在此期间，实践团通过问卷、访谈等方式，共计对5个村的100余户村民进行了调研。半个月来，我们怀着满腔热情走进贫困山区，将理论与实践相结合，勠力同心，为脱贫攻坚助力，为实现中华民族伟大复兴的中国梦贡献力量。

党的十九大报告中首次提出“乡村振兴战略”，并将它列为决胜全面建成小康社会需要坚定实施的七大战略之一。我党也已将农业农村农民问题摆在了全党工作的中心位置，并就乡村振兴提出了产业兴旺、生态宜居、乡风文明、治理有效、生活富裕的总要求，致力加快推进农业农村现代化。作为农科学子，我们理应以习近平总书记系列重要讲话精神为遵循，不忘初心、坚定理想，在实践过程中，做到知行合一，扎根大地，努力成长为“一懂、两爱、三有”的农业专业型人才，在脱贫攻坚的浪潮中，扬帆起航，奋勇前行。

“拳拳赤子心，悠悠乡土情”，又一次辗转难眠，思绪万千。那一路，我们看到的传承与坚守再次温暖心田；那一程，我们遇见的创新与振兴再次映入眼帘。

第一章 追忆峥嵘岁月，传承红色精神

七月的忻州，阳光明媚。踏着朝阳，我们来到了繁峙县的平型关大捷纪念馆。伫立馆前，阳光镌刻在纪念馆石碑上，光影交相辉映，诉说着这场战役胜利的荣耀。时光虽已远去，但历史却恍如昨日、触手可及，红色记忆、红色精神也一直烙印在每个国人的心中。漫步馆内，我们仿佛又回到了那个战火纷飞、硝烟弥漫的革命战争年代，但在此，我们却又难以切切实实地去感受那个年代的艰辛与不易……

带着平型关大捷的震撼，我们来到了9141兵工厂生产区旧址，渴望探求到“那究竟是一个什么样的时代”。进入兵工厂大门，便为眼前的一幕而惊叹，崖壁上数十年前“高举毛泽东思想伟大红旗奋勇前进”“战无不胜的毛泽东思想万岁”

等标语仍然清晰可见，兵工洞内的晒图机、冲铅套、钢心压入铅套机、弹头二合一机床、平底机等设备依然保留完整。在这里，我们寻觅着历史的遗迹，追忆着人民兵工曾经的辉煌，感受着老一辈兵工人在艰苦环境中的无私奉献和“把一切献给党”的人民兵工精神。山涧的雨朦朦胧胧，洗礼着这片热土，不朽的革命精神却在彻彻底底洗礼着我们，而革命老区也在这一场场雨中焕然一新、生机勃发，引领着一代又一代的青少年走向前方。

行走在战争的大后方，我似乎明白了“那是一个什么样的年代”。正如狄更斯所言，“这是一个最好的时代，也是一个最坏的时代；这是一个光明的季节，也是一个黑暗的季节；这是希望之春，也是失望之冬。”然而，当耳畔传来“我志愿加入中国共产党，拥护党的纲领，遵守党的章程……”的誓词，当眼前呈现耄耋老人带领学生党员们重温入党誓词的场景，我的心中有了更为准确的答案。

七月的运城犹如一个熔炉，而平陆的清风却能给人一丝清凉。乘着这缕微风，我们来到了老红军赵茂功老大爷的家中，聆听他红色的记忆。“日本人刚来平陆县时，老百姓四处逃难。日本人杀死了无辜百姓几十人，这就是历史上著名的‘董沟事件’。当时日本人四处扫荡，大家都躲在一起，就连厕所里都住满了逃难的人。”后来，日本人进攻中条山，赵大爷一家又躲进大山森林里，一躲就是七八天，吃窝头，啃野菜，吃尽了所有的苦，但还是坚持了下来。在交谈中，我们得知赵大爷虽然已经年逾古稀，但仍通过电视、报纸了解国家政策。数十年前的党章，也因大爷一遍遍地翻阅泛了黄，装订线缝了散、散了缝，但内容却深深地刻在了大爷的脑海之中。“我志愿加入中国共产党，拥护党的纲领，遵守党的章程……”大爷带领着我们重读入党誓词，眼前却是那幅浴血奋战的画卷。

所以，没有黑暗、没有失望，那是一个拼搏奋进的时代，是一个充满了光明与希望的时代，是为我们正处于的美好新时代奠基的伟大的时代。革命老区在与时俱进，实现着跨越式的大发展。当年奉献出无数红军战士以及将军元帅的革命老区正在涌现新一代风云人物，作为新时代的青年，我们更需承前启后，秉承革命先辈遗志，不忘初心，砥砺前行。习近平总书记在党的十九大报告中指出，“青年兴则国兴，青年强则国强；青年一代有理想、有本领、有担当，国家就有前途，民族就有希望。”在时代不断进步的今天，我们更要铭记着这红色革命精神，继往开来，不断前行。

第二章　潜心立德树人，坚守教育使命

是夜，窗外的雨，滴答滴答。乡间小路的泥土芳香，仍在鼻尖萦绕，万物俱寂，是乡间独有的宁静，不同于城市的车水马龙、喧闹繁华，在这遗世独立之中，总有一些令人难忘的东西。窗外的雨仍在下，树影摇曳，哗哗声不断。教育就像这风雨，滋润着这片土地……

当我们来到郝家湾村进行支教，带领孩子们书写感恩信件时，“张老师”这个名字频频出现在孩子们笔下。孩子们笔下的张老师，正是那个致力于从思想上带领郝家湾村走出贫穷，为了一句“再穷不能穷教育”而扎根山区 30 多年，将全部心血倾注在山村教育事业上，并为村里培养出 4 名研究生、22 名本科生的“繁峙好人”张喜国（化名）。自 1978 年从教至今，张老师一个人担负着全村从幼儿园、一年级到六年级的全部教学任务，每月仅领着 300 元的代课费，几十年如一日，以自己对教育的执着追求和坚定信念，默默无闻、埋头苦干，坚守在教育第一线，以一己之力，支撑着郝家湾村的教育天地，不负全村父老乡亲的众托。落后的教学条件和繁重的工作压力，使他积劳成疾，身患结核性胸膜炎、缩窄性心包炎，由于贫困错过了最佳治疗时机，只好在家保守治疗。病重期间，一度靠年逾古稀的老母沿街行乞，给他筹集医药费。

就在这样的困境下，他依然无怨无悔，将自己的全部心血倾注在了孩子们的身上，边养病边教学，边输液边改作业。一份付出，一份收获。每年统考，他带出的学生成绩在全县都名列前茅，很多优秀的学生考入县重点中学实现大学梦，因此，他多次被乡政府评为“模范教师”。正是这些优秀的孩子以及他们优异的成绩，给予了他莫大的心理慰藉，也使他一辈子甘于清贫，安于教育。在与村民交谈的过程中，质朴的村民们不会说什么动听的话语，只有一句，“张喜国老师是个好人，感天动地的大好人！”张喜国老师无疑是我们所有人都应学习的榜样，身为新时代的青年，我们理应做好时代的接力和榜样的传递，前仆后继，为教育事业贡献自己的力量。

张老师的坚守，唤起了相关部门对农村教育现状的关注。近几年，繁峙县每

年投资906万元，对16所农村义务教育薄弱学校餐厅进行了改造，优化了教育资源配置，完善了教师考评机制，提高了教师待遇，稳定了教师队伍，巩固了义务教育均衡发展成果，提高了办学质量和效果。相信在县委、县政府的支持下，在社会各界人士的爱心帮扶下，有越来越多的像张喜国老师一样的“好人”，投身农村教育事业，我们更有理由相信郝家湾村的明天会越来越好。

第三章　创新智力脱贫，推广技术致富

屋檐落下一排排水滴，像美丽的珠帘。屋外下着蒙蒙细雨，滴滴的小雨点，好像伴奏着一支小舞曲，雨珠顺着小草的茎滚下来，一滴钻到土里，又一滴钻到了小草的嘴里，找不到了。走进食用菌种植大棚内，几十名工人正在井然有序地工作着，当中一个黝黑面善的瘦小老人，就是当地著名“脱贫户”王应枝（化名），他正在忙碌着新一茬香菇菌棒的培育。

据王应枝老人介绍，在20世纪70年代末，中阳县车鸣峪村就是远近闻名的富裕村，村马路两侧每天小贩扎堆、川流不息，集市般的繁华热闹。现年六十多岁的村民王应枝亲身经历了当时的繁荣盛况，“那时省新建机械厂就建在我们村，光厂职工和家属就有3000多人。我们家里种的蔬菜和饲养的家畜等农副产品，都能上街换成钱。”现在回想起来，王应枝老人还觉得回味无穷。20世纪90年代，随着全国经济转型，撤销了山西新建机械厂，一个“财神爷”从车鸣峪村搬走了。车鸣峪村地处全县水源和天然林保护区，无任何工业企业在此兴建，再加上是高寒地区，全年无霜期仅有一百天，农业产量非常有限。昔日富裕的车鸣峪变成有名的贫困村，昔日自豪的王应枝变成了全村典型的贫困户。

“但那已经是过去的老皇历啦”。他一边娴熟地整理着手中的香菇菌棒，一边给我们介绍道，“现在的我们，每到出菇出耳时节，就开始忙得团团转，早晨刚摘掉新菇，经过秤、分类、处理、打包一系列工序，晚上又得再摘新菇。不过越是忙碌我们越是高兴啊，咱们农民不怕苦，不怕累，越累越能赚到钱呐！”看着他满足的样子，我也不由得跟着高兴起来。老人生动地向我们介绍道，“木耳就是木头的耳朵。”言语间，阵阵食用菌的清香萦绕在鼻尖，望着自己刚培育的2000支菌棒，王应枝笑得格外灿烂，脸上的皱纹都挤成了花。“小康不小康，关

键看老乡”，看着王应枝老人脸上洋溢的幸福，我们相信老人的生活将在日后越来越红火。

一路向北来到海丰农场，这里的农业现代化技术同样令人震撼。基地里摆放着各种大型农机工具，其中有部分农具是由技术员陈俊德和陈俊廷两兄弟在农业实践过程中总结经验后进行的改良，具有很高的实用价值，为三千多亩的大规模种植提供了技术支持。土地相对平整，适合机械化连片作业。在示范推广新技术的同时，海丰农场大力实施农业机械化耕作，走现代农业之路，在玉米、谷子生产上实现了机械化除草、喷药、施肥、播种、收割、脱粒，机械化秸秆还田，谷子的收割上引进了先进小籽粒播种机，精量播种，一次定苗，减轻了劳动强度。农场还引进了国产最新式的胡萝卜收割机，效率大大提高。用一条康庄的科技之路，带领郝家湾当地村民致富脱贫，相信郝家湾的未来将会越来越好。

走在这乡间小道上，不知为何，我总是会想起艾青曾说过一句话：我对这土地爱得深沉。这或许就是国家于我们、我们于国家的那种矢志不渝的精神吧。七月的盛夏，这场独特旅行仍在继续……

第四章　美丽乡村建设，振兴农业发展

陌上小路，交错纵横，踏步于草木繁茂的乡间小道，看着阳光洒在这片土地，享受着微风，享受着这远离喧嚣的乡间宁静。

沿着村子的小路缓步慢行，我似乎品到了这古老村庄的独特韵味，道旁苹果、桃子、西红柿都沉甸甸地缀在枝头，村子中小路曲折环绕，鸡鸣犬吠，农户家园圃中各种水果蔬菜好不鲜嫩，自己打理食用，方便惬意，宁静祥和，一派欣欣向荣之景。我们一路走入各家各户实地感受着它真正的变化。一进家门，我们看到了村民家中新换的铝合金气密窗，谈话中他们提道：政府对村子给予了极大的支持，帮助村民们进行了危房改造，现在，家家户户都已住在换窗后的家中，冬天的保暖再也不用愁了。看着他们脸上洋溢着的幸福的笑容，我们心中亦是尝不尽的甘甜。来到田垄之上，放眼望去，一片片绿油油的谷穗、玉米充斥了我们的眼球。微风轻拂，它在对我们私语，诉说这片广袤大地上的温情。正在田间锄草的大伯，停下手中的活看向我们这群陌生的来客，在说明我们的来意后，他热

情地招待了我们。当谈到村里最近几年的变化时，不禁在他脸上看到了那份喜悦的笑容，“虽说村子里种植的还是传统经济作物火麻，但火麻近几年里产量已经达到了翻几番的地步，家里再也不是紧巴巴地过着，逢年过节时也会请亲人们、邻居们吃饭相聚了”，这些朴实的村民们用他们的汗水不断探索致富发展的新出路。在县里的加工厂兴办之后，村委带领大家一起种起了一些新型的经济作物，刚开始探索很艰难，种植疏密、植物病虫害都困扰着这些大山的汉子们。病害难发现，难去除，让这里的村民们一筹莫展。

走上脱贫之路，过上更好的生活，需要继续探寻更好的种植方法和采取科学的作物检疫方法。这些朴实的村民们用他们的汗水不断探索致富发展的新出路，即使是在恶劣的地理环境、自然条件以及社会因素等各方面的影响制约下，他们依旧不断学习。他们忙碌的身影在田间穿梭，“力尽不知热，但惜夏日长”，经历一次次的失败后，村里面开始引进了新的种植技术，村民们学着上网去查找更多的专业知识，我们为他们提供了支农 App，各种助农微信平台，手把手教会他们如何运用，村民们虽什么都不说，但却用自己的行动证明了一切，家家户户热情相邀，用热腾腾的饭菜向我们表达着他们的谢意。

落日余晖，抹抹斜阳再次普照大地，照亮了我们布满晶莹汗水的笑脸，照亮了那片谷地，照亮了我们牵动着的心。“稻花香里说丰年，听取蛙声一片”，那是我们共同的期盼。

“生命是一束纯净的火焰，我们依靠自己内心看不见的太阳而生存。”而我认为，这束纯净的火焰终有其热烈燃烧的时刻。离别总是带着愁绪，别样滋味萦绕心头。细雨蒙蒙，又是一年丰收季，淋淋沥沥滴在这广袤的田间地头，打在我们疲累的身上，滋润我们的心田，润世间万物于无声。踩着轻快的步伐，我们踏上归程，眼前的黄土地载着我们多日的回忆向大山跃去，带着不舍与感动，再次迎接这喧嚣与烦扰……

当记忆再次涌起，所有的悲欢交集都已化作那永恒的清泉。每个人心里都有一片戈壁滩，而我们毕生的事业就是让那里开满鲜花。助力精准脱贫，聚力乡村振兴，“敢问路在何方，路就在我们脚下”。少年的人儿，在这青春岁月里，愿我们都能携手同心，勠力前行，传承并坚守，创新为振兴，努力谱写这似水年华。

山西农业大学农学院院长高志强入户了解农民家庭状况　摄影：王昊

（李晨晨　付振鑫　师少杰　文）

盛夏放飞梦想

——天津农学院农学与资源环境学院 2018 年联合实践行动纪实录

武清后幼庄村基地社会实践　摄影：裴志强

七月盛夏，朝阳初升，清新的水汽、无穷变幻的光影恣意涂抹，充盈着我们的心房。兴农的号角已经吹响，振兴乡村的大旗随风飘扬。迎着火红的朝阳，伴着清脆的鸟鸣，怀揣着兴奋与期望，我们踏上了那片充满未知的土地。

在全国大学生三下乡社会实践活动的潮流引领以及我校“百团百村心连心，共建和谐新农村”的号召下，我们环境科学系党支部团队一行 15 人在卢树昌教授的带领下深入天津市武清区、宝坻区和宁河区三地的六个村庄开展社会实践活动。这次实践活动以调研采样、推广合理施肥技术以及美丽新农村建设宣传为主要内容，共划分为三个阶段：第一阶段是土壤样品的采集和测定；第二阶段主要进行后续的数据分析整理，以便为后期的美丽新农村建设宣传做准备；第三阶段为生态文明建设与绿色农业宣讲，包括分析土壤样品的理化性状结果、推广合理施肥技术以及宣传美丽新农村建设。三个阶段环环相扣，紧密连接。

“种子向往春天时便成了花。”伴着蓝天白云，听着知了俏皮的歌，我们踏上了大孟庄镇后幼庄村的“漫漫长路”。一路上，我们欢声笑语，活力满满，不断诉说着自己对这次实践的想法，每个人都有自己的憧憬。时光太瘦、指缝太宽，望着车窗外的景色，我们不禁被眼前一大片的玉米所吸引，它们像排列整齐的方队一样，清秀挺拔，守卫着农民们的土地。我们的喜悦与激动难以言表，望着这一片片郁郁葱葱的玉米地，不禁感叹大自然的美好与神奇，我们也将会在这样的田野间大展拳脚。

我们的第一个目的地是黑马韭菜园。车刚驶入园区门口，就看见韭菜园的负责人和员工们站在院子里面欢迎我们，他们个个脸上都挂满了笑容，让人感觉心里暖暖的。下车后我们也很开心地和他们打了招呼，用热情回应热情，用真情回应他们的淳朴。在进行了简单的相互介绍后，我们便立刻投入到了工作当中。韭菜园的负责人首先向我们介绍了他们设施菜园的格局，韭菜园共包括冷棚、暖棚和大田三大部分，然后又向我们介绍了施用化肥的种类以及每年化肥的投入量等等。在了解完菜田的基本情况后，我们两两一组，兵分四路，对设施菜园进行了土壤样品的采集。

天津的盛夏本就是闷热的，加之要在设施菜园里采土、工作，人体就感觉更加的热了。刚进入第一个设施菜园，一股热气就将我们团团包围，设施菜园的别样“热情”真是让我们受宠若惊啊。在前两个设施菜园里进行采土时，我们只是感觉很热、很闷，但是从第三个菜园开始，我们的汗珠就慢慢地从额头流过眼睛，顺着脸颊滴在土地上，随着工作进度的推进，汗水也慢慢浸湿了我们的衣襟。酷热、劳累使我们有点儿想要放弃了，但是想到天农学子吃苦耐劳的优良品德以及进门时园区人们那热情朴实的笑容，我们立刻扑灭了这种不应有的可耻的想法。习近平总书记曾说过“只要坚持，梦想总会实现”，我们的眼睛是涩涩的，我们的心是火热的。既然幕布已经拉开，我们就一定要积极地演出；既然脚步已经跨出，即使风雨坎坷我们也绝不能退步；既然已经把希望撒在这里，我们就一定要坚持到底，坚信咬咬牙拼一下我们就会成功。我们一步一步地前进着，将采好的土一袋袋地装好，在最后一袋土样装进袋子里系好后，我们兴奋地欢呼着、跳跃着，每个人笑得像个娃娃一样。这笑容不仅包含了完成任务的满足，还有对自己坚持下来的肯定。午饭时间韭菜园负责人用丰盛的菜肴款待了我们。在黑马韭菜园的这段时间，我们团队的配合度以及耐力得到了很好的检验。我们也感悟到了很多，园区人们的热情与朴实是我们永远都无法忘记的。坚持到底、不轻易放弃，这是我们在这里最大的收获，这也会成为一个很好的开始。

看一只蝴蝶，从蚕蛹到破茧；看一棵蓓蕾，从绽放到落英缤纷；看一片菜园，从陌生到熟悉。离开黑马韭菜园后，我们去了大田的玉米地。放眼望去，郁郁葱葱，美丽动人。“天公作美”，不一会儿，丝线般的细雨从天而降，我们顶着这微微细雨对玉米进行了长势的测量。这里的每一棵玉米都是我们的“宝贝”，我们会定期对他们进行长势测量，记录他们成长的过程。万事开头难，在黑马韭菜园体会到这次活动的辛苦，我们大家都摒弃了开始时冒出来的想要放弃的想法，取而代之的是满满的信心与坚定。我们一定要把这次活动认真、积极地完成好，或者可以说，在我们心中它已经不单单是一次社会实践活动了。

大田玉米长势测量完后，我们来到了后幼村的赵国友（化名）、卢振林（化名）和杨树春（化名）的设施菜园。菜园里分别种着红嘟嘟的西红柿、绿油油的西兰花，还有香甜可口的玉米。依据上午的流程，我们同样以小组的形式对设施菜园进行了土壤样品的采集。在采集的过程中，雨下得越来越大，天气的变化并没有使我们停止工作，我们只是“弃戎从笔”，暂时放下手里的取土工具，拿出之前精心准备的问卷，对三位设施菜园园主进行了问卷调查。在问卷调查中，我们主要了解了设施菜田的面积、建设时间、每年的施肥量、施用的化肥种类及经费的投入与盈利等相关问题。在提到盈利方面的问题时，他们的脸上少了一丝笑容，多了一丝愁容。我们的心里添了几分酸楚，在难过的同时，我们也更加坚定了自己的信念，肯定了自己的选择。了解完他们的情况后，我们给出了相应的意见和建议。在这个过程中我们交流得很开心，天气似乎也被我们感染。在我们交流结束时，云消雾散，太阳公公拨开乌云重新露出了笑脸，照亮了树叶上晶莹剔透的水珠，更温暖了我们的心。

“我们的家乡，在希望的田野上……”伴随着美妙的歌声，我们来到了宝坻的韭菜庄。通过询问当地的负责人，我们了解到在这个村子里从事农业生产的多为中年或老年人，青年人则寥寥无几。这些务农人员普遍科学文化水平不高，只能靠自己种地的经验来管理自己的土地。他们靠天吃饭，收入十分不稳定，而且对土地的投入很高，每年都会花费大量的金钱去购买化肥等；每年的人力投入也很大，但是农民们的收入却很少能与投入成正比。看着眼前朴实的农民们靠自己的双手辛苦地创造生活，再想想我们每天在学校安心学习，完全不用为自己的衣食生活等问题操心，我们的心里一片酸楚。我们是幸运的，有父母家人在后方保护着我们，为我们付出一切。现在我们只希望通过我们的帮助，使他们能更科学地管理自己的土地，让蔬菜既高产又干净，赢得好环境、高收入的大好局面。

在这次调查中，我们了解到设施菜田中基肥以有机肥为主，追肥以化肥为主，且在设施菜田中肥料投入量较大，由此造成氮和磷盈余过多，加之灌水会使氮、磷向下移动，进入地下水造成氮磷面源污染；而大田中施肥基本以化肥为主，主要为复合肥，大多数使用的复合肥氮、磷、钾比例相同，并不适宜于所有农田。土壤样品测定结果表明，设施菜田中土壤有机质、硝态氮、有效磷和速效钾含量均明显高于大田。设施菜田 pH 处于中性至弱碱性程度，大田处于碱性以上程度。设施菜田中有轻度盐渍化，大田中基本无盐渍化。

基于以上研究结果，我们对他们进行了科学的技术指导。在培训过程中，我们提出：农民在施肥过程中要注意肥料的合理配比、少施磷肥、氮肥要少量多次施用，不能因为过量施肥导致农田面源污染等建议。通过对数据的分析和讨论，我们一致认为，科技兴农和精准扶贫绝非一朝一夕之事，正所谓“不积跬步，无以至千里，不积细流，无以成江海。”我们要通过一点一滴的进步来实现建设美丽乡村的目标。我们在做到有品位、有道德的同时，还要追求环境的永续发展。追求绿色环保的道路困难重重、任重而道远，但我们又有何畏惧呢？如何使粮食做到高产的同时环境又得以保护成了当前迫在眉睫的问题，我们积极投身其中，利用此次社会实践深入农村调查当地农民的农田施肥管理情况和他们的收入状况，帮助他们运用科学的手段做到环保高产。

云卷云舒，云聚云散，忙碌的日子总是转眼即逝，短短的几天实践活动在疲倦和喜悦中悄然离去。“纸上学来终觉浅，绝知此事要躬行”“实践是检验真理的唯一标准”，我们从书本中走进生活，从校园里走进农村，从理论走进实践，我们秉承着“敏学切问，躬勤耕稼”的天津农学院校训，在实践中不断前行。“我们既要绿水青山，也要金山银山。宁要绿水青山，不要金山银山，而且绿水青山就是金山银山”。滴水成河、聚沙成塔，我们个人的力量虽然渺小，但众人拾柴火焰高，只要我们尽自己所能，用实践响应“建设美丽乡村”的主题活动，用信念前行，用智慧奋斗，我们坚信凭着“只要功夫深，铁杵磨成针”的信念，一定会实现科技兴农的大好局面！

习近平同志在十九大报告中提出，我们要加快生态文明体制改革，建设美丽中国，早日实现富强、民主、文明、和谐、美丽的社会主义现代化强国，实现中华民族的伟大复兴。“人的本质就在于他的意志有所追求，一个追求满足了，又重新追求，如此永远不息。”意气风发的我们勇敢地迎接暴风雨的洗礼，象牙塔里的我们不会“两耳不闻窗外事，一心只读圣贤书”。年轻的我们会在科技兴农、美丽乡村建设的道路上奋勇前行，在民族复兴的坐标上寻求人生价值，为中华民族的伟大复兴贡献自己的绵薄之力，做一个无愧于时代、无愧于祖国的人！

培训材料分发　摄影：卢树昌

（卢树昌　郑纪午　赵思文　刘畅　文）

凝心聚力　汇智乡村振兴

——中国农业大学农学院 2018 年联合实践行动纪实录

社会实践小队访谈温东堡村书记　摄影：温东堡村社会实践小队

为深入学习贯彻党的十九大精神，践行习近平新时代中国特色社会主义思想，深入发力国家脱贫攻坚工程，汇智聚力国家乡村振兴战略，2018 年暑期，中国农业大学农学院牵头发起了“走进乡土乡村，助力精准扶贫”全国农科学子暑期联合实践活动，此活动得到全国四十余所高校的大力支持。“国以民为先，民以食为天”，身为农科学子，只有当我们自己真正走出实验室，走进乡村，亲自体验农民的生活，才能真正了解农民生活的现状，了解社会的辛劳沧桑，才能成为一个“懂农业、爱农村、爱农民”的新型大学生。我们如同一滴滴来自祖国心脏的新鲜血液，被输送到祖国各处，将养分带到祖国的每个角落，为祖国贡献我们的力量。在和村民同吃同住的日子里，我们深刻地体会到农村生活的“酸甜苦辣”，也更加清晰地认识到自身的不足。我们明白“懂农业”是掌握过硬的专业知识，而“爱农村”和“爱农民”不仅仅是一种情怀，更是一种素养和专业知识积累的体现。

第一章　厉兵秣马　蓄势以待

随着夏季学期的结束，社会实践活动被提上了日程。经过紧张的初期准备及答辩，农学院共选拔了 18 支小队共 180 余人参与 2018 年全国农科学子暑期联合实践活动。聚是一团火，散是满天星，我院实践小队覆盖全国 8 个省份，不同的小队怀着相同的理念，分散在全国，希望为我国的乡村振兴战略贡献自己的微薄之力。实践前，各小队成员已经通过从不同角度的宣传及讲座中清晰地认识和了解到社会实践的目的及意义。队员们对即将到来的农村生活充满了期待。七月中旬，正逢北京雨季，滂沱的大雨如豆子般打在地上，然而我们扎根乡村的似火热情却没有一丝衰减，北京的大雨恰好为我们送行，我们在风雨中从北京出发，奔赴祖国各地。

赴山西灵丘县的九支小队从中国农业大学西校区出发坐上开往灵丘县的大巴车。由于连日大雨，近京的多条高速公路已被封锁，颠簸的国道成了队员们到达实践地的唯一选择。国道上，积水已经没过汽车轮胎，雨刷在车窗上不停地挥舞着双臂。到了京西，队员们明显感觉到两旁的青山逐渐增多，随着海拔的不断升高，我们离灵丘更近了一步，经过近九个小时的颠簸车程，队员们终于来到灵丘县党校。第二天一大早，九支小队便奔赴自己的实践地。

受台风“安比”影响，赴怀柔区的实践小队一到实践地，队员们就遇到了多日降雨天气，当地政府为预防灾情的进一步扩散，准备将易受灾地区的 80 余名村民群众转移至二台子村暂避。队员们在得知情况后连夜提出应急对策，并以最快的速度赶赴灾区救助现场。25 日下午，在听取村委书记对于灾情基本状况的介绍后，队员们在二台子村妇联主任的带领下，协助二台子村村民委员会进行救灾物资的整理，将脏乱的灾民收容所重新恢复了整齐、朴实的面貌。

而在祖国另一端的新疆和田——我们另一实践地，却是烈日炎炎。新疆，是丝绸之路上神秘的西域，从和田到于田路途中给我们留下最深印象的是空气中的燥热和沙化的黄土。于田实践小队的队员们努力克服实践中的种种困难，打起十二分精神开始了调研工作。

第二章　农业访谈　知农悯农

十余天的驻村调研工作使各小队的小队员们都深刻体会到扶贫工作和扶贫一线工作者的不易，从输血到造血，牵一发而动全身，厚此易失彼。生活不是数字，扶贫也不仅是数据。同学们虽然前往的地点不同，但都被当地村民们坚定、坚毅的精神和乐观、自强的生活态度所感染，我们发现村民中也不乏锐意进取者，为改变乡村现状、村民意识而持之以恒地努力。

灵丘县上关村的小队员们曾访谈到一户只有两位老人的贫困户。队员们进入家中时，只有老奶奶一人，快到中午的时候老爷爷才从地里回来。老奶奶见到家里来客人十分欢喜，拉着队员们的手聊天，一直也没撒开。老奶奶说她瘫痪在床18年了，2017年村里换了新的村主任，给她争取到了低保指标，现在每年收入有了保障，日子也比以前过得好了。老奶奶身体不能行动，许多事情都需要他人帮忙，18年来爷爷一直细心照顾，对她也是不离不弃。这个家庭的家里家外全靠爷爷一个人支撑，而且她的孙子也快要去当兵了，说到此处，老奶奶的眼里都闪着泪光，感激和信任溢于言表。临走时，奶奶和爷爷热情地挽留队员们在家中吃饭，我们推辞后仍然摘了两个瓜留给我们。队员们走出院子时，老爷爷还在身后挥手送别。

在温东堡村队员们调研的路上，他们还遇见过一位在田间放驴的贫困户奶奶，奶奶六十出头，身体仍然健朗，队员们主动和她打招呼，奶奶热情地和我们攀谈起来。在与奶奶的交流中，队员们得知，奶奶两个儿子在外打工，小儿子2017年出了事故，现在仍卧病在床，她的丈夫常年高血压，她和她放养的两头驴是家里的主要劳力。交谈中奶奶不时说出的“寡气”二字反映了这里不佳的自然环境、落后的技术，以及田地里并不好的收成。昂贵的医疗费又给这个家庭带来了更大的负担。然而在奶奶的脸上，队员们却并没有看到绝望与悲伤，反而看到的是乐观与幸福——“现在的生活比前几年好多了，国家现在的政策好哇，咱种地有补贴，买煤有补贴，看病还不花钱，咱家房子也翻新了……”奶奶为队员们细数了国家的政策，脸上洋溢着满足的笑容。听到这些话，队员们的心释然了，打心底替奶奶开心。“咱这边空气好哇，你看这天多蓝！”奶奶一边说着，一边拉着偷吃庄稼的驴，幸福与快乐洋溢在她的心间。

这样的故事发生在各小队实践过程中，我们从未遇见如此质朴的人——他们视你为家人，即便家中贫困也倾其所有款待你；从未遇见如此纯善的人——他们驻扎在农村，即便经久流年也坚守初心，用双手造就村子的富饶。在一个个这样的故事中，队员们更加深入地了解到了农村的现状，意识到了脱贫并不应是纸上谈谈，而是应该深入农村，扎实做事，为村子带来切实的利益。

第三章　铭记情怀　知书育人

“生逢其时，重任在肩”，乡村振兴要靠我们农科学子，更要靠在乡村成长的下一代，支教活动便应运而生。灵丘县隶属于山西省大同市，为国家级贫困县，教育相对落后。在这里，由于教育资源稀缺，家长们虽对孩子抱有很高的期望但往往力不从心，不知从何下手，而孩子们又因缺少父母的陪伴，往往中途辍学。在我院实践小队中，有很多小队都以支教的形式给当地的孩子们带来知识与陪伴。

温东堡村的队员们利用农学专业的优势，致力于培养孩子们爱家乡、爱农业的主人翁情怀，为祖国未来的人才储备大计添砖加瓦。在实践前，小队的队员们不仅为孩子们筹集了大量的课外图书，还做了充分的准备。他们为孩子们准备了大量精彩课程，既有中国通史、世界农业、实用英语等理论课程，又有沙画、植物画等手工课程，极大地丰富了孩子们的课堂体验。台下人终成台上师，队员们不仅有了站上讲台的经历，更为孩子们打开了一扇观望世界的大门。在课堂上，小老师们鼓励孩子们在同伴面前勇敢地表现自己；在课后，孩子们主动找小老师们玩耍，小老师们带着孩子们来到院子里玩起游戏来。

而在上关村的课堂上，孩子们的表现更是让队员们大吃一惊。平时看起来寡言少语的孩子们，小小的脑子里都藏着一个大大的神奇世界。一位有点内向的四年级男同学李想，在哥哥姐姐们的鼓励下，为小伙伴们讲述了一个 4 分钟的冒险故事，故事里的他和巫女勇敢搏斗，解除魔法封印救援人类，故事逻辑清晰、丝丝入扣、引人入胜；一个胖胖的六年级男生张炳奇像诗人一般为大家讲述了“火神的马车翻了”的奇幻故事。一个个故事将大哥哥大姐姐们带入了童趣的世界，在这个世界里，正义终将战胜邪恶，每个人都是自己的英雄，一切是那么善良美好。

言为心声，故事里流露出了孩子们的想法和感受。每个孩子的心里都有一个美好的童话世界，除去羞涩，孩子们一颗颗富有创造力和想象力的头脑充满了思考，而这些，是只有走近他们才能发掘到的。

第四章　因地制宜　精准扶贫

不同区域有着自己发展经济的优势。各个小队在对当地进行深入调研之后，针对当地的自然条件及人文情况，为当地提出了符合当地发展特色的建议，为乡村振兴贡献智力支持。

赴灵丘县口头村的实践小队的队员们发现实践地留守妇女普遍存在家庭劳务重、身体素质较低、知识水平偏低的状况，便想为她们找到一条致富之路。小队员们了解到，种艺画制作是专门为灵丘县留守妇女设立的扶贫增收项目，而作为一项扶贫产业，种艺画制作无疑具有良好的实用性，项目本身的技术含量不高，由于种艺画的礼品性质，所以产品的收购周期相对较长，承担制作任务的妇女可以在兼顾家务的同时完成种艺画，为家庭增添一笔额外收入。队员们利用专业优势，手把手教村民们制作种艺画。在种艺画宣讲会上，口头村的妇女们用回形针和小米现场粘出古雅雍容的楷体字，那些笔画里有她们真实的另一面：无关烦冗的家务、年迈的父母，她们一脉相承的慧心就在奔忙的生活里隐隐闪耀；这群山合抱的小村中，多少柴米油盐的日子也因此倍添光泽。阿姨们的作品干净整齐，观赏性极高，有着较高的艺术水平和经济价值。种艺画制作给当地的再就业提供了一个很好的渠道。

相比于口头村小队的妇女技能培训，上关村实践小队则是将目光集中在了农民赖以生存的土地上，他们为农民分析土地情况，并指导他们合理种植。队员们通过查找文献、购买书籍、实地考察及寻求有经验老师的帮助等方式，对上关村的气候资源、土壤资源、市场条件等进行了深入的了解。在了解中，他们得知，由于上关村种植水稻的土地为原始河滩地，这片土地曾经以种植玉米为主，土地下方沙石较多，地下没有犁底层。如今盲目种植水稻导致严重的漏水漏肥，不仅浪费了大量的人力财力，对当地的生态环境也造成了一定破坏。而当地的土质、水质等自然因素恰恰适合种植枸杞，队员们便在帮助当地村民解决水稻种植方式的基础上，对枸杞种植进行可行性分析，形成较为科学的栽培方案，最终形成一份可行性调研报告，为上关村发展特色农业贡献出自己的力量。

第五章　美丽乡村　宜居为先

如今的中国，正处在历史的三峡，改革工作已进入深水区，调整农业产业结构，是实现从农业 1.0 到农业 3.0 飞跃性发展阶段，完成农业产业升级是农业改革秉轴持钧的关键所在。如何正确认识、深入理解习近平总书记提出的“绿水青山就是金山银山”的高瞻远瞩，如何打造宜居乡村，大力发展新型乡村旅游业是摆在基层党委、村委干部面前的一道难题。

怀柔区二台子村村委会通过基层村庄治理的长期经验总结，提出了结合当地优势资源与自然环境发展旅游业，从而“留住”更多游客的初步设想。赴怀柔区的实践小队则经过实际调研，在村委会初步设想的基础上提出了可以通过旅游者自助采摘无公害蔬菜从而吸引更多游客的合理化建议，这一建议得到了村委会的一致赞同与村民的大力支持。实践小组在村民的支持下顺利地开展了建设“生态型”示范小菜园的工作，在建设“美丽乡村”的同时提高当地收入水平。在未来，二台子村将从“生态型”示范小菜园的建设工作出发，进而因地制宜地完善一系列举措，深入挖掘旅游型农业发展，在可持续发展的总指导原则下给当地农业发展提供动力，实现当地农民收入的增加。

在山西大同的灵丘县温东堡村，实践小队则是通过互联网传播的方式，力图为村子打通一条旅游致富路。队员们在十天的实践中，走遍了村中的每一条道路，重新修订了高德地图在温东堡村所标记的道路，完善村子的交通信息，为乡村旅游规划道路标识。队员们还大力挖掘温东堡村的风景胜地，将村容村貌拍成短视频，撰写千余字游记，在途牛、携程等旅游网站进行展示，加大对温东堡村的宣传力度。与此同时，队员们还补充了温东堡村的百度词条，为游客了解温东堡村提供便利。

时间，因为短暂，所以弥足珍贵。十余天的实践在紧张高效、严肃认真、团结友爱的气氛中转瞬即逝，我们终将面对与我们所生活的村子及村子里的老乡告别。然而，这段时光所赋予我们的成长却深深烙刻在了心间。现实和理论的冲击让我们更加深入地了解自己、了解乡村，我们会切实努力地解决问题，最终实现个人想法与乡村振兴的有机结合。

回到北京，多少个夜晚我们仍然想着乡村里深夜田间的鸣噪啁啾，想着那里老乡粗糙结实的双手，想着那里馍馍饭菜飘来的阵阵香气，想着那里孩子们的琅琅书声……我们深爱着那片土地。脚下有阳光，心中有力量，这个新时代是属于我们青年的时代，脱贫攻坚是属于我们农科学子的重任，学好专业知识，将书本变为现实。我们中的许多人或许在不久的将来，也会成为振兴乡村建设队伍中的一员，走进乡土，倾听乡音。我们将秉持“解民生之多艰，育天下英才”的校训，努力成长为“一懂两爱”的“三农”人才，投身家国建设，不负青春韶华！

小队在水稻田合影　摄影：灵丘县上关村社会实践小队

（赵影星　齐海坤　程航远　龙源　迪娜　文）

东北片区

待入尘寰，与众悲欢，始信丛中另有天。

唯有深入乡野，奔赴最贫困落后的乡村田野，才能意识到在喧嚣城市外，还有这样一方水土亟待浇灌，方会知晓祖国的前途未来，不仅仅在高楼大厦，也在高山脚下、阡陌之间。

如果说，青年强才能国强，

那我们今天的行动，恰是播种未来。

助力精准脱贫，聚力乡村振兴
深入推进“两学一做”学习教育常态化制度化

——东北农业大学农学院2018年联合实践行动纪实录

赴望奎县莲花镇实践团出征仪式　摄影：周永奇

为贯彻落实《东北农业大学推进“两学一做”学习教育常态化制度化实施方案》精神，推动党员领导干部发挥带头示范作用、激发基层活力，充分调动党支部积极性、主动性、创造性，确保广大党员党性坚强、发挥先锋模范作用。同时，按照中国作物学会作物学人才培养与教育专业委员会、全国农学院协同发展联盟2018年暑期开展“助力精准脱贫，聚力乡村振兴”全国农科学子联合实践行动精神指示，东北农业大学农学院结合自身实际，利用暑期，在学院各系党支部书记的带领下，组织学院农学系、植保系、种子系、植科系四个党支部师生到林甸、望奎、拜泉实地考察调研，开展“两学一做”学习教育常态化制度化主题实践活动，专家、学生志愿者入乡村，了解当地实际情况，解决种植方面的技术问题，查找当地实际困难，开展志愿活动。发挥学院党员精神、服务意识，运用专业技术优势，为提高农民种植技术、增加农民收入、提供调研数据、解决扶贫需求、聚力乡村振兴做出了积极的贡献。

第一章　走进望奎县

7月5日上午，由农学院副院长武小霞、植科系党支部书记顾万荣、团委副书记张鑫琳，以及9名学生志愿者组成的实践团抵达望奎县莲花镇。镇党委书记梁晓东陪同实践团进行了走访调研。

实践团到达了望奎县莲花镇的镇政府，镇党委书记梁晓东（化名）早已在会议室迎接实践团的到来。在座谈会上，梁晓东说：“实践团全乡大豆面积60 000多亩，东农豆占20 000亩。”在谈到东农豆产量时，梁晓东还给学生们讲了个故事，他说：“有一户的大豆受到了严重的玉米药害，但这家农户也没有管，当时是一亩地下了约10 000斤的种子，把253大豆特性全部展现出来，产量为507斤，得到了很高的产量。”他又谈道：“2017年有家地产生了玉米药害，打了相应的农药后，种植了252大豆，一亩地产量180多斤，收割后用来榨油，出油率非常高。”在座谈会上，梁晓东指出2018年干旱会导致大豆产量降低，接下来，他风趣地让同学们回学校研究“大豆如何在干旱条件下结荚厚”这一问题。“我镇脱贫状况顺利通过国家第三方评估，在全县调查了1 917户，贫困户查了811户，剩下的都为非贫困户”，梁晓东说。梁晓东介绍，东农豆253是东农42品种衍生出来的，解决了东农42生育期长、植株不高的问题，继承了东农42产量高、油分和蛋白质高的优点。原来，东农42只能是在第一积温带种植，望奎县属于第三积温带，东农豆253可以适应这里。另外，大豆喜水，望奎的地表和地下水丰富，土壤环境也适合种植大豆。

当天下午，实践团队来到望奎县莲花镇厢黄后三村走访各家农户和采取问卷调查形式进行考察调研。到达厢黄后三村时，书记张三（化名）在村口接待了实践团，在三位当地朴实的村民的陪同下，同学们分为三组对该村的 27 户人家进行了走访，对他们的贫困程度、受教育程度、年龄结构、居住条件、牲畜养殖、耕地情况、收支状况等进行了调研。在调查中同学们对比了 2017 年的情况，得知 2018 年后三村村民的生活条件有所改善。而国家政策的帮扶更多体现在了住房、医疗补助方面，贫困户大多在 2017 年脱贫成功，大多户人家添置了新家具，有几户人家还增添了田间工具，村民们都纷纷表示现在国家的政策好，解决了生活中很大的问题。但仍有村民存在收入单一、子女上学开销大等问题。张付余（化名）告诉同学们：“目前来看，扶贫政策的确给这个村带来了不小的改变，我们也相信终有一天可以全村脱贫，走向小康。”

第二天上午，实践团来到望奎县龙蛙农业合作社，该社成立于 2003 年，以农业种植开发，粮食、豆及薯类的收储、加工、销售为主营业务，茶业的生产为辅，为当地农民脱贫致富提供了新渠道。合作社采取土地流入的方式，与望奎本地农户签订土地租赁协议，并在先锋镇等地建立了水稻种植基地。合作社同时也为当地农户提供技术和机械上的支持。

在走访时实践团队了解到，生长在黑龙江寒地黑土优势区域的水稻品质好，但多数大米品牌的优势体现在地域上，彰显稻米特质，难以形成价格优势。对此，龙蛙农业的负责人田伟成（化名）表示，龙蛙农业用近 20 年积累形成的生产标准、市场信誉、品牌优势、营销渠道对黑龙江省的水稻种植优势区进行战略整合，用“龙蛙模式”规范稻农及专业合作社的产加销行为。其最大好处是短期内可以迅速提升稻米的品牌价值，拉长稻米产业的价值链，使农民增收、企业增效。龙蛙农业同时也为黑龙江大米品牌杂、标准不统一、市场辨识度差、整体效益低等问题寻找了破解途径。

在谈到龙蛙农业的发展计划时田伟成说，2018 年龙蛙农业在黑龙江省 6 个水稻主产区，通过流转、合作等方式签订 10 万亩水稻，正式开展整合优势区域大米品牌的计划。要做强基地，统一利益共同体，共同做实做好。

随后，实践团又来到了望奎县中心疗养院。疗养院的王院长首先向同学们介绍了这里的基本情况。这里有一百多位老人生活。老人们每天按时起居，疗养院内设置健身房、棋牌室、阅览室等，不仅为老人保持身体健康提供有利条件，同时也给老人们日常生活增添了许多的乐趣。同时，疗养院也会常常举办一些文艺活动，让老人们的生活不孤单。

实践团的同学们为老人们打扫了房间的卫生，又与疗养院的老人们畅谈了一番，对于老人们在此的生活也有了更直接的了解。老人们对这里的生活十分满意，对于实践团同学们的到来他们也表示很高兴，希望同学们能常来看看。在与老人们聊天后，两位奶奶更是拉着实践团到住宿的房间参观了一番，房间里干净整洁，窗台旁还种着各种各样的盆栽，奶奶们高兴地对实践团说，“这里每层都有服务员，她们把老人照顾的可好了，每天都收拾屋子，打热水等等”。

临行前，王院长送同学们离开了疗养院，在疗养院门前，他指着正在施工的工地说：“这里正在进行施工，工程结束后将会是大片的绿地，有树有花有凉亭，这里将会是老人们茶余饭后散步的好地方，将会有更好的环境，更完善的设备提供给老人。”

第二章　走进林甸县

7月12日，学院党委副书记于向国、种子系系主任陈庆山、种子系党支部书记张林、教师宋波及学生实践团来到大庆市林甸县工农村村支部。林甸县委书记陪同实践团到达了村支部，一路上他向实践团简单地介绍了当地的情况。

全县辖区面积3 746平方公里，人口27万（其中农业人口21万），辖8个乡镇，6个农林牧场、1个旅游风景区，是国家级扶贫开发工作重点县。全县现有耕地184万亩，人均耕地8.7亩，草原面积152.3万亩，林地面积34.5万亩，水域面积60万亩，湿地面积12.9万亩，芦苇面积36万亩。县内主要河流1条，大小水库2座，林甸地热资源丰富，经国内地热专家评审，林甸地热田是迄今为止国内发现的特大型中低温地热田，林甸也因此被命名为“中国温泉乡”和“世界温泉养生基地”。在林甸有五分之一的耕种土地种植了东业农业大学农学院陈庆山教授研发的东农豆252。

到达工农村村支部后，村支部的工作人员便带领实践团进行了参观。这里此前是一个破旧的仓库，但在村支部工作人员的精心设计和辛苦装修后，工农村党群便民服务中心焕然一新。

林甸县委书记肯定了队员们的热情和耐心，并鼓励实践团要有远大理想，要把自己学到的东西用到实处，叮嘱大家注意防暑安全。

之后，实践团按照事先设定好的路线，来到林甸县工农村，与在农田工作的农民们进行深入的交流。实践团进入东农豆252的试种田进行实地的种植体验，了解到大豆栽培中可能出现的问题以及栽培注意事项的相关知识。农户告诉实践团，他们因为种植结构调整不当和玉米补贴政策下降，有不少农户选择了高产量优质的东农252品种。农户们说：“感谢政府很多好的扶贫政策，同时也希望可以在种植品种和种植技术上得到更多帮助。”

实践团在走访中了解到种植大豆的要点和注意事项以及东农豆252的优势。县里工作人员也指出，东农豆252高产量、高油脂、高蛋白，改善了农民们的生活状况，提高了农民的生沽水平。

在参观实践后，实践团一行人在村主任的配合下对村中、企业、合作社和农户的基本情况进行访谈和问卷调查。实践团积极认真地去与当地的人交流，通过联系当地的合作社，了解当地村民的各种情况，实践团尽自己最大的努力拉近了与村民之间的距离。

第三章　走进拜泉县

7月14日上午，农学院农学系党支部书记石瑛，农学系教师王敬国、刘鑫，学工办主任霍晨光和9名学生志愿者组成的实践团抵达国家级贫困县拜泉。

实践团在拜泉镇财政处处长靳洪波（化名）、菌场技术总监惠桂友（化名）陪同下，对德润食用菌种植专业合作社进行了走访。据靳洪波介绍，拜泉县的17个村已经合并为12个村，并且形成了土地农机合作社带动村民工作的模式。由于菌业覆盖和菌场对村民的产业带动，国家投入的1 500万资金会分配给17个村，每村27户按一户1000元进行分红，大大提高了拜泉县村民的生活品质，加快了脱贫的速度。除此之外，对于贫困户仍有补助政策，例如两不愁、三保障；新农合政策对在住房、教育、医疗方面的花销贫困户只需支出其中20%等。此外，对拜泉县外务工的村民报销车费，如果务工村民年收入10 000元会奖励1 000元，鼓励青壮年积极出去务工，大大增加了脱贫力度。目前在拜泉县大多数人已经基本脱贫，只有极少数老年人因为缺乏劳动能力而导致生活拮据。靳洪波说：“在这里，人只要肯工作，肯努力，就有饭吃!”

拜泉县土质优良，土地肥沃，无重金属离子污染，气候温暖湿润，光照充足，雨量充沛，这些优越的生态条件都是富硒食用菌最佳生长环境。实践团走进齐齐哈尔市拜泉县采访木耳产业，该产业成为该县的支柱产业。菌场技术总监惠桂友有长达 18 年的工作经验，他为队员们讲解厂子的每一个车间和产业链的关键。在实践团近距离参观木耳生产流程中，惠桂友讲述黑木耳栽培基地是德润黑木耳产业链中的一部分，并且介绍当前最优质的黑木耳“青茶”，带领实践团参观玉木耳、黑木耳的大棚。据惠桂友介绍，工厂每天务工人员达到 300 人、养菌车间 40 个、液体菌培养罐 35 个、标准化大棚 200 栋，挂袋黑木耳 520 万袋、地摆黑木耳 100 万袋、安置就业人员 3 260 人，直接和间接带动贫困户 2 800 人稳定增收脱贫。

7 月 15 日上午，实践团来到国富镇保护村采访当地村民生活、生产情况，走访了村民邱富（化名）。经询问了解到大豆一年产量是 246 斤/亩，秋收后能卖到 1. 7 元/斤，一亩能收入 418. 2 元。而玉米产量在 240～250 斤/亩。据悉，在种植时使用东升一号作为豆种播种，因为种出来的大豆品质好，蛋白和芽豆兼顾，既可以生产大豆，又可以出芽生产豆芽，深受广大消费者欢迎，所以销量较好收入较高。随后，靳洪波和唐永军带领实践团走进田地，实地观察大豆及玉米的长势。

在访谈保护村会计时，他讲道：“现在大部分农民都开始使用低毒农药，环境问题已经比往年改善很多了，有机、绿色农业市场收购价与无机农业市场收购价相差无几，但成本却要高出很多的情况导致农民的利润大大降低，所以农民不太想发展有机农业。”队员也从侧面了解到，农民对农药知识的匮乏给有机农业的发展形成了较大的阻碍，而施肥量对于村民来说也是一个盲点区域。唐永军说：“大豆一年需要 30 斤复合肥，村民会随意追肥从而提高产量。”据了解，保护村的村民有 2156 人，而现在仍在村里的只有 800 多人，其中 50 岁以上人数占 2/3。村里贫困户 362 人，低保户 49 人，五保户 11 人。在采访张伟（化名）、王林峰（化名）等低保户时，他们表示希望村子的道路可以维修，提高医疗建设等基础建设，设立老年人活动中心等。

7 月 15 日下午实践团来到了拜泉县鑫海医疗养老公寓。疗养院的工作人员向同学们介绍了这里的基本情况。在鑫海公寓中设有娱乐活动中心，丰富了老人们的闲暇时光。同时，这里还会定期免费为老人进行巡诊、体检，为老人解决了老有所养、老有所乐、老有所学、老有所医的后顾之忧。老人们脸上洋溢着幸福的微笑，他们告诉同学们，自己对在疗养院的生活十分满意，服务人员热情认真地照料着他们，心里温暖，生活温馨。

第四章 再进望奎县

7月14日，学院植物保护系党支部书记刘健、教师谢桐音、辅导员王继伟和学生实践团到达目的地，此次拜访的是正白前二村。

当天下午实践团就开始了调研工作。通过调研，队员们发现这里扶贫工作的普及度与重视程度相当高。据调查问卷统计，农户认为该村贫困的原因主要是缺乏劳动力、农作物价格不好，扶贫项目中最需要的是医疗支持和生活补助，改善当地农民的全年收支情况、作物种植情况，提升对生活、收入、环境的满意度等。

下午，实践队员们有幸采访了村里著名的马铃薯合作社经理于国峰（化名），在这二十年的风风雨雨里，他的合作社日益壮大，产品最远销售到了山东、河北等地区。据于国峰所说，2017年马铃薯的销量不是很好，亏损较大，但他们已经有了新的规划，相信合作社在今后的日子里能够越来越好。

第五章 深入调研 精准扶贫

7月15日上午，队员们再次走访了正白前二村，了解农村医疗与社区服务保障方面的问题。经过调研，实践团了解到，当地农户对新型农村合作医疗保险的具体细则并不是很了解，特别是大多数农户对其中的报销政策解读和认识不足。同时，当地农户表示，医疗保险报销比例太小，设备不齐全，医疗水平低，药品不全等一系列问题，都是直接导致如今百姓看病难的原因。当地领导指出：医疗问题的改善绝非一天两天就能做好，需要长时间不断地努力和坚持。当地政府会不断加强农村医疗环境的改善，不断提高农村医疗水平和环境，争取做到让百姓出门即可看病，不必东奔西跑，真正做到让百姓安心且放心。

此次活动，在学院领导的引领带动下，专家教师的努力下，学生志愿者的参与下，以建立联系、找准问题、精准帮扶、长期相助为原则，取得良好效果。通过活动团结凝聚了学院党员，调动发挥了支部战斗堡垒作用和党员先锋模范作用，培养了学院师生党员的责任担当和服务意识，促进科研工作的进展，服务了地区经济，助力了扶贫攻坚工作。

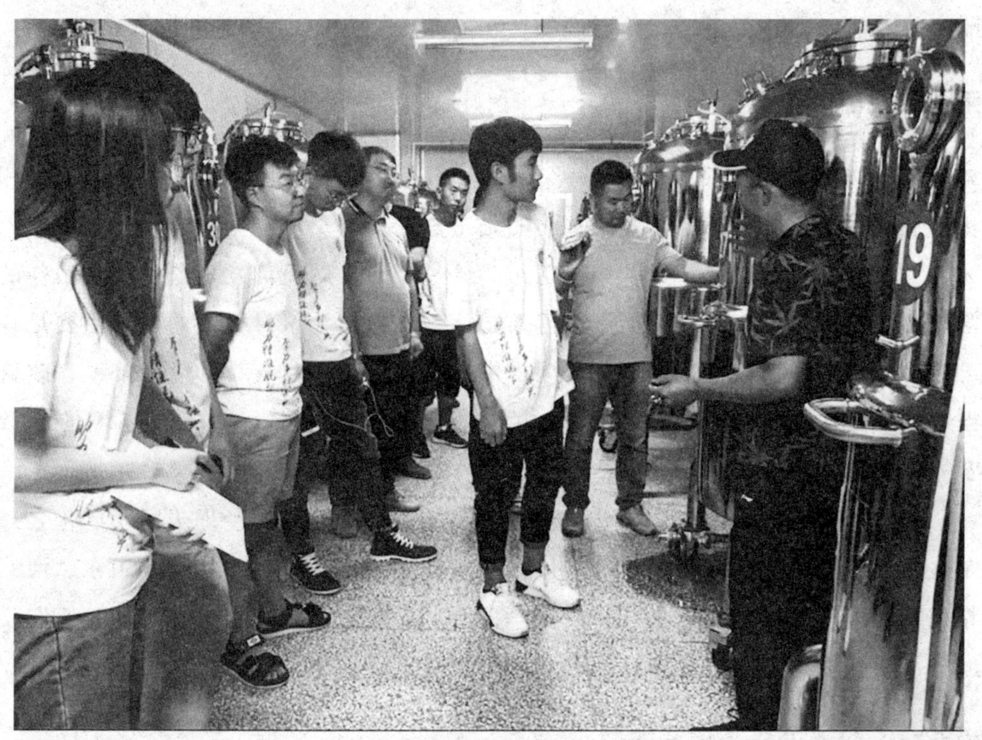

拜泉县菌舍采访　摄影：徐珣

（霍晨光　张鑫琳　文）

心中有梦想　脚下有力量　走在关爱留守儿童的路上

——黑龙江八一农垦大学农学院 2018 年联合实践行动纪实录

留守儿童来学校参加大学生毕业典礼　摄影：申书伟

窗外的枯木，本就遒劲有力，也被朝阳覆了金刚战甲，抵御冰风的划刻；寒封的大地，本具坚实的硬壳，也被薄雪银装素裹，装点单调的颜色。再坚强的一切，也都需要被关注，被呵护，渴望阳光，向往色彩。巴彦县天增镇立功村，一个虽被贫困禁锢着却依然倔强的小小村落，伫立着一所勇敢小学，这里有一群孩子，每年每天，用独立面对生活，用勇敢迎接人生。2016 年的一个夏天，一个女孩儿所带领的支教团队的出现，使得那里的一切都变得雀跃多彩，她就是黑龙江八一农垦大学农学院的 2015 级农业资源与环境专业的一名学生——史冰琪。

第一章 初遇你 恰如一道微光

在父亲被哈尔滨市委派至巴彦县天增镇立功村进行驻村扶贫工作，担任立功村“第一书记”的时候，史冰琪踏入大学的校门仅仅一个多月。在参加暑期支教之前，她对这个村子的全部了解都来源于父亲的讲述。那里的孩子，被残酷的现实变成留守儿童，而勇敢小学，则承载了他们所有的希望和梦想。那里的孩子目光澄澈，因为装载了满满的渴望。孩子们与父母共同的记忆，只有过年前后短短的几天，和那一件父母带回来的过了年就舍不得再穿的花棉袄。那里大部分的孩子，都珍藏着一本属于自己的旧挂历，每天满怀希望地翻过去一页，因为爸爸妈妈说过，翻完一本挂历，他们就回来了。立功村勇敢小学孩子们的故事像一道光，隐隐地照进史冰琪的心里。

如果，不是父亲的故事，如果，她没能来到立功村，可能她的大学生活和大多数的人一样是在白色象牙塔里，也是在青青体育场上，也是在学生组织、实验室，抑或是在上课、吃饭、看书中度过，安逸又忙碌，充实又多姿多彩，也许也会内心丰盈，也许也是收获颇丰。但生活中最难得的就是奇妙的相遇、美好的缘分，因为一次立功村之行，史冰琪彻底改变了她原本计划中大学四年的生活轨迹。

2016 年的暑假如约将至，大学的第一个暑假，她想利用这次社会实践解决创新学分的问题，更想要真切地走进父亲的故事里。在老师的帮助下，一支支教小分队迅速集成，整装待发。

出发这天终于来了，从火车到汽车，再到农用车，从满眼楼市林立，到路过风尘四起，穿越了城市的车水马龙，奔跑在乡间的小路上，在历时 10 余个小时后，锈迹斑斑的几个大字终于出现在大家的眼前——勇敢村小学。

队员们提着给孩子们带来的文具用品进入校门，映入眼帘的便是一排“红领巾”整齐地站在“教室”前面。所谓的教室不过是几间并排而立的房子，一块黑板，几张书桌。孩子们洋溢着童真的脸颊不知是不是被红领巾映红的，渴望又紧张的眼神生疏地望着来自远方的客人。他们有的低着头，有的攥着小拳头，有的揪着裤子，队员们都不由地小心翼翼，生怕打碎了孩子们澄澈的目光。分发礼物时，孩子们腼腆地笑着接过，童声童气地说上一句，“谢谢哥哥”“谢谢姐姐”。

史冰琪注意到了一名叫小强（化名）的四年级的孩子，当所有的孩子都在积极地接过队员们的礼品时，只有他躲在人群的最后，紧张而害羞，迟迟不敢走到队伍的最前面。

分发礼物活动结束后，她从班主任王老师口中了解到，小强的父母常年在外打工，仅剩下他和爷爷在家，早年间爷爷生了场大病，家里欠了很多外债，他的爸爸妈妈虽然都是老实本分的人，但因文化程度不高也只能出门打工靠体力挣钱，所以自小强记事起，他就只能在农忙和过年的时候见到父母，爷爷身体不好还经常需要下地干农活，家里的一切都落在他这双小手上，洗衣、喂鸡、烧柴、做饭，小手黝黑粗糙，骨瘦嶙峋，但却充满力量。

接下来的几天，支教队员们给孩子们上课，去做家访，带他们一起做游戏。孩子们从开始的见人就躲，低头不说话，到后来见到哥哥姐姐们就高兴地跑到身边，亲昵地拉手、拥抱。那里的小孩子很简单，父母常年不在身边，缺少家人的陪伴，太过于渴望被关怀、被爱。队员们使出浑身解数，想把所有的美好都带给他们。

但快乐的时光总是短暂，支教之行的最后一天不声不响地来了，一切又要恢复常态。队员们为每一名留守儿童都发放了心愿卡，让孩子们写下自己的小小心愿，一本童话书、一个文具盒、一个书包……这些在城里孩子看来唾手可得的东西在留守儿童的眼里却是一种奢望。其中一个孩子的心愿让史冰琪不禁泪目，他这样写道："我什么礼物都不要，只想哥哥姐姐们多留几天。"再多的不舍也挡不住离别的脚步，走出校门的史冰琪，再回头看"勇敢村小学"几个字，好像发着光一般，只一眼，便深深刻在她的脑海，她在心里对自己说，还会再来。

这些心愿卡将被支教团队的同学们带回学校，在全校范围内开展"你的心愿我来完成"关爱留守儿童心愿卡认领活动，帮孩子们实现小小心愿，给他们的苦涩生活增添一抹亮色。

第二章　再见你　心中涟漪微漾

有了第一次的见面，再一次，更多的是期待，而这一次她想做得更多。回到学校之后，她主动找到老师商讨后续的帮扶和准备下一次的支教活动。她知道她做得越多，勇敢村的孩子们受到的帮助也就越多，所以她一刻都不敢耽误，除了学习和参加必要的活动，她将全部精力都投入到了关爱留守儿童的行动中来，在全校范围内开展心愿卡认领活动，原本还担心无人认领，但当所有孩子们的心愿卡被学校的老师和同学“一抢而空”，并在很短的时间内迅速超额完成的时候，她忽然发现原来有这么多的人和她一样，在关注着那些留守在村子里的“小天使”，那一刻她十分感动。

2017年学院加入了“全国农学院协同发展联盟联合实践行动”。暑假前夕，为了更加有效地开展帮扶工作，她在全校范围内招募团队，并根据每个人的特长进行具体的任务分配，这一次她准备得更加充分，也争取到了更多的资源。在到达勇敢村小学之后，她欣喜地发现，学校有了改变，原来破旧的桌椅被新的桌椅替代，吱呀作响随时有可能破碎的窗户和门也进行了修缮更新，虽然跟城市里的学校相差还甚远，但孩子们非常满足，高兴地和她分享着这些变化。后来从学校的张校长口中得知，原来这些都是父亲不知道跑了多少趟才为学校争取来的，而这一切父亲从未和她提起过。那天在给孩子们上完课之后，和父亲一起走在村子里的小路上，借着落日的余晖，她发现两年的驻村工作令父亲的白发多了很多，看到村子里的村民都热情地和父亲打招呼，父亲也“如数家珍”般地为她介绍村子里的具体情况，那一刻她明白，两年的驻村时光早已让父亲融入了这里，成了立功村的一分子。

第二次来到这里，这里的一切让她感到熟悉而温暖，虽然和孩子们相处的时间加在一起也只有一个多月，她却欣喜地发现自己能叫出全校所有51名学生的名字，就连一度不愿开口的小强也在她的引导下变得开朗起来，虽然家境依然不好，但小强知道，他的未来一样充满阳光。而史冰琪也积极奔走，在联盟和学院及爱心人士的帮助下，为小强争取到了1500元的助学金。

第三章　念着你　愿你拥抱梦想

2018年6月1日，在儿童节到来之际，史冰琪带领队员们驱车往返600公里第三次来到了勇敢小学与留守儿童共同欢度“六一”儿童节。草地上铺起红毯，架起音响，变成了托起梦想的小小舞台，看到孩子们开心地手舞足蹈，她和队员们把长途的疲惫和筹备的辛劳都抛掷脑后，与孩子们一起精心准备了舞蹈、歌曲、相声、诗朗诵以及小品等丰富多彩的文艺节目，让留守儿童度过了一个难忘的节日。活动中，学院老师和实践队员现场为勇敢小学 10 名家庭困难同时品学兼优的孩子每人发放了 200 元助学金，并为其他孩子们送去学习用品，鼓励孩子们努力学习，实现梦想。此次活动被哈尔滨市巴彦县人民政府网报道，在社会各界产生了十分积极的影响。

在黑龙江八一农垦大学 2018 届毕业典礼上，史冰琪邀请了 18 名留守儿童来校参加我校大学生毕业典礼，在两个多小时的典礼过程中，孩子们、家长与毕业生们共同分享了大学生活的感动和快乐，孩子们听到学校师生齐唱《黑龙江八一农垦大学校歌》时，也激动地挥动着手臂，稚嫩的脸上洋溢对未来无限的憧憬。“大哥哥大姐姐毕业啦!”他们激动地和坐在身边的队员分享着自己的感受。她希望这次的活动不仅可以让孩子们从感官上认识大学，更能在他们的意识里播撒下对大学向往的种子，有一天也能在大学的校园里，绘出美好明天。活动得到了黑龙江省教育厅领导的高度赞扬。

每一次与孩子们的接触，都让她感触颇深，每一次的见面，都更加拉近彼此的关系，史冰琪认为，支教带给她的收获，远远超过了支教本身。对孩子们的心疼，和带给自己的感动，化成一股无限的力量，让她在社会实践的路上坚韧前行。

第四章　想起你　心中充满力量

一个故事，一个创新学分，这样偶然的机会，让史冰琪从她的象牙塔走出去，走到一群留守的孩子中间，从那时起，这群孩子便在她心中扎下了根，永远无法割舍。

为了让更多的人给更多的孩子送去温暖，也为了助力脱贫攻坚，做好留守儿童的精准帮扶工作，充分发挥大学生传递正能量的作用，史冰琪带领团队实行三步计划：

第一步，为了解决单次无法前往太多队员的问题，也为了长期关注孩子们的学习生活状态，史冰琪将所有成员的信息打印装订成册，供留守儿童挑选，作为自己今后在学习、生活上的培养联系人。孩子们可以通过微信、QQ、短信、电话等形式与队员们进行线上沟通，为学习困难的留守儿童提供了长期有效的帮扶，也为留守儿童提供了人文关怀，让他们知道有一群大哥哥大姐姐一直陪在他们身边，陪伴他们成长，截至目前，已累计开展帮扶 2 100 余次。

第二步，在全院范围内发布招募计划，组织成立了农学院留守儿童帮扶团，为更多想要加入关怀留守儿童团队的人提供了平台，也为更多留守的孩子们传递关爱。三年间共选拔出包括学生党员、学生干部、普通同学在内共计 263 名品学兼优的学生参与实践活动。

第三步，史冰琪组织发动团队成员根据专业所长进行多肉及各类花卉的爱心义卖，许多老师同学知道消息后，都前往义卖点争取为留守儿童送关爱的机会，并自发帮忙宣传，三年间团队筹得善款及各类物资价值 35 400 余元。

史冰琪原本也只是万千学子中普通平凡的一员，却被社会实践支教行激发出大大的能量。在学院的支持下，她不断努力，带领支教团队认真组织开展大学生与留守儿童“大手拉小手”关爱行动，成功建立对接帮扶学校 14 所，分布在全国 9 个省市的贫困地区，“一对一”帮扶留守儿童 243 人。

经过三年多的努力，实践团队先后获得 2017 年度“全国农科学子助力脱贫攻坚”暑期社会实践专项活动“优秀团队”、大庆市 2017 年度“最佳志愿服务品牌”、黑龙江八一农垦大学 2016—2017 年度“优秀团队奖学金”等荣誉。先后被中国青年网、中国大学生网、大学生联盟网、今日头条、黑龙江共青团、大庆网、黑龙江巴彦县政府网、黑龙江巴彦县电视台、黑龙江拜泉县电视台以及黑龙江八一农垦大学新闻网等多家媒体和平台宣传报道，形成了广泛的社会影响。

史冰琪说，报道和荣誉在她看来很重要，因为报道越多，社会的关注度就越高，她希望有更多人加入对于留守儿童的关爱行动里来，因为她的所见所感告诉她，这些孩子们缺失的爱，需要更多的爱来弥补，她要尽自己的全部力量，同时也要召集社会各界的力量，把世界上最好的爱，带给那些在家里守着旧挂历等待父母回家的孩子。她说每一次支教行最大的收获都是孩子们的笑脸，和那一声声稚嫩的“琪琪姐姐”。

孩子们的父母，用肩膀扛起生活的无奈，托起了孩子们生活的希望；史冰琪，带着满心阳光投身于社会实践，托起孩子们梦想的希望。因为她知道孩子们需要的不只是花棉袄、新书包，更是关注、关怀和爱。也因此，她开始理解父亲，为什么两年驻村任务后，选择继续留在那里。正是这对父女不懈的努力，让勇敢小学的孩子们，真正学会了心灵的勇敢，也正是因为社会上越来越多的“第一书记”和“史冰琪”，让一个又一个留守的孩子，开始用微笑记录阳光，用希望迎接未来。

无论是那些孩子，还是史冰琪，再想起那些日子，都会是彼此心中最亮的光。

史冰琪带领团队和孩子们一起庆祝六一儿童节　摄影：申书伟

（张春秋　李启涛　文）

大美云山　且行且思

——黑龙江大学农业资源与环境学院 2018 年联合实践行动纪实录

黑龙江大学科技支农团合影　摄影：佚名

第一章　云山初印象

暑假伊始，由黑龙江大学农业资源与环境学院师生组成的科技支农团可来到了虎林市云山农场。在这里，一行人见到了水稻抽穗、大豆结荚、薄云遮烈日、湖山泛云雾的美景。从广袤的田地到农户家中，从管理区、作业站到各类企业、销售门店，走访、调研、问卷、学习，大家都有着一个期望，即以己之力，支农，兴农，扶贫，振兴。经此一行，大家都感慨良多。骄傲、自豪、自我提升……

2018 年 7 月 16 日傍晚，刚刚开始暑假的黑大师生们乘坐的绿皮火车向虎林出发。一群人带着满腔的热血、坚定的意志，力图将所学的万卷书，书写在这云山大地上。

这是黑龙江大学科技支农团第二次参加全国农科学子联合实践行动，相比首次的未知与新鲜，这次大家更加从容和自信，斗志昂扬。坐一整夜的硬座，是摆在他们面前的第一项挑战。带队老师高健和队中的 2 位同学 2017 年有过这样的经历，此时不时地给大家打气，轻描淡写中让同学们能以平和心态应对这样的挑战。车上人员繁杂，拥挤不堪，盛夏的闷热，让队员们难以安睡，大家在交谈中、短暂的小憩中熬到了第二天拂晓。

到了虎林火车站后，队员们还要转大巴车去云山。一夜没睡的队员们，都在一个小时的车程中集体补觉，直到被司机师傅叫醒，拖着疲惫的身躯，大家马不停蹄地来到宾馆放下行李，略做调整便要开始紧密的行程。经过了一夜的奔波，这群孩子却毫无疲惫之意，天空泛起鱼肚白的时候，云山的轮廓映入眼帘。绿油油的无边稻田展示着沃野千里的磅礴；水天相接的云山水库泛起薄雾，如同行到天尽头；彩虹桥上别有洞天，倚栏下视，炊烟袅袅，仿佛闲适桃源；水上公园，不惊艳却秀丽，红鲤鱼嬉闹游过，令人身心舒畅……村庄不动水稻在动，在火车的窗口上远望，漫天的绿，像一团大火在山间燃烧。一群人对此次云山之行更是充满了期待和兴奋。火车里闷热的空气和云山清新的草香形成了鲜明的对比。

第二章　云山齐践行

随后支农小队前往云山农场科技园区，对科技园区的实验农田和农作物大棚进行参观、考察，运用专业知识辨别作物中出现的病虫害与杂草，并与工作人员交流种植方式与注意事项，观察灌溉水渠与作物分部。对种植农田中的土壤和灌溉水渠中的灌溉用水进行取样留存，以便回到学校后可以进行检测，对当地的环境情况做出分析，依此预测当地农作物的生长情况与生产中可能出现的一些问题，提出科学合理的意见，例如测土配方施肥、合理轮作、适时播种等科学有效的方法，真正做到了技术的扶贫。

为进一步了解云山农场农业生产以及绿色农业发展情况，在对场部农户、中小企业与相关门店、农场各管理区与作业站进行走访调查后，科技支农团前往位于云山农场工业园区的云山制米有限公司进行走访调查，深入了解学习。

在优秀向导的带领下，一行人前往云山制米有限公司进行参观学习。米厂的党支部李书记热情接待了队员们，在热聊中，大家惊喜地发现李书记是黑龙江大学 94 级俄语专业的校友，这份校友情让大家倍感亲切。大家一起畅聊黑龙江大学的历史与发展。

云山米业有限公司隶属于北大荒米业集团，属于国家级重点龙头企业，也是当地的标志性企业，专事水稻加工与食用大米生产，国储贮藏水稻原粮 25 000 吨，日产食用大米 120 吨，拥有完整的收购、处理、贮藏、加工、生产流水线。队员们从农户处、科技园区了解农作物种植的生产过程，又在此零距离学习从作物成熟到成品粮出厂销售的全部加工过程。了解了米厂的运作，学习到更多的实践知识，才真正实现了社会实践活动的意义。

云山制米有限公司是云山农场非常有代表性的粮食企业，也展示出了云山农场、三江平原上北大荒的蓬勃发展。本次的参观学习对科技支农团，也是一次非常有意义的学习经历，农科学子们真正走到了农业生产的第一线，亲身经历，实地感受，同时也有利于理解践行习近平新时代中国特色社会主义思想，聚力实施十九大乡村振兴战略，助力乡村绿色发展。

第三章　云山知乡情

为了了解当地的生产状况和经济状况，大家深入到农户、场部和企业等进行问卷调查。同时，科技支农团也向居民进行农业生产现状调研，向广大群众了解农业生产中的多元化特点，以更准确而切实地得出调研结果，并有针对性地提出合理可行的建议，达到精准扶贫，助力乡村绿色发展的预期效果。农民们对大学生都格外看重，特别支持这样的社会实践活动，认真地填写着问卷，有些字眼虽然不懂，但都在队员们的解释指导下完成。

尽管预先做了充足的功课，也有出色的向导带领，但对稚气未脱、实践经验又不足的他们，与当地居民交流还是有一定的挑战性。调查活动开始时，支农团的队员还是有一些顾虑，随着活动的进行，当地淳朴的民风、热情的村民，给了队员们极大的鼓励。这里的节奏很慢，人也和善，没有什么娱乐活动。唯一称得上是夜生活的可能是宾馆旁边大妈跳的广场舞。与牵着孙子孙女的爷爷奶奶攀谈真的是一种很好的方式，去感受这里的民风民俗和历史未来。调研活动的第一天，阴天，广场上凉风习习，宁宁（化名）同学在此做调研的过程中遇到一个热情的老人，调研间隙闲聊时，老人问道："孩子你们为什么来这？""你们以后去哪里工作？"老人继续嘱咐："孩子你如果以后工作，不要去农村那样艰苦的环境。要来农场，农场的环境更好一点……"

在调研中，队员们发现云山农场主要的种植作物是大豆、玉米和水稻，作物主要是销售给农场或者个体的粮食商贩。我们还了解到许多农资化肥商店一般都会有固定的客户，一部分农民是先赊欠着拿到他们需要的种子、化肥等等，再在秋收以及卖完粮后支付他们的欠款，还有一部分农民是通过贷款来够买种子、农药、化肥等。由于云山农场是个偏僻的小农场，外地人去那里搞投资的较少；本地人又不能很好地利用网络平台来宣传本场的农业产品，拓展农业销售渠道，对于国家的最新惠农政策也知之甚少。队员们还了解到即使农业现代化发展稳步前进，但农民们还是常常处于靠天吃饭的窘境，而最近几年收成并不景气。

通过对农户的调研与调研探讨，队员们深入了解了从农业生产第一线到农场内的耕作生产现状。首先，因云山农场属于国有农场，与传统农村的不同在于农场内的所有耕作土地均属国有资产，需要农户与农场按期签订租赁使用合同，以获得耕种用地。因此产生的问题，即与传统农村农户的种植耕作相比，农场农户的种植耕作成本更高，种植风险也随之升高，大部分农户表示可通过农业劳动获得较为稳定的收入，也有部分农户在某些年限内因种种因素导致收入骤减，甚至亏损。但农户对此表示，租用农场土地可根据农业年景随时做出调整，如改变耕作面积，比起传统农村农户，风险实是大大减少。而先进农业耕作中最大的问题即是劳动力短缺，而因此导致的劳动力雇佣量增加，农作成本升高，一定程度上影响了农作收入。

科技支农团还对农场内各类企业进行走访调研，如各类农资公司，农药、化肥、种子等的销售门店等。因当下不属于农忙时节，故而可以更深入地与企业进行交流。如从农作必需品售卖店了解到，近年来农场内农户大量种植水稻和玉米，次为大豆和小麦。病害、虫害与田间杂草仍是生产中的重要问题，但因近年夏季高温少雨，田间出现干旱，施肥施药效果不理想，需要进行补充施用，且需加大浇灌水量，以保证作物正常生长。

第四章　云山话振兴

进一步宣传贯彻乡村振兴战略，在实践学习活动之外，科技支农团还面向场部居民进行了乡村振兴战略的宣讲活动。本次宣讲为广大居民仔细解读了乡村振兴战略，逐一解答了群众的疑问，并在交流中对他们进行引导，纠正错误的思想观念和认识，使当地群众对乡村振兴战略有更深入的了解，认识到国家对农村、农业、农民的关心与支持。向大家解读乡村振兴战略的特点和优点，如“汇聚全社会力量，强化乡村振兴人才支撑”战略即重点解决乡村人才流失，以及农业生产中技术不足、劳动力短缺等问题；“打好精准脱贫攻坚战，增强贫困群众获得感”即针对精准扶贫，旨在为农户的种植耕作增加补贴，降低成本，减小风险，提高收入；“提高农村民生保障水平，塑造美丽乡村新风貌”也是以促进劳动力转移和农民增收为目的；“推进乡村绿色发展，打造人与自然和谐共生发展新格局”是为农业生产中产生的环境污染问题提出了解决办法，建立补偿机制，加强综合治理。

宣讲结束后，支农团向参加宣讲的居民发放了宣讲纪念品，也为小朋友们准备了一些文具礼盒，激励小朋友们能够认真学习，将来也能够为云山农场的农业生产与整体发展贡献力量。

第五章　云山愿再会

短暂的社会实践中，大家一起研讨、一起策划、一起经历，每个人都在挑战着自己，做更好的自己，面对未知的困难和情境，是团结奋进的精神和志在必得的信念激励着大家不辱使命地完成国家级专项课题的任务。用心去感知和创新，每个人都快速地成长。在回程的火车上，我们还在进行着后续的工作。拿出几日来收集的调查问卷，打开调研的视频，调出探访学习的录音，整理整个活动过程中的收获。譬如我们发现，在云山农场，农业生产中存在的问题不多却很集中，如种植成本略高、劳动力短缺等等，然而，由于存在云山制米有限公司这样的大型加工企业，一般农村农户最关注的原粮收购却不成问题。中国在不断发展进步，乡村也要紧跟时代的脚步。云山一行，让我们充分了解到了当下社会中的农业发展现状。也激励我们要继续学习，自我提升，继续为乡村振兴而献力。乡村稼穑情，振兴中国梦。云山农场，我们成长的见证。

回顾数日的实践活动，略显忙碌，行程满满，尽管将美丽的景色做成了旅行攻略推荐给大家，却发现，未能有机会去到云山（云山农场因场部内海拔 171 米的云山而得名）。然而正是这样的遗憾，才让这段经历如此珍贵；正是这样的不完美，才让所有的细节都熠熠生辉。云山不繁华，夏夜永远是静谧而微凉的；云山甚至少了一些烟火气，如同被遗忘的林间桃源。轻盈而清冽的空气，遮蔽湖山的云雾迷蒙，青青农田的无边无际，天尽头的水天相接，缓如静水慢流的慢节奏生活与安逸闲适的淳朴民风……

这一段经历，将是永远难忘的美好时光，是如锦缎般的多彩回忆里最善良的一处。

云山，云山，我们有缘再会。

云山米业调研　摄影：高颖瑞

（高健　黄欢欢　刘文睿　文）

探于黄土之上　惠在山河之间

——吉林大学植物科学学院 2018 年联合实践行动纪实录

实践团在九台平安堡村合影　摄影：刘鹏

“像风吹了八百里，千里万里，处处有你。”一次次的调查走访，一遍遍的计划商讨，我们奔赴在东北平原，留下一个又一个脚印。此番出行，历程难忘。我们看到大学生村官的殷切付出，来到县镇乡村的陇亩之间，穿梭于长白山的葱郁林木……

全国农科学子联合实践活动开展的第三年，我们行走在投身“三农”事业的路上。欲扶贫，先知贫。推开那扇门，走进乡土乡村，深入了解农村社会现实。欲振兴，必攻坚。每一次倾情相助，都源于内心深处的触动与悯怀。吉林大学植物科学学院暑期社会实践团再次踏上走访调研之路。几年间的不断前行，为我们指引寻贫、扶贫的方向。2018 年，再次踏上寻访实践之路，只愿奠基振兴之途。

2018 年是打赢脱贫攻坚战的关键之年，更是党和国家实施乡村振兴战略的开局之年。吉林大学植物科学学院暑期社会实践团于 2018 年暑期奔赴吉林省长春市九台区、内蒙古通辽市奈曼旗和库伦旗、吉林省白山市露水河镇开展“助力精准扶贫，聚力乡村振兴”主题实践活动。不同的面孔下是同样的热诚，心牵乡土，不悔奔赴。数百里的路程，历时三月，多次调查寻访，只为不远处，能有振兴的光亮。

第一章　青春无悔，铸梦乡村

为进一步加强学生的“三农”意识，激发学生服务“三农”的持续性，植物科学学院暑期实践团于 7 月 9 日来到了美丽的长春市九台区，开启了联合实践的第一段旅程。实践团求知探索，追逐梦想，弦歌不辍，风华正茂，在炎热的夏天里，大家仍能元气满满，以积极求索、脚踏实地的作风，开展了实践活动。植科实践团同九台区的青年农民、后备干部们进行了学术研讨与社会实践，正式举行了吉林大学植物科学学院与波泥河街道优秀青年农民学校合作签约仪式，暨青年农民学校 2018 年夏季班开班式。

在平安堡村村支部里，实践团拜访了九台区的街道办事处，了解了村里的运营状况和远程教育平台的建设情况。随后植科院师生代表参加了有关于波泥河镇苗木业发展的座谈会。会上，老师们为青年农民学校的学生们讲授了第一课，就中国苗木的发展现状，从园林的品种、区域特征、市场竞争分析等方面做了详细介绍，对园林苗圃的问题进行了专业性的指导。

实践团作为大学生村官的后援团，与吉林大学植物科学学院优秀毕业生，现担任波泥河街道组织委员的大学生村官进行了密切的交流座谈，希望能协助大学生村官更好地完成工作，充分发挥他们思想活、眼界宽、激情高的优势，安心扎根基层，用自己的专业知识拓宽农民眼界，切实助力乡村振兴。

生命不仅有长度，更有宽度和浓度。黄大年曾经说过：“人的生命相对于历史的长河不过是短暂的一现，随波逐流只能是枉自一生，若能做一朵小小的浪花奔腾，呼啸加入献身者的滚滚洪流中，推动人类历史向前发展，我觉得这才是一生中最值得骄傲和自豪的事情。”在参观波泥河街道新农村建设和苗木花卉产业时，大家一起展望未来，讨论制定了今后的合作规划。大家都期盼着青年学校和老师同学们能保持紧密的联系，希望双方都能保持良好的势头，做学海汪洋中的万舟，齐头并进，从容进发，坚定信念，坚韧不拔。希望同学们都要保持着内心坚定的从容，坚韧不拔的求索，严于律己的执着，让未来的生活如花绽放，让梦想的枝头缀满星光。在寻找人生之钥的征途中，始终坚信，生活如诗，长路漫漫，终有回甘。

第二章　春风化雨，激励共行

见微知著，踔厉风发，意气自得，坚韧不拔，植科实践团于 7 月 29 日抵达内蒙古通辽市。为进一步提升校地合作的服务意识，加强知识与实践相结合的观念，师生联合深入实地。在切身实践中，我们感受到了不同类型土地特有的魅力与风韵。此次调研，我院与通辽市政府展开合作，将基于作物的干旱灾害情况，对通辽玉米产量的影响进行评估，并且深入研究当前农牧交错带的典型土地覆盖类型的发展状况。

实践团前往了奈曼和库伦，选取了旱地和水浇地等代表地块进行观测，深入调查了玉米种植品种的长势、发育期的生长情况及病虫害的发生情况。中午我们在田埂草草吃完了午饭，只为了节省时间，可以多观测几株玉米。晚上我们打着手电筒继续行走在崎岖的田间小路上，对于不同级别的沙地沙丘，深入研究了怪柳等沙地植物的发展状况，并且选取了不同等级的草地，深入了解了牧草的类型、高度、盖度等特征指标。

星河荏苒，思辨益甚，姜汁煮雪，青春上游。今后实践团和当地气象局将开展长期的合作调研，将专业知识运用到当地的实际工作中去，为建设基层服务贡献力量。学校引导学生走出校门，走向当地。同学们也坚定了投身社会的信念，培养了动手能力，明确了理想与目标，对自己的能力与价值有了更加深刻的认识，准备好用知识建设美丽乡村，为乡村振兴贡献出自己的一份力量。在今后一步步深入合作的过程中，我们将一一实现心中积淀的丰沛愿望。

青春挺拔，不负年华，不骄不躁，直击长空。这次暑期活动，深化了校地合作，实现了学生干部在“三农”工作中的价值和意义，帮助他们充分认识到涉农专业所需要的素质要求，反思自己身上的不足之处。希望在以后的合作中，能进一步增进校地友谊，加强项目对接。推动生产实践与学识研究结合，向宽领域、深层次、高水平发展。秉承着优势共享、互利互助、共同发展的原则，积极创新合作模式，不断扩大合作领域，实现合作共赢，取得更多务实成果。

第三章　绿意葱茏，探寻长白

奔赴两地，深入乡村，我们切实了解、深入探究乡村贫困之源。习近平总书记在 2018 年 9 月 25 日再一次强调了乡村振兴战略的重要性，称其为新时代“三农”工作总抓手。进入新时代，全面聚力乡村振兴，不仅是我国当前形势的必然要求，也是实现社会进步的必经之路。深入了解农业生产状况，保证乡村发展工作顺利进行，是振兴农业，振兴乡村的基础。为坚持科学规划、注重质量、从容建设，实践团开展了“寻虫·查病·识农”调查活动。

在之前的走访中，有一位农民伯伯曾感叹道：“如果那些害虫能被控制，田里不知要多收多少好庄稼啊！”近两年，东北地区频繁暴发虫害，许多病原害虫除了引发虫害，还与诱发植物病害的病原物关系密切。所以，调查了解昆虫的分布情况及虫害发生状况是保护农业作物，保障农业生产的重要一环，更是助力乡村振兴，致力攻坚扶贫的关键举措。

8 月 18 日的清晨，实践团出发前往吉林省白山市开展实践活动。经过 5 个小时的颠簸辗转，我们来到了第一个目的地——露水河镇。

实践团先后采取调查、访问、查阅资料等方式对露水河镇病虫害情况进行初步了解。为了更深入认识农业生产情况，当天下午，我们走访当地农户，进行问卷调查填写。讲明来意后，乡亲们都十分热情地与我们交谈。他们认真地向我们讲述了近几年病虫害及生产情况，同时我们也提出了一些针对性的建议。几番交流问询，我们发现，近两年当地农田病虫害暴发频繁，而玉米受灾情况尤为严重，成为影响农业生产的主要原因。整理了调查结果后，我们再次向当地农户讲解了与虫害相关的理论知识，强调了草地螟、二代黏虫等典型害虫的特征，为他们解答疑问，村民们也热情地向我们分享自己的生产心得。也许之前互不相识，但因为对乡土、对农产怀着相同的期望，我们就有相同的话题。

临行前，我们还来到了村支部，与村干部和村民们一同探讨了病虫害爆发的主要原因及防治方法。我们也根据调查结果，因时因地制宜，为露水河镇编写制定了符合实际情况的农业种植方案。最后告别时，大家都十分不舍，他们说，此番我们的到来，带来了许多新的知识方法，让他们受益良多。看到他们脸上的笑容，我们从内心深处感到满足和快乐。我们多次探寻，不断前行，只希望用自身力量带动他们振兴。

离开露水河镇后，实践团又前往了本次活动第二个地点——长白山地区。长白山地区的植物资源丰富，植被类型多，可调查和研究的病虫害和植物资源多样。当天下午，实践团前往长白山地区周边虫害发生地进行实地考察，当地村民们也积极配合，向我们反馈了近年来病虫害实况，为我们的调查提供最真实的资料。

第二天清晨，空气中还渗透着微微湿意，实践团已出发上山去采集昆虫和病虫害植物标本。上山的路途并不十分平坦，为了寻找到尽可能多的病虫害类型，实践团向树木密集处探寻，拨开缠绕交错的灌木，绕过横伸拦路的枝条，不愿放过任何找到新发现的机会。每一次实践，都是对知识的凝练。阳光炙热，我们在树林中埋藏毒饵，放置虫网。林木交错，我们在灌木密集处不断记录，辨别病害。汗水凝聚滴落在泥土上，烙印下每位队员的辛劳付出。

我们在农田垄亩中寻觅，在葱茏草木间穿梭。忙碌认真的背影下，深藏着一颗投身“三农”，奋进求索的心。

“天下之事，闻者不如见者知之为详，见者不如居者知之为尽。”不曾走进，就无法知晓乡情；不去实践，就难以收获成效。森林葱郁，山水悠长，前路好像不再被雾气环绕，渐渐有了光亮。

第四章　博观约取，厚积薄发

实践团结束了这一年的实践活动，九台的波泥河街道，通辽的奈曼和库伦，白山市露水河镇……我们看到了不同专业的同学们齐心协力，共同奋斗，感受到了一同激励前行的感动；实践队员们保持高度自律的监督和管理，以饱满的精神状态、严格的自我标准要求自己，保持着学习的热忱之心，用知识与实践充实自己。

结束了考察实践活动，实践团成员们重新走在校园里，回忆不断地涌上心头，点滴温暖如同清冽的甘泉，滋润了炎热中干渴的喉头，久久不能沉寂。我们感动于老师们跟我们一起加紧调研顾不上喝一口水；我们感动于村民们盛满的农家饭；我们感动于爬长白山时大家一起喊的号子；我们感动于青年农民学校里渴望知识的一双双眼睛；我们感动于温暖俗世，万家灯火的家常；我们感动于大家在田间以自带的面包充饥，只为节省时间能多测一株玉米；我们感动于夜里我们仍然走在崎岖的田间小道上，拿着手电筒小心翼翼地照着地面，如同拄了一束光……

鲁迅说过："愿中国青年都摆脱冷气，只是向上走，不必听自暴自弃者之流的话，有一分热，发一分光。如同萤火一般，可以在黑暗里发光，不必等候炬火。此后如竟没有炬火，我便是唯一的光。"经过了三个多月的实践，同学们对自己人生的方向和目标，都有了更深刻的认识和更坚定的信念。这些青春记录，当它们成为过往，回忆满盈归路时，只要想起乡亲们谢忱含笑的脸庞，我们仍然感到责任感与价值感，怀念着这段风华正茂的岁月。再苦再累，哪管寒冷路遥，只需振衣笑向，越过终点；再冷再寒，哪管月溅星河，只凭琅琅书声，惊破乌云叆叇！

于时光罅隙间求索，于学习交互中凝聚，我们期待着下一次的联合实践，期望着能从年华奔流中充分挖掘更优秀的自己，让梦想在枝头熠熠生辉，绝不好高骛远，如同树木般以生机勃勃的姿态成长，让青春在提笔和落笔间无悔，让韶华在凝神谛听中无怨。

实践团在露水河镇的集体合影　摄影：徐嘉阳

（王纾琪　王红肖　文）

共担青年使命　共筑无悔芳华

——吉林农业大学农学院 2018 年联合实践行动纪实录

吉农贵州帮帮团支教活动启动仪式　摄影：杨轶然

2018 年 7 月，吉林农业大学农学院积极响应全国农学院协同发展联盟“走进乡土乡村，助力精准扶贫”全国农科学子联合实践活动的号召，组织农学院部分师生组成 9 支实践团队，分别奔赴贵州省铜仁市、六盘水市，内蒙古通辽，吉林省白山、松原、吉林、农安、双阳等地区开展了自然资源调查、民生调研、科技支农、科普宣传、帮学支教等形式的实践活动，为解决民生尽一份绵薄之力。回顾实践的过程，工作和生活的场景历历在目，这些经历是青春记忆里最宝贵的财富。

第一章 心怀感恩回馈家乡，解困育人勇担社会责任

48 个小时的火车行程，3 个小时的客车颠簸，2 个小时的盘旋山路同时伴随着的倾盆大雨、碎石滚落，我们历尽千难困苦，在九曲十八弯的山路上，我们不知吐了几回，看见车窗外深不见底的断崖时，我们害怕极了，团队中甚至有女同学失声痛哭。但是想到山里的孩子还在等着我们，再难也要挺过去，前行的决心变得无比坚定。终于，在 7 月 24 日晚上 8 点，我们赶到孟溪村民族小学。村支书在学校食堂接待了我们，走进食堂的那一刻，尽管我们想象过条件有多么艰苦，但还是被眼前的场景惊呆了——满屋子苍蝇，桌面是油乎乎的、地面是黑漆漆的，就连坐在凳子上都有一种被粘住的感觉。到了住的地方，我们发现没有床、没有床垫、没有玻璃、没有厕所，一切和想象的都不一样，但这没有让我们退缩。在三四十度如此闷热的温度下，我们住在幼儿园临时挤出来的房间，睡的是“简约风格”的地铺。一路坎坷让大家有些泄气，但老师鼓励我们说正是这样的体验，才让我们更加懂得山里的孩子有多需要我们，这样的支教才更有意义。

可能是我们这些大学生新面孔对孩子们的吸引力比较大，在当地妇联和村委会的召集下，原本说好的五六十人的规模，在当天开班仪式上扩增到 214 人，这个数字一直保持到了最后。这些孩子无一例外全都是留守儿童，而且很多还来自单亲家庭，甚至是孤儿，他们有的衣衫褴褛、蓬头垢面，但眼里却充满对未来的期望。我们为孩子们梳理所学知识，有计划地复习语文和数学，开设了素质拓展课，教他们打太极拳、军体拳，排练童声合唱，编排舞蹈，来丰富他们的课余时光。作为农学学子，大家结合农学知识开设了特色课堂，通过制作种子贴画，植物标本采集，花盆彩绘，盆景制作、辨识昆虫等，激发孩子们对自然科学探索的求知欲。课上我们向孩子们谈及大学生活，鼓励他们好好学习，通过自己的努力走出大山，去看看外面世界的精彩。白天，学校是我们的支教场所，晚上，孩子们的家就是我们补课的地方。放学后我们分头把他们送到家并辅导功课到天黑，有时也来到田间地头，帮助村民干农活，并对困难学生家庭进行家访，送去

关怀。

支教结束，我们举办了汇报演出。忘不了那个云雾缭绕的清晨，孩子们泪眼婆娑地看着我们，一声声“老师你们不要走，老师你们什么时候会回来”一次次触动着我们的心，我们牵着孩子们的手告诉他们“明年我们还会回来看看长高的你们，懂事的你们”。久久相望，执手相看泪眼，但我们终归要离开。

一次支教注定让我们终生难忘，从小到大一幕幕成长的经历像影片一样在我们的脑海中影现。11 名参加支教的同学全部来自贵州地区，其中有特困家庭，有低保户家庭，更有单亲家庭，我们和山里的孩子一样，梦想走出大山，但我们比他们很多人幸运，有机会接受国家和社会的各项资助支持我们一路求学，我们本着“解困—育人—成才—回馈”的信念，帮助那里更多的孩子走出大山。

第二章　青春热血，不负韶华

经过近 7 小时的车程，我们到达了社会实践地点——内蒙古自治区通辽市开鲁县麦新镇，它是以红色革命先烈麦新所命名的，长期居住人家 200 余户，约 600 人。该村老龄化相对严重，大部分年轻人外出打工，以贴补家用。

我们进驻后，经初步了解，知道该村的农业生产发展情况处于中上等，但是仍有 30 余户为贫困户，我们深入走访了这 30 余户，对其进行了详细的问卷调查，经过初步分析发现，贫困的主要原因为劳动力缺失，其次是没有可耕种的土地。根据村民讲述得知：农业毕竟靠天吃饭，种农大户也有发愁的时候，何况是贫困户，再加上近几年环境原因以及粮食价格严重下滑，导致农业收入呈下滑趋势。

我们随后对该村的扶贫项目——优扶鸽业进行了参观与调查。当地以养鸽来扶贫，为农户提供免费种鸽，并且政府帮助农户提供场地，经养殖生产后，再以市价回收鸽子，以便为没有劳动力的农户带来收入。为查看养鸽扶贫效果与收益，我们对一些农户进行了采访，经过我们计算，一对种鸽一年带来的利润为 5 000 元左右，可谓一笔不小的收入。

实践时间虽短但是农业发展之路很长，作为农科学子的一员，有责任也有义务为农业发展探出一条道路。尽管发展的路还很远，但是只要精准扶贫、帮农学农的精神在，全国农科学子的初心在，那么发展将成为必然，富裕终会到来。

第三章　因为有梦，我们一直走在支农的路上

7月28日，我们到达东冲村的综合服务中心，东冲村“脱贫攻坚大队”大队长朱女士热情地接待了我们，并邀请我们参加东冲村的“脱贫攻坚大会”。会上朱女士向我们介绍了东冲村的具体情况和东冲村现在所面临的问题。贵州省六盘水市盘县冬冲村有农业人口2 356人和非农业人口2 324人。全村行政区面积2.98千米^2、耕地面积879.3亩。该村人口老龄化严重，青壮年多数外出打工，村里留守老人和小孩较多。

我们协助东冲村的干部们核对整理村民的基本信息，由于语言不通等问题，比较艰难地完成了整个调查工作。我们了解到：当地的户主一般都接受过初中水平的教育，务农年限一般在20年以上，现在大多在外打工。当地农户的住房大多为砖房，卫生设施为旱厕，用电照明已经普及，饮用水多为山泉水，取暖设备多为火炉，主要使用的燃料为电和煤炭，大多数农户未接入互联网。关于收入情况：收入来源主要是外地务工收入，当地人均收入在每年5 000元左右，基本脱离贫困标准，但还有少部分居民属于一般贫困水平。关于居民的消费情况：平均每户居民每年支出12 000元左右，主要是生活支出和教育支出。当地农户的土地除1～2亩用于种植玉米、豆类、辣椒、马铃薯等作物外，其余土地均通过土地流转，流转至当地合作社用于种植番茄、苹果等经济作物。精壮劳动力多在外地打工，劳动力流失严重。当地年平均气温在20℃左右，空气湿度大，适合菌类作物生长，非常适合吉农特色新品种玉木耳的种植与推广。我们给当地村民介绍种植方法、生产条件、营养价值等专业知识，让东冲村居民对玉木耳有了更加深入的认识。最后，我们将精装的玉木耳样品赠送给所有参会的领导以及农户们以表心意。

第四章　责任在肩，无所畏惧

7月20日至30日，抚松调研小队赴白山市抚松县开展社会调研活动。

我们走访了4个镇，7个村，2个企业以及多个合作社，通过走访让我们亲身感受了当地村民的热情好客，也领略到了当地青山绿水优美的自然风光。

在兴参镇政府，宋镇长为我们介绍了当地土地资源等情况，兴参镇之所以称

为“兴参”，是因为当地的地理环境非常适宜人参种植，当地的主要经济收入之一就来自人参及其副产品。兴参镇位于抚松县北部，总面积 277.34 千米^2，东与新屯子镇相连，南与万良镇相接，辖兴参、兴华、东兴等 12 个村民委员会，总人口 11 711 人，其中农村人口 8 453 人。有林地 2 792 公顷，耕地 1 551 公顷。在兴华村，据走访了解得知村里主要种植人参及玉米，耕地以旱地为主，当地的基础设施建设虽正在不断完善，但部分大型正规运动器材设施仍处在空缺状态，医疗设备欠缺及医疗环境需完善也是村庄目前一大问题，有待加强。

通过走访调查，我们将搜集的问题及建议整理归纳，以文字的形式反馈给相关部门。调查走访的过程中，我们真切感受到环境质量优质的重要性，也时刻警醒我们环境保护的重要性。综合当地实际情况和各种特色，我们还针对性地提出以人参、蓝莓、泉阳泉三大特色产品为主要核心资源，促进当地大力发展旅游产业，并围绕它们设计出主题旅游项目，提出一系列建议，希望可以以特色经济带动地方发展，使居民更富裕，使生活更幸福！

第五章　绿色生命，从蜂开始

为了更好、更高效地完成此次实践，在实践开展之前，我们团队所有成员进行了为期三天有针对性的培训。为我们接下来的实践活动打下了良好的基础。

实践期间，我们走访了韩家村和万昌村。每到一个村，我们首先到村委会，向村主任了解村里的具体情况，随后我们进入村民家中，开展问卷调查。

通过走访我们得知，当地种植以水稻为主，大部分农户通过自己种植土地以获得生活保障，小部分农户通过将自己的土地承包给种植大户获得租金。农户在种植的过程中，防治害虫的方式依旧采取传统的农药的形式进行防控，村子里大多数农民并不知道“赤眼蜂”这一生物防治的方法，更不知道使用这一生防技术在稻米品质上的差别进而在经济获得更大的收益。目前除种植大户使用政府提供的赤眼蜂防治水稻二化螟外，普通农户几乎不使用赤眼蜂，喷洒农药依然是主要的治虫手段。这使我们意识到，要想做到科技兴农，利用以虫治虫的生物治虫手段防治害虫还有很长一段路需要走。

在此期间，我们还与指导老师参加了辽阳市水稻病虫害专业化统防统治生化防治技术现场会议。会上介绍了运用无人机投放赤眼蜂放蜂器防治水稻二化螟的技术，并且进行了无人机放蜂演示。本次现场会目的是大力推进统防统治绿色防控，积极探索专业化统防统治与绿色防控融合体系。无人机投放技术的运用，大大提高了水稻二化螟的防治效率，并且节约人力物力。

短短的实践时间，当真是让我们明白了什么是“纸上得来终觉浅，绝知此事要躬行。”老百姓种地的方法和经验，是经过自己多年总结出来的，并不是一些简单书本上的知识就可以解决的。若想科技兴农，不能仅仅靠知识理论，更要从实际出发，结合老百姓多年总结出来的经验和方法，这样才能使老百姓更易接受，才能真正达到科技兴农的目的。

第六章　走进乡土乡村，助力精准扶贫

当我们刚下车踏足这片土地的时候，就被道路两侧一望无际的玉米震撼到了，风很大，绿油油的叶子互相拍打着，发出哗哗的声音，玉米穗也摇晃着，一颗颗大苞米裹着或泛绿或嫩黄的苞米叶静静地随着玉米秆晃动。我们沿着这条泥路走，就到了我们此行的目的地——龙王乡良种村。

村民热情地接待了我们，得知我们的来意之后都表示愿意为我们提供帮助。在当地村民的带领下，我们很顺利地完成了各项计划。我们在走访整个村庄的时候，也获得了所需要的信息，比如村庄人口数、牲畜种类和数目、作物种类……，并且也领略了村庄的美，小牛跟在大牛身后低声哞哞，一群踩着滑板的小孩追逐打闹，后边还跟着一两只狗；路边的野花肆意地开着，红黄相间，点缀在绿意当中。我们在这个村庄中逛着，感受着这个村庄的宁静，也兴致勃勃地听着村民的介绍，感受着这个村庄的变化。在路上向遇见的村民询问问题时，他们都非常耐心而诚恳地回答。

其间，碰见一个极其热心的叔叔，问及当地生产方式的变化时，他不仅详细地跟我们讲述，而且还带着我们去他家小院，直接拿出了他以前用的播种器和如今用的播种机，让我们尝试。我们直接去他小院的土地里进行试用，真正感受到了这般新奇的物什。

我们按照计划通过当地政府去了解更多当地的情况，我们首先找到了当地政府的相关负责人，他详细介绍了当地村民从 20 世纪 80 年代至今的生产方式。从他的介绍中，我们得知，以前人们的农业生产方式大多依靠人力，而现今大多为

机械化生产，机械化丰收。从这转变中我们也可以感受到，这不仅仅是农业生产方式的变化，更多体现的是社会的进步，人们生活水平的提高，不禁再一次让我们感叹中国共产党领导的强大，社会主义现代化的重要性。

我想，我们这些天获得的不仅仅只是收集到的资料，还有着深厚的友谊。善良而勤劳的人们，怎么能不获得我们美好的祝愿呢？希望这片土地上人们的日子都越过越好。

第七章　深入调研，倾听民声

我们到达鹿乡镇后，跟当地的负责人交谈了经济产业的发展，了解到当地主要是以鹿产品作为主要产业带动当地经济，农业在经济产业发展中占较少比例，主要是作为当地农户的个体收入，但基于当地特色的产业也潜在地带动了绿色农业发展。镇政府负责人说："当地农户基本不购买化肥，是利用鹿、牛、猪等家禽的粪经过加工作为肥料投入田中或自家种植的菜园里，农田收成后的玉米秆经过加工后作为家禽的饲料，形成了绿色良性循环，绿色农业体系相对成熟，但是在生产技术方面以及更多的农业发展政策方面农户并没有得到明显的实惠。"

村子里基本的设施比较全面，但仍存在一些日常生活上的问题，比如垃圾处理随意，污水排放方式随意，村子整体生态环境较差，村民在环保方面的意识薄弱，镇政府应该增强在生态方面的治理，同时提高宣传力度。虽然鹿乡镇整体基本上形成了绿色农业良性循环，但在某些村子里的管理和支持力度不够，仍存在绿色农业的发展滞后问题。

接下来的几天里，实践团在刘家村的盘古屯进行乡村调研。通过走访调查，我们基本上了解了盘古屯的情况，当地大多青年人都出去打工了，留下的父辈都是在屯子里靠种田为生，但当地农户每人 10 亩地，可种植面积可达 7 亩，农户基本可以实现自给自足。但生活配置以及居住生态环境比较差，生活水平并不是太高，在解决温饱基础上，生活质量并没有达到当地镇上的平均水平。通过询问农户，我们发现当地的教育资源极度缺乏，村上只有一所幼儿园，其他村教育状况也基本一致，镇上还有两个留守儿童基地，每年都会有外来的志愿支教协会来这里做义务支教。这里的居民家里的孩子要上学还要坐车 30 分钟去 20 公里外的双阳区上小学以及中学。交通设施也并不发达，镇上没有公交，每天仅有 2～3

辆去双阳区的面包车。镇政府要重视当地儿童的受教育情况，为当地建设便于当地儿童上学的学校，以及引入一些老师与教育资源，运用当地特色的产业提高知名度，让更多的人关注，来更好地发展当地其他的薄弱方面。愿在镇政府的努力下，可以提高当地的教育水平，培养更多的人才投入到当地的发展中。

通过切实接触农业、农村、农民，通过这样的实践，增强了青年学生热爱农业，服务农业，投身农业的热情，认识到了服务“三农”的青春梦想是实现中华民族伟大复兴的一部分，并进一步树立为之努力奋斗的理想。青春正当行，农科学子的初心依旧致力于乡村基层调研，社会实践一直都在路上。

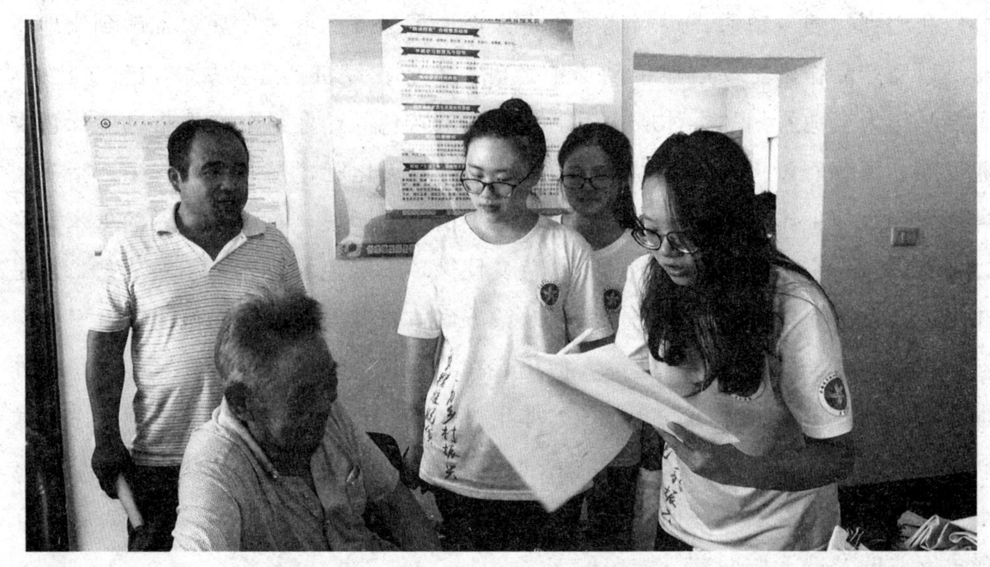

吉林农大赴抚松脱贫调研团　摄影：尚学钰

（梁佳煦　王江　文）

党旗引领青春　聚力脱贫攻坚

——沈阳农业大学农学院 2018 年联合实践行动纪实录

沈阳农业大学农学院乡村振兴调研团　摄影：宋成城

第一章　知成于行

从窗明几净的教室到绿波粼粼的地头垄间，从书本的字里行间走到实际的村镇企业，不畏炎热，不畏奔波，我们带着热忱，怀揣憧憬，为了一个共同的目标来到各地。2018 年，沈阳农业大学农学院以“聚焦农村发展现状，践行两学一做”为题，展开了全国联合实践活动，得到了各大高校农学院及各地政府的积极响应与配合。此次调研行动历时 33 天，分 7 条支线，奔赴辽宁省、河南省、安徽省等 8 个省开展调研活动，共走访 26 个行政村，71 个自然村。我们共完成调查问卷 700 余份，涵盖企业、合作社、村、户，聚焦农村发展现状，量体裁衣，有针对性地解决各村的贫困问题，为扶贫事业添砖加瓦，并在实践中，坚持学用结合，知行合一；坚持问题导向，注重实效；坚持领导带头，以上率下；坚持从实际出发，分类指导，真正做到践行“两学一做”。1 个月虽短，但我们朝气蓬勃，心怀感恩，点滴力量终将汇聚成河，将心中的那份情怀送到辽沈大地。

高铁，“虽乘奔御风，不可及也”，然我们虽乘高铁亦急也。窗外的风景闪退，更迭不停，八纵八横的高铁网，带我们感受中国最真实的脉搏。换乘的巴士窗外，那成片成片的绿熟悉却又陌生，这种感觉是错综林立的高楼大厦从未给过的。路面翻涌的热浪一波强于一波，妄想吓退我们，但是我们并未动摇，反而更加坚定了决心。离开空调，顶一轮圆日，捧一抔黄土，唯有脚下那厚实的土地才能真正告诉我们什么是生活，什么是农业，让我们体会到作为一个农学人的价值。

“农，天下之大本也。”我们需要深入领会习近平总书记在十九大报告中“农业农村农民问题是关系国计民生的根本性问题，必须始终把解决好‘三农’问题作为全党工作重中之重”等系列讲话内涵，要坚持农业农村优先发展，按照产业兴旺、生态宜居、乡风文明、治理有效、生活富裕的总要求，建立健全城乡融合发展体制机制和政策体系，加快推进农业农村现代化。作为农业大学的学子，作为一名农学人，我们理应冲在发展农村的第一线。如果宣讲带给我们的是震撼、是热血，那么实践带给我们的是澎湃后的平静坚定、沉稳认真。那些林立的高楼，那些无阙的高山，那些奔腾的河水，再也无法阻挡我们前进。串串脚印踏拓出了中国农村的现状，条条伤痕规划出了中国农村发展的道路，坠坠汗水凿砸出了中国农村的新局面。只有深入农村，扎根土地，才能让“精准扶贫”不再是宣讲，而是真正地成为一个能造福于百姓的好方针。“确保国家粮食安全，把中国人的饭碗牢牢端在自己手中。”这！是我们农业学子应有的奋斗目标！

第二章　业精于勤

有这样一群人，他们根扎农业，在美好的年华里刻苦学习农业知识；有这样一群人，他们心系农村，在青春的岁月里认真钻研田间试验；有这样一群人，他们梦牵农民，在静谧的时光里坚定踏上逐梦之路，开展“走进乡土乡村，助力精准扶贫”调研实践。很幸运，我们，就是这群人。因为有了活力的我们，而有了感人的故事。

7月中旬，由沈阳农业大学农学院发起，与雪川农业联合的为期20天到1个月的暑期创新实践活动正式启动。此次创新实践活动致力于从学生本专业角度出发，引导学生利用专业优势，观察社情民情，践行“两学一做”。11人组成的赴雪川创新实践团队于7月14日从沈阳出发，来到了位于河北省张家口张北县的雪川农业集团。15日下午，雪川农业为来自沈阳农业大学的创新实践团队就雪川农业的历史构架等方面进行认真细致的培训，帮助大家更好更快地熟悉新环境。16日起，被分别派往拓展部、行政部、人力资源部、研发部、营销部、组培中心和生产部的11名同学分工明确，各自在自己的岗位上实践学习，丰富自己，提升自己。其间在雪川农业的指导下，同学们了解了马铃薯从培养到投入生产的全过程。利用专业知识，创新实践团队理解和实践了马铃薯杂交育种、马铃薯脱毒培养和种薯采收等工作。实地勘测、数据分析、产量估算，这些书本知识更是在实践中升华，让创新实践团队的每一名成员都感到收获颇丰。在农业企业运营方面，大家了解了精准扶贫项目的运行过程和企业经营生产方面的幕后部署，通过不同部门工作的体验和多次重大活动的准备安排，大家了解了每个岗位的重要作用和工作的艰辛，感受社会，体验了农业从业人员的不易。

我们看到的雪川，每个人都在工作上秉承着企业的核心价值，恪尽职守，在生活上质朴善良，亲切可爱，“为什么我的眼里常含泪水，因为我对这片土地爱得深沉”，热爱农业，热爱中国这片沃土是每一个农科学子和从农人不变的信念。想要知道更多，必须迈出大门；想要更好理解、享受辛酸与幸福，必须付诸实际；想要走得更远，必须脚踏实地。

乡下的变化相比于城市无疑是巨大的，这也得益于祖国日益强大，经济日渐好转，很多从前贫困的家庭在政府的帮助下实现脱贫。农民依靠着土地，俗话说

“庄稼之人不得闲，面朝黄土背朝天，但愿五谷收成好，家家户户庆丰年”，辛苦劳作的农民依靠着每年的收成生活，不过一旦遇上恶劣的天气就可能颗粒无收。现在随着科技的发展，对这方面的研究也越来越深入，逐渐能减少损失，比如大棚种植的出现就为种植业做出了巨大贡献。不仅如此，国家也会在政策上填补一些农民的损失，免去农民的后顾之忧，这就可以鼓励农民的积极性，使粮产提升到一个新台阶。

生命是永恒不断地创造，因为在它内部蕴含着过剩的精力，它不断流溢，越出时间和空间的界限，它不停地追求，以形形色色的自我表现的形式呈现出来。我们穿梭在阡陌乡村，实践经验的缺乏，理论知识的欠缺，让我们感到前所未有的困难。生活中的兜兜转转、因因果果，到头来都是始终如一，但纵使这样，人们追求更多的还是经历，正如泰戈尔所说“人生的意义不在于留下什么，只要你经历过，就是最大的美好，这不是无能，而是一种超然”。每条河都有源头，每首歌都有前奏，每件事都有缘由，每个人都有一段可以诉说的心路，这一路，也许懵懵懂懂，磕磕绊绊；也许事事顺遂，平安喜乐。但所有的一切在经历了时间的沉淀后，都会成为人生路上可回首铭记的歌谣，在心中一角静静地低唱、流淌。

我们是新时代的学农大学生，我们热爱农业，励志兴农！我们愿意为了祖国的农业而奋斗，我们坚信，经过我们的努力，祖国的农业事业一定蒸蒸日上！

第三章　思形于实

作为当代的大学生应当奋力开创农业农村经济工作新局面，要想准确把握坚持农业农村优先发展的战略思想，我们就应该增进与农业、农村、农民之间的联系，社会实践把我们同农村、农业、农民紧密地联系起来。我们当代大学生有义务深入基层，了解农村发展现状，农民生活和经济情况。全国农科学子实践团成员来到了中原腹地——豫东平原，黄河流域南侧。这里气候类型是温带季风性气候，在水量方面处于从湿润半湿润到干旱半干旱的过渡带上。自然资源比较匮乏、自然灾害较为严重、劳动力密集，加之历史原因和多种主客观因素的影响，目前豫东地区总体上经济发展较慢、农民收入整体水平较低。当地的粮食作物以小麦、玉米为主，还有一部分小面积种植的油料作物等等。当然，在农村，土地是革命的根本，农民是土地的拥有者，有义务更好地管理和开发自己的土地。此次社会实践，我们分别从农户、村级、合作社和企业这四个大方面展开问卷调查，这显然是农村生活的几大重要主体元素。

我们一行人聚集在一个三口之家的农户家中进行交流，在交流的过程中我们发现现在的农民正在使用我校农学院的老师教给他们的生物炭技术，改良了土壤，使作物长得比以前更好。农户们还说："生物炭技术改善土壤退化功能十分强大，大大提高了农业生产率。"同时农民还在询问我校农学院是否还有一些种子的优良品种。我们调研小组随即帮农户邀请了我院的赵老师来给农民进行指导。

乡情是一支清远的笛，悠扬而深远。乡情是一个古老的童话，美丽而动人。乡情是一坛陈年老酒，清香而醇厚。小时候，家里的长辈总是教导生活在农村的孩子们说："你要是不想再在这泥巴地里走，不想再在这烈日下晒，你就好好上学，考上大学，告别土地。"终于，孩子们如愿以偿地成了一名大学生，一个土生土长的农村孩子几乎和土地和农活说了再见。这是一个山清水秀，钟灵毓秀之地。没有太多的大型工厂，也因此没有什么空气污染、水污染之类的问题。当地的人们都淳朴善良，活得轻松自在，没有大城市的人每天活得那么紧绷。他们是辛苦的，但也是快乐的。也许，他们没有享受到更高质量的生活，也许他们不能将现在的高科技产品掌握住，甚至是一窍不通，可是，对于这个可爱的山水里养出来的可爱的人们来说，这些都不重要。在他们心目中，每天辛勤劳作，日出而作，日落而息，用自己粗糙的双手换来自己每天享用的美食。他们秉承着先辈的经验生活着，不因为外界的繁华而迫切追赶，不因家乡的贫寒而感到卑微。他们从未改变过，这是老一辈人的坚持，这是他们刻在骨血的传承。新一代的年轻人在他们的渲染下成长得茁壮，就像初升的太阳，对未来充满了希望。

我们青年人从历史中来，正见证历史，更创造历史，新的里程碑已经确立，筑梦路上，我们需要一路同行。不要怕自己梦想太大，新时代容得下无尽地翻腾。

所谓"扶贫"，难在"精准"，贵在"坚持"。所以说农村精准扶贫还需要保持可持续性。习近平总书记在谈话中说："要处理好精准扶贫近期规划和长期目标的关系，强化政府的规划治理能力。在精准扶贫的过程中，要注意'滴水穿石’和‘弱鸟先飞’的辩证统一，既要强化近期规划的行动力，也要谋划好长期目标的战略动力，以‘两步走’战略为目标，让贫困群众在‘两不愁，三保障’的基础上逐渐富起来。”

我们作为一名农学人，怀着一份农学情，品着一份农学意，描着一副农学卷，绘着一副农学图。我们用真诚和热情去感触最真实的农心农意，每一次的触动都让心里多了份坚定，一份为农学事业奉献青春的坚定。基层是让我牵念最多的词汇，因为基层给了我最多触动。基层的工作最需要人去做，因为基层里透着的都是真实，是真实的感恩，也是真实的努力。基层教会我们去直面更多的不容易和幸福，在基层我们能感受到一种力量，一种在用生命努力的力量，这不只是为了生计，更多的是追求美好幸福的生活的信念。在基层，我们听到许许多多的真心话，我们看到许许多多的真实事，那些，都是人们向上的心。农学人扎根基层，用最简单的方式告诉国家：我们在践行党的理想信念。农学人，虽经历过几

访问当地农户　摄影：马箬

千年的曲折起落，但最后仍旧脚踏实地稳步向前。这是农学人始终不变的初心，让农学人砥砺前行。

时间从不给我们时间去停留，实践活动很快就成了过去完成时，但深深扎根在我们心里的农情农意还在继续延伸。以后，这种农学情意会越来越厚，然后助农学兴。我们心底里产生的感情，怕是经久不息的吧！

作为一名农业学子，我们已经逐渐成为国家的中坚力量，更要成为脱贫攻坚的主力军。在这次的实践活动中，我们要把所看、所知、所想、所悟，尽全力落实在行动上，最大限度地发挥我们的智慧与思维，为打赢脱贫攻坚战，建设新型小康社会做出贡献。

（郭瑞　谭月　李荣荣　李松　文）

华东片区

《建军大业》中有这样一句话："如果我们正在经历一场失败，那么，我们中国共产党人就是从一次又一次的失败中走出来的。"

历史总是惊人的相似。

从上海嘉兴游船卷起的骇浪惊天，到凤阳小岗村"十八个红手印"的壮烈宣言，再到合作经营、万千"淘宝村"的欣欣向荣。

改革的鼓点一刻未停，而农业，亦正阔步从传统跨入现代。

依靠人民，实事求是。

这是我们献给这时代的中国方案。

挥洒青春热血　携手振兴农业

——安徽农业大学农学院2018年联合实践行动纪实录

安徽农业大学农学院赴阜南实践团——爱心支教　摄影：章鑫　夏雨

第一章　纵有千古，横有八荒

华东腹地，东西450公里，南北570公里，江淮流域将这个14.01万千米^{2}的徽皖大地分为南北。放眼安徽，“黄山、徽派建筑、黄梅戏、砀山酥梨”等人文自然、历史遗迹，皆见证了徽皖大地史学雅韵源远流长。

从 1978 到 2018 年，改革开放 40 年，“十八个红手印”掀起了家庭联产承包责任制的开始。从土地流转到乡村振兴，农业从传统向现代化转变，“三农”发展快速推进。90 年的风雨兼程，安徽农业大学这颗高等农业教育的种子已经扎根在这片江淮热土，助力徽皖乃至全国“三农”发展。

第二章　多方走访，探根究源

2018 年夏天，安徽农业大学农学院本着“学农、爱农、服务三农”的宗旨，组织 8 支团队，分赴安徽各地开展暑期实践活动，深入基层，走进农村，走近农民。

实践团的每一位队员，都满怀期待和热情来参加此次社会实践，一位队员在他的日记本中这样写道，“当我亲身走进农村的时候，我才真正认识到了我作为一名农科学子身上的责任——这片土地现在需要我们的付出”。

可是怎样才能促进当地农业更好、更快、更健康地进行发展呢？实践团成员都在心里不断地揣摩着这个十分困难却又必须解决的问题。为解决这个问题，他们除了自己揣摩之外，还分组在当地进行多方走访，希望结合当地现状为农业发展提出建设性意见。

农户说——

“土地整改后，社会环境发生了变革，导致零散的荒地变得越来越多，而整块的土地也相应地越来越少，甚至有些土地没有规划好以致很长时间无人管理耕种，现在已经荒草丛生。主要是因为一块田地的主人故去，其后人外出打工没有时间来管理耕种，便任由田地闲置致使土地变荒地。”

“而且农村种田收入不高，一亩地最多赚几百块钱，比打工的收入低了太多太多，年轻人不愿意种田，即使在农忙的时候也不回来，认为回家的路费都赶得上田里的收入了，而且耽误自己工作的时间，一来二去大都想把土地承包给别人。可是现在愿意承包土地的人也不多，所以一些地段不好的土地承包不出去，就成了没人管没人问的荒地。因为在农村的多是一些老年和幼年的群体，消费也很少，农村的个体商业也收入较低。”

“因为条件的限制，我只能在家种田，承包了一些土地，可是却也面临着不少的问题。我手里的土地是从好多家承包过来的，特别分散，很不利于机械化耕种收割，有时候因为一家不愿意承包土地，在几块土地之间就会存在一块没有承包给我的土地，管理起来很不方便。而且因为地势差别存在，就必须结合位置种植不同的作物，成熟时间存在差别，一年到头人都闲不下来。”

带着农户的这些问题，我们又去拜访了当地的村书记。

村书记感慨——

“农村想要发展并没有想象的那么简单，但并不是没有办法去发展，而是农村本身限制了自己的发展。当一个制定好的措施和方案去实际操作和执行时，很多问题就会浮现出来。现在村子里的农民大都文化程度低，思想落后保守，太过注重自己的利益。就算全村发展落后，也不愿砍掉自己家门口的一棵。老人说这会坏了他家祖坟的风水，所以村里这条路到现在也没能修好。”

“至于为什么荒地多呢？很大程度上是因为村里的人大多习惯于看到自己眼前的既得利益，不能从足够长远的眼光看问题，所以很多道理跟他们讲不通又不能强行处理，就只能搁置在那里了。”

农场主感叹——

“现在的幸福生活真是来之不易啊！这一切都是我们在一穷二白的窘境下一步一步打拼积攒出来的，没有水就凿井，没有电就自己从远处的村子里迁来，真是应了‘只要精神不滑坡，办法总比困难多’的老话。我们现在也逐渐变老了，精神体力的状态都大不如从前，而且很多新兴的技术和能力我们接触掌握的很有限，真的很希望你们在大学学的新技术能够带到村里来，多帮帮我们。”

“现在政策形式比以前好太多了，我们现在也都是在刚起步阶段，以后还有很长的路要走。如今土地流转更加方便，这也给了大家更大的施展空间，如果同学们毕业之后愿意到农村来发展，肯定能够大展拳脚的。”

第三章　天戴其仓，地履其黄

（一）科技助力发展，草莓基地来日可期

都说扶贫工作难，而扶贫工作第一年最难。基础设施落后、种植传统单一、劳动力老龄化、技术落后、村民积极性低迷，这些棘手的问题在年轻的大学生村官赵虎（化名）的带领下慢慢被解决，他试点建立了50亩温室草莓大棚，甜度高、口感优的草莓瞬间俘获大批群众的青睐，甚至到了供不应求的地步。

这让村民们看到以科技带动地方产业发展，用技术有效提高产品质量，改变传

统农业模式，开展特色高效种植项目，伴随着水利交通系统的完善，才是一条正确的扶贫发展道路。小草莓秉承着这初心努力地成长着，如今大棚和灌溉设施已初具规模。当然，成长的路途免不了磕磕绊绊，目前草莓园存在的主要问题：一是2017年的草莓苗品种不是很优良，结出的草莓质地较软；二是对于产业股份结构的问题仍在不断探索中。不过在大家的共同努力下一定可以克服这些困难。

（二）走进葡萄园，体验采摘乐

凌晨三点钟有的人还没睡，有的人却已经要起床去工作了，盛丰葡萄园的园主就是那凌晨三点钟还没睡的人，也是凌晨三点钟就起床工作的人，这不是偶尔，而是经常。

园主告诉我们，他看到过三点钟如钩的月亮，也看到过满月当空，甚至经历过在雨夜打着手电筒寻找可采摘的葡萄。因为葡萄不能存放很久，采摘下来以后需要及时地运送给客户，所以在园主的生活里虽然有时间，却不存在按时作息。为了扩大销量连夜赶往批发市场销售；为了方便顾客们在茫茫的套着袋子的葡萄中寻找到成熟的葡萄，不分昼夜地在袋子上做记号。晚上还要继续采摘几十箱的葡萄，再一一修剪，才能装箱装车，连夜开车把葡萄运到周围的批发市场，等把葡萄卖完回到家里都已经次日早上8点左右了。“若是碰到天气不好，一直下雨，那就要等到第二天下午才能卖出部分，然后才回家”，园主这样说。

有幸，我们赶上了葡萄园的预开园活动。队员们连夜赶制宣传海报，引导顾客进园采摘，帮忙修剪葡萄，装袋装箱，送货上车等，丝毫不敢懈怠。

（三）摆摊答疑，妙用网络建设“新农人”

实践中，队员在集市上摆起了摊点，发放科普手册，播放作物种植指导视频，农户对实践团的培训表现出了极大的兴趣，毕竟是和老百姓的“钱袋子”息息相关。

记得那天正好是镇上赶集的日子，来来往往，好生热闹。一个农民伯伯很快被吸引了过来，他头发已经有些许花白，两鬓苍苍，穿着蓝白条纹、洗了很多次的褂子，好奇地问：“年轻人，你们在这儿弄啥哩?”队员上前用当地方言向伯伯介绍，我们是来自安徽农业大学的咧，暑假来这儿社会实践，您最近种地可遇到什么困难?“有，有，我家的白菜茎秆那儿最近变成了红色，你们在这儿等着哈，我去我家菜地里拔一颗过来给你们大学生看看。”白菜并不是粮食作物，队员们心有余而力不足，表示很难解决。看着伯伯紧皱的眉头，队员们立刻一边在百度上查找，一边连线学校的老师，及时帮伯伯找到了解决方案，伯伯紧锁的眉头逐渐舒展开，乐呵呵地说：“这群大学生可真不错！”

（四）搭建网上平台，促宣传拼销量

通过走访盛丰葡萄园、齐飞农场、瓜蒌地种植园、葛根地农场等几家大中型家庭农场，同学们发现汤沟镇农产品种类丰富，质量上乘，但在与家庭农场主们沟通的过程中，他们都提出了同一个问题——现在的销售渠道太过单一，欠缺网络宣传、线上销售渠道，他们很多人都是靠自己一车一车往外运输销售，以此来确保销量。

对于各大农场主们存在的共同问题，实践团表示他们可以试试发挥“95后”的网络力量，帮助他们搭建在线交易平台，开拓“互联网+农业”网上渠道，走线上线下结合、创新农业经营之路。队员们手把手地教农场主们开设微信公众号，建立微信营销群，注册淘宝店铺，联系快递服务，并亲自演示了如何上架商品、如何下单等，帮助农场主们熟悉网络环境，希望能帮助他们打开新的销售渠道和门路。

（五）自然课堂，最美孩子的笑容

“老师，这个小叶片多久可以生根？”

“姐姐，等我的小多肉长大了，我就送给我的妈妈，妈妈最喜欢小植物了。”

“哥哥，我要把我自己种的小多肉放到书桌上，每天看着它长大。”

初到课堂，孩子们对我们的到来尤为高兴，听说我们要在这里陪他们几天，好几个孩子都跳起来了，“有大哥哥大姐姐陪我一起放风筝了，有人教我学习魔方了”。从孩子们最纯粹的声音里看到了他们对我们的喜爱，在他们的眼中，我们是他们的大哥哥大姐姐，我们是大学生，是他们学习的榜样。

还记得一个叫豆豆（化名）的9岁小男孩，他的爸爸妈妈都不在家，就奶奶一个人照顾着他，一年大约可以见到父母两次，还好，现代网络通信的发展能够让他们多几次视频，多几个电话。正是多肉课堂结束以后，小宇（化名）抱着种好的小多肉走到我们身边，细细地蹭到耳边和我说“哥哥，这个小植物我要把它好好地养大，等着过年妈妈回来送给她作为新年礼物”，让我们感动不已。

第四章 前途似海，来日方长

还记得伙伴们一起踏上去实践的路上，随着火车的前进，能明显感受到，周围的环境由城市向农村退变。到达镇中心之后，街道上，漫天的灰尘里夹杂着来自大地的闷热，脚触及这片土地时，我们便知道，这片土地由我们共同守护。

农业是一件困难却又能激起人们兴奋的事，基层是苦，条件是差，可谁都知道“梅花香自苦寒来”的道理。作为农科学子，只有亲身体验过农村生活才能明确农民的需求，才能深刻领会国家“三农”发展战略和要求。“纸上得来终觉浅，绝知此事要躬行”。即使理论知识再丰富，不去实践的话，理论也不过是空想，因此我们努力学习，未来选择一条你适合的道路，真正把农业做好，真正称得上是“一懂两爱”的“新农人”，为中国农业贡献自己的微弱力量。

前方有荆棘，也有鲜花，我们将义无反顾！勇往直前！

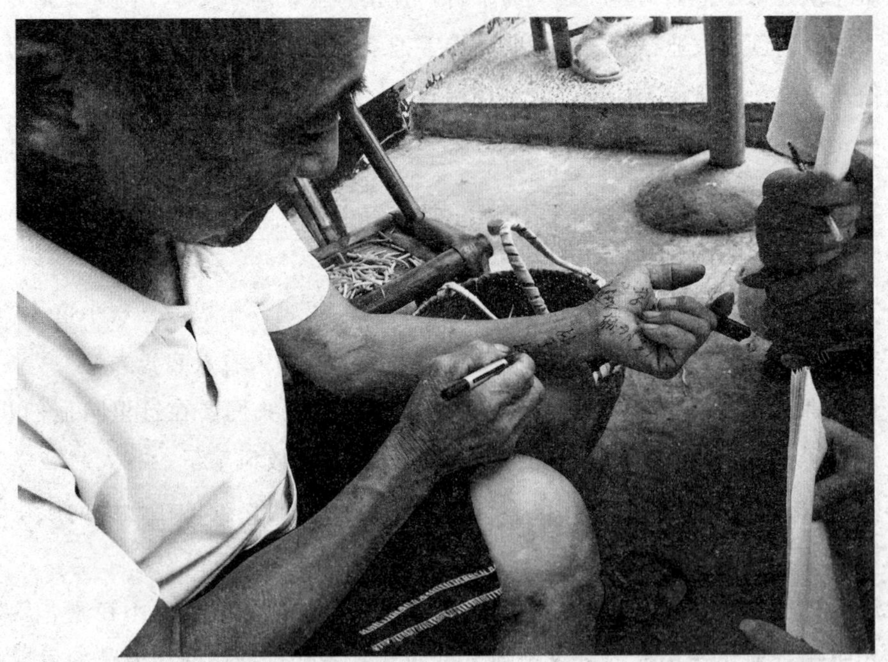

安徽农业大学农学院赴宿松县洲头乡实践团——入户调研　摄影：何招亮

（杨雨婷　刘雪琴　文）

青春洒在田野上　助农扶贫谱新篇

——福建农林大学作物科学学院 2018 年联合实践行动纪实录

实践队师生合影　摄影：匿名

7 月的福州骄阳似火，暑气炙烤着大地，这让我们对气候凉爽宜人的周宁充满了期待。梦在心中延续，路在脚下蔓延，从高楼大厦、车水马龙，逐渐延伸到平房低瓦的乡镇农村，生活也似乎从烦恼喧嚣中解脱，沉入田园优美的风光与动人的静谧中。“纸上得来终觉浅，绝知此事要躬行”。随着 2018 年暑期的到来，当“全国农科学子联合实践行动”的号角吹响时，福建农林大学作物科学学院FAFU新农人扶贫助农实践队带着一份执着的信念和一颗颗热忱的心，踏上了周宁扶贫助农之路。

第一章 启程，延续助农扶贫的不解情缘

2018年是我们与福建省宁德市周宁县约定的第三个年头，传承前两年的温情与成果，又一批FAFU新农人携手共赴周宁。台风刚过，我们就兴致勃勃地启程了，经过3个多小时的路程，到达了这个美丽的地方。周宁县虽然是一个小县城，但其境内自然景观秀丽，人文景观独特。近年来，周宁县围绕乡村振兴战略，坚持找准定位、因村施策，积极探索实践，涌现出了一批特色美丽乡村，为扶贫助农开辟了新篇章。

一路走走停停，我们一行人来到了周宁县浦源镇，小镇三面环山，海拔接近1 000米，与福州市区的炎热形成了巨大的对比。临近中午，FAFU小分队在当地负责人的带领下入住到了镇里的特色民宿——鲤鱼溪畔民宿，民宿老板的热情让我们感受到了家的温暖。走进房间，开窗望去，映入眼帘的是漫山遍野的绿色。或许是刚下完雨，晓雾漫天，云霭萦绕，这种朦胧的感觉，不禁让人猜想，是否有仙人在山中修炼。与前两年实践活动相比，2018年我们的食宿水平得到了很大的提高，这也是周宁近三年来美丽乡村建设的一个间接体现。

下午，周宁县科技局局长傅宇（化名）与实践队带队老师季俊彪及实践队员进行了座谈，傅局长为实践队师生介绍了“扶贫助农新成果”“乡镇家庭农场”和“助力高山农业发展”等项目成果，对实践团队在周宁县连续第三年的实践活动寄予厚望，希望大家尽自己的力量，为周宁县传递青春正能量。为了更好地开展社会实践活动，季老师与团队对在周宁的实践活动进行了进一步地细化，对团队提出了要求，希望各位实践队员能够端正态度，充分发挥大学生三下乡的积极作用，为精准扶贫贡献力量。

第二章 寻觅，揭开美丽乡村的神秘面纱

实现村民增收是美丽乡村建设的关键所在。为此，周宁县把“生态、人文、宜居”作为新农村建设的主基调，按照打造生态旅游专业村的构想和“一村一

品、一村一景、一村一业、一村一韵”的理念，对村庄进行个性化塑造和特色化提升，焕发新气质。为了感受政策落地实效，我们决定分别对紫云村和潘山底村进行调研。

天蒙蒙亮，队员们就迫不及待在民宿楼下集中，整装待发。我们的周宁第一站是有“云端”村落美誉的紫云村。天上人间，世外桃源般的紫云村是福建省海拔最高的村庄，是福建省龙岗头腹地的一方约 9 平方公里的乐土，海拔约 1200 米。“紫云胜景岂寻常，晓雾漫天映昼堂”，清代诗人桂圆芳在此留下了这样的绝句，紫云村因此而得名。

刚出发不久，遇到了正好去紫云村收购茶叶的村民王大哥，他得知了我们的行程后，就提议载我们一程。车子一路颠簸，把车上的人晃得东倒西歪，但我们依然乐此不疲地欣赏沿路的风景。经过二十余分钟的晃动，我们终于到达了向往已久的紫云村。紫云村虽然地势偏远，却是周宁县唯一一个没有贫困户的村庄。紫云村有得天独厚的自然生态条件，虽然没有脱贫任务的压力，但是紫云村依然紧紧抓住谋求乡村振兴的重要历史机遇，守住好生态，用好好生态，通过清理河道、村道硬化、改水改厕、建景观栈道等完善基础设施，致力于乡村旅游的开发，取得了显著的成绩。

走进紫云村，花红柳绿、生态宜人、整洁的村道让人瞬间心旷神怡，三三两两的游客悠然自得的穿梭其间，享受好山好水好景。傅局长跟队员们介绍说：“紫云村地理位置优越，资源丰富，水源充沛，山地面积居多；观光农业、旅游项目已经兴起；随着精准扶贫、美丽乡村建设等工作的落实和推进，如今村容村貌已经有了很大改善。”

在紫云村村主任的带领下，我们进行了入户调研。通过与村民深入地交流，我们了解到紫云村农民以种植茶叶、马铃薯为主，得益于紫云村独特的地势，作物质量非常高，因此农民的收入利润较为可观，但是发展较为缓慢，农产品销路仅限于线下。紫云村村主任向我们解释道：“村中的老年人居多，青壮年大多在外就业，老年人思想比较保守，虽然村里盛产品质优良的农产品，但是村民缺少创新意识，经济模式仍处于被动状态。”可喜的是，我们了解到本村一部分外地求学的大学生希望毕业后能回到农村发展。一位阿姨看到我们很高兴，说自己的儿子也在念大学，她的儿子看到家乡这几年的变化，立志毕业后回到家乡，从事当地农产品开发工作，言词里面充满期待和自豪。走访过程中，队员们也被村里从上到下表现出来的对紫云村发展的信心和干劲所感动，增加了实践工作的热情。

带着第一站的意犹未尽，我们来到了第二站——周宁县浦源镇潘山底村。在浦源镇政府包村干部的陪同下对潘山底村进行家庭情况调查。走进村子，一排排漂亮整齐的房屋，干净整洁的村道就映入眼帘，村口垃圾处理点整齐地摆放着垃圾箱，该村因为优美的环境被评为“最美乡村”。接近中午时分，村门口小卖部陆陆续续聚集了许多老人家，村干部解释道：村里基本都是留守在家的老人和小孩，年轻的壮劳力都去经济较发达的城市务工赚钱，老人平时在家种些田地作为口粮，年轻人一般过年才回家看望老人和小孩。于是，我们在人群相对集中的小卖部开展了调研活动。当被问到是否接受过较大型的农业技术培训时，便利店老板于芳大妈（化名）说道：“近几年都会有由政府组织的培训会，每户都必须派代表参加培训。”最后，于大妈乐呵呵地补充道：“我们家每次都是我去学习，发现还涨了不少知识呢，新型技术与老一套经验结合起来种植粮食，省了很多精力。”从此次调研中，我们看到并且感受到了“扶贫助农”工作的成果：近年来，潘山底村经济收益逐年攀升，主要经济作物为水稻、玉米、大豆，其中，水稻生产成本最低，经济效益较好，种植面积最广；在医疗方面也有所改善，多半受访者认为看病成本有所降低；教育方面，政府加大了对农村义务教育的支持力度，教育支出占家庭收入的比重明显提高。受访过程中，一位老大爷开心地说道：“政府惠农政策好，农民有钱花，吃的用的都更好了，环境也变好了。”此外，村中的大部分山地承包给农业公司种植高山茶叶，公司以 400 元/亩的价格租用山地，到了收茶季节，会雇佣村民采收茶叶。农业公司具有专业的种植技术、良好的品牌包装和完善的销售渠道，使得农民可以规避种植风险，拥有稳定的收入来源。通过引进农业公司，也改变了以往简单的发放补贴的形式，进一步提升扶贫效果。

通过对周宁县两个村子的调研，队员们深深认识到“授人以鱼不如授人以渔”，扶贫攻坚是一项系统工程，并非一朝一夕之事，既要知民情，又要仔细分析，精准规划。

第三章　对话，坚定绿色农业的发展情怀

2016 年之前，有个在上海打工的年轻人，时常怀念周宁这个故乡，家中的土地仿佛有一股神秘的力量，一直让他心向往之，不留恋城市的繁华，却怀念故乡乡土的清新。这个年轻人就是常国家庭农场的主人钱常国（化名）。2016 年，钱大哥怀揣农业梦和创业梦，顶着巨大的压力，回到家乡开始开办自己的农场。他通过置换地块将自己手中零散的土地变成了现在一片二十多亩的山地，虽然山地的耕作难度很大，但整片的土地更有利于农场发展。钱先生的发展理念是生产绿色无公害的农产品，最终目标是在农场内形成完整的生态链，实现产出，使农场可持续地发展下去。经过两年多努力，现在农场内已具有了基本的灌溉系统和电力系统。农场内种有水稻、玉米、花生、冬瓜等作物，还饲养了香猪、鸡、鸭、兔子、草鱼等，开辟了两处草坪作为开展活动的场所。

钱大哥得知福建农林大学作物科学学院的实践队师生来到周宁，热情地邀请我们来到他的农场参观。钱大哥骑着一辆简陋破烂的摩托车如疾风驶来，一张笑容灿烂的面庞如亲人问候，热情地带着师生们打开农场的大门。钱大哥为我们介绍了农场目前的发展情况和创办家庭农场的初衷，他说："发展农业应该顺应自然，我希望我的农场能够成为一个实现自给自足，实现零排放、零废弃的生态圈。"虽然现在农场没有很多营利，但钱大哥却很满足，他说："人不能只为了养家糊口活着，要为自己的梦想而活。我在不断朝着梦想前进，付出再多也值得。"在村子里，老一辈人不理解他的行为，有好心人劝他回城务工，更有甚者说他是"傻瓜"，但这反而笃定了他的逐梦路，坚定了他对绿色农业的发展情怀。在如今一味追求高产、稳产、高效的潮流下，钱大哥依然能秉持自己的理念发展农场，身为农科学子的我们被钱大哥这份敬畏自然、热爱土地、投身农业的精神和不懈追求的执着深深感动了。

我们发现农场里水稻生长到了分蘖盛期，需要进行中耕除草，但农场里水稻田的杂草比一般的要多。钱大哥解释道："为了保持绿色生态，所以我的农场里都没施用农药或者除草剂，所以田里的杂草会长得更加茂盛。"听完他的解释后，实践队员们主动请缨，参与了水稻田的中耕除草工作。

第四章 融合，发挥农科师生的专业力量

农业合作社在周宁县扶贫工作中，发挥了重要作用，是周宁县“造血式”扶贫的重要措施之一。在傅局长带领下，我们一行人来到福建省周宁农民创业园示范基地——周宁县千亩高优农业示范园。该园区采取“政府引导，院校指导，农户受益”的发展模式，如今已有二十多家农业公司与专业合作社入驻。步入园区，首先映入眼帘的是入驻园区近一年时间的怡然生态农业专业合作社，合作社利用林下空闲地，采取养殖、加工、销售等一体化产业模式实施“高山生态鸡养殖工程”。而与园区一并创建的闽浙食用菌综合开发有限公司的主要业务是灵芝的育种研发、生产、深加工、销售等等。在园区中心设有农业产品展厅，这里展示着各个企业与合作社的主要产品。

我们走访园区内的多家农业公司与专业合作社，了解该园区的特点与优势。合作社负责人表示如今合作社确实起到很大的扶贫致富、带动经济的作用，但在除去地租、人工费用后，盈利却极少，这制约着合作社的进一步发展。目前，亟须探索合作社新的发展模式才能更好地发挥作用。周宁县政协副主席陈闽（化名）跟我们谈了合作社发展的体会，他认为：发展农业社要时刻关注国家与政府出台的农业方面的相关政策；要梳理好跟市场的对接工作；要因地制宜，依托最基础最专业的种植技术；要进一步发挥精准扶贫重要作用。他看着我们实践队员深情地说，农业、农村急切需要有农业专业背景和对农业、农村、农民有感情的莘莘学子参与到农业发展、农村建设中，发挥专业的优势和力量，才能更有效地促进农业、农村的发展，更好地帮助农民实现脱贫致富。

一席话，令实践队员们深受触动。一路走来，我们深刻地感受到国家对“三农”工作的重视，农业在基层扶贫工作中的重要作用，也深刻感受到人才需求的迫切性，感受到自己身负着沉甸甸的时代重任。为了更好地发挥专业优势和作用，实践队师生代表学院与周宁县千亩高优农业示范园共建了“三农”服务示范基地，形成长期合作关系。

脱贫致富齐发力，出奇制胜招不同，成效显著暖人心。三年来，我们一批又一批新农人深入周宁乡村，见证了周宁乡村蜕变和扶贫助农工作成效，见证了国家精准扶贫工作喜人成效，见证了专业知识的力量，见证了新农村新风貌，见证

了基层工作者的不易和付出，见证了农民对实现幸福生活的期待和认可。带着思考，带着使命，我们相识于七月，结缘于流年，更加坚定我们农科学子学农、悯农、乐农、助农的决心，更加能够体会时代赋予我们的责任感和使命感。我们也将带着这份信念，将我们的所学、所见、所感传递给更多的新农人，学好专业知识，掌握牢固本领，汇聚青春力量，持续在基层、在农村贡献力量。

FAFU 新农人实践队深入潘山底村村民家中调研　摄影：潘啟通

（孙阳　张珂　姚嘉瑜　潘啟通　文）

一步三年　两地情深

——南京农业大学农学院 2018 年联合实践行动纪实录

丁艳锋副校长、李刚华教授在田间视察锌硒大米种植情况　摄影：张传维

“向那天空大声地呼唤说声我爱你，向那流浪的白云说声我想你”，还记得2016 年初到麻江时，在赵家院子里大声歌唱、手舞足蹈的我们，那时是麻江的青山绿水好风光打动了我们这些来自城市的志愿者。没想到，三年后，我们再次相聚在这里时依然深情唱起这首歌。感动我们的，正是在这互帮互助的三年里，麻江、赵家、我们一往情深的真心与满腔洋溢的热情。

第一章　志同道合，灼灼兄弟情

2012 年，南京农大确定定点扶贫贵州省麻江县。2016 年 7 月，农学院“碧海青峰赤子行”团队第一次前往贵州进行暑期社会实践，开展调研、村官座谈，举办留守儿童夏令营等活动。在那时，正是赵家为懵懵懂懂的实践队员提供住宿。翻开团队记录的实践心得，还可以看到那时在赵家的点点滴滴。

第一天，赵家两个小兄弟红着脸、挥手打招呼的时候，仿佛看见了小时候的自己。害羞的他们不怎么会主动提问，尽管黑溜溜的眼珠透露着所有好奇的小情绪。我们带着羽毛球拍、带着团建游戏开始逐步走进他们的生活。几天后，慢热的他们开始和我们保持一样的节奏。早上，会在小溪边排成一队开始漱口洗脸；晚饭前，会站在院子里等我们回来打羽毛球；夏令营时，会拉着我们的手一起唱歌、一起印手印。“相见时难别亦难”，离别拉钩许诺时，哥哥赵宁一（化名）紧紧牵着我的手说，“哥哥，我以后也要考上大学来找你们”。听到这句话时颇为震撼，那时才懂得榜样的真正意义。

2017 年 7 月，学院实践团队再次赴贵州麻江开展社会实践。宁一（化名）、宁夏（化名）剪了寸头，开心地跑过来拥抱，俨然一副阳光大男孩形象。满屋子的奖状、被保护得干干净净的书包与文具盒、桌上唯一通着电源的台灯，都在告诉我们，他们在努力学习，向大学靠近。这后来，宁一、宁夏也通过网络不断向我们咨询学业上的问题。2018 年 6 月，心心念念，终于盼来了哥哥赵宁一升学的消息，他语气里满怀期待与自豪，那是梦想靠近的声音啊。

来自农业大学的我们，有顶天立地农学人的梦想；身为志愿者的我们，有乡村振兴的梦想。而如今，这些梦想在言传身教中得以一步步实现、传递，“聚沙成塔，聚水成涓”，感谢宁一、宁夏，愿与我们携手同行，为更好的麻江努力奋斗。

第二章　知疼着热，浓浓家乡情

在回家的火车上，抱着盒饭，止不住想起贵州浓正的酸汤、带着鱼腥草的米粉、酸辣的佐料，还想念赵婆婆坐在炉灶旁边炒蒜苗的样子，火苗吱吱上冒，在夏天燃起热情。“莫笑农家腊酒浑，丰年留客足鸡豚”，那些天，婆婆把我们当家人一样对待，一日三餐总是菜田里最新鲜的蔬菜，炸、煮、烧、炖，贵州菜系的博大精深都在婆婆的厨房里体现无疑。

体味想念与心疼，是2017年返校后得到赵婆婆因患癌症而去世的消息时。几周前，婆婆还带我们去院子里晾晒厚被，带我们在夜晚寻找北斗七星，带我们辨别山上青葱的野菜，没想到转眼就到了离别的时刻。得知这一消息时，身旁的志愿者们自发地发起祈福活动，主动向赵家兄弟及父母表达了哀思。

在麻江开展社会实践时，感谢赵家曾带给我们的关怀体贴，让“身在异乡为异客”的我们感受到家的温暖。两年的交情，已然将我们融为相亲相爱一家人，即使远隔山河，在困难面前也能相互温暖、相互照亮。

第三章　匠心独运，悠悠农学情

结缘赵家，不止兄弟俩带来的手足之情、婆婆带来的温暖亲情，还有我们与赵家共同的农业情怀。在麻江县贤昌镇开展精准扶贫活动时，看到当地的水稻种植大户从活动中受益、创下高产纪录时，是学农的我们最开心自豪的时候。而赵家的粮田，就像是我们共同的宝贝，农学专业的我们提供想法与技术，身为镇上的水稻种植大户，赵叔与阿姨便结合自身经验身体力行创建锌硒米品牌。

2016年，实践团队邀请学院李刚华教授开展兴农讲堂，围绕锌硒米的高产优质定量栽培技术，从精准施肥到合理灌溉，提出了“品牌促进产业，产业促进生产”的总体方针，引导种植大户利用先进种植技术合理施肥，扩大种植规模。2017年，实践团队提出“互联网+农业”想法，团队成员相继完成了麻江县锌硒米LOGO设计及礼盒包装的升级，建立并完善了锌硒米微信平台“锌小希”及微店平台，并将于后期形成麻江地区锌硒米产业发展中长期规划报告，为麻江县的脱贫攻坚贡献一份青春力量！

2018年10月，终于传来了赵家锌硒大米高产的消息。而这一刻，是赵家多年汗水的印证，是对实践团队继续前行的最大鼓励。天道酬勤，我们定将以自己的一技之长，助力贫困乡村产业规模化，热爱“三农”，在2020年实现全面小康的时候，留下自己骄傲又自豪的面容。我们相信，这一天，终究会到来。到那时，千千万万的青年，已然和我们一起，推动脱贫攻坚的故事向着远方，故事的名字，是希望，是未来。

在赵家院子住宿、暑假相互陪伴，这一步就是三年。这三年，伴随赵家兄弟成长，助力赵家粮田高产，我们为同一个目标而奋斗。在麻江定点扶贫、共建社会实践基地，这一步就是三年。这三年，实践队员来来往往，开展调研、村干部座谈，关爱留守人员，为政府建言献策，始终坚信“长风破浪会有时，直挂云帆济沧海”。三年又三年，没有比脚更长的路，没有比人更高的山，我们已与麻江紧密地联系在一起。

青山常在，绿水长流。感谢麻江曾带给我们的感动，祝愿她能带着我们的热情与冲劲在脱贫的道路上闯出自己的新世界！

实践队员开展暑期夏令营，为当地儿童开展微课堂　摄影：张传维

（庄宇萌　姚敏磊　王彬　文）

村内“花椒”始盛开　七月农科学子来

——青岛农业大学农学院2018年联合实践行动纪实录

实践队成员与当地村书记合影　摄影：王芳娟

习近平总书记在党的十八届五中全会中提出全面建成小康社会新的目标要求，其中指出：“到2020年，我国农业现代化要取得明显进展，人民生活水平和质量普遍提高，我国现行标准下农村贫困人口要实现脱贫，贫困县全部摘帽，解决区域性整体贫困。”

青岛农业大学投身于全国农科学子联合实践行动，积极开展“聚焦农村发展现状，助力齐鲁精准扶贫”暑期三下乡社会实践。为此，青岛农业大学农学与植物保护学院自 2016 年起着力于农村扶贫实践活动。经学院学科调整，农学与植物保护学院于 2017 年 6 月更名为农学院，延续优良实践传统，继续助力精准扶贫。

我们初心未变，热情依旧。三年光阴，参与即见证。我们见证村民从贫困到小康，我们见证土地从贫瘠到肥沃，我们见证村庄从落后到繁盛。

初入枣庄市山亭区简朴亲切的西七里河村，每一个人都期待已久，期待着自己在这里的七日时光能够为村子贡献一份力量。在这儿，大家惊喜地发现，办公室的电脑里还留存着前人在此地进行社会实践的照片：“大家快来看，这台电脑里有 2016 年学长学姐们在这里支教调研的照片，我们一起看一下吧！”一张张昔日的照片放映着，同一地点，不同面孔，同一目标，不同故事，大家瞬间感觉对实践地亲切感倍增，一想到两年前的今天他们也曾在此洒下青春的汗水，队员们不禁感慨，2018 年的我们定当接起前人的实践之旗，完成新一年的枣庄实践之旅，让爱暖遍山亭。

第一章　记忆不能遗忘

“青石板留着谁的梦啊，一场秋雨，又落一地花……”

在枣庄市西七里河村，1944 年出生的张三（化名）已 75 岁高龄，与老伴儿相濡以沫，他们的住所坐落在山脚下，可谓是出门时见山，夜晚时见月，令人羡慕不已。队员们带着牛奶、香蕉，准备去走访两位老人，隔着老远便看见张爷爷坐在家门口的石头上，布满皱纹的双手悠悠然地摇着手中的蒲扇，一上一下，一起一伏，仿佛扇过的都是流逝的匆匆岁月。

渐渐走近爷爷身边，队员们也渐渐走进他的世界，聆听他的故事。

（一）护城兵，我的军旅梦

1962 年，根据地区需要，沈阳本溪市政府奔赴山东招募护城兵，征兵对象为年满 18 周岁、身体强健的男青年。张三自小就羡慕军人，站在石板上的他一脸浩然正气、一身正直坚挺，这也注定了他会经历军旅生活。了解过后，他果然是在 18 周岁那年跟随大部队坐上了去东北沈阳的绿皮火车，踏上了属于他的军旅生涯，跟随沈阳城防部队，担负起当地地区的警卫和防守任务。当问起他是否还记得自己当兵的日子时，张爷爷的话一下子多了起来，心情激动不已。

“去了东北之后，部队先开始验兵，条件那是异常严格啊，好多人都没有通过兵检，我还算是比较幸运的。”“验兵成功之后，我们这些人并没有真正的军衔，接下来我们将面临的是三个月的严酷训练，在那之后，所有人就正式成为护城兵（军事警卫兵）了。”边说着，张爷爷的脸上挂起骄傲的微笑，那是对自己年轻时的赞许。

（二）战友情，我的心中情

当兵的六年时光历历在目，号角声仿佛依旧在耳边回荡，部队勇往直前的气势在自己身上仍有留存，尽管六年他只回过一次家，但他依旧怀念那时的时光……张爷爷不禁回想起当兵期间的实战演习，“实战就是演习，演习就是实战！”他攥起拳头，模仿着当年教他们喊口号的同志的样子。谈起他印象最深刻的事情，战壕中，身旁战友坚定的眼神，给予了张爷爷巨大的精神支持。或许晚辈们无法体会到战友情的深厚，但墙上挂着一张布满灰尘的合照足以体现他们的战友情谊。

张爷爷语言表达不是特别通顺，队员问他是否还记得当时的心情，他只说，除了紧张激动之外，他已经感受不到害怕的心情，因为心中只想着胜利。现如今，最让他感受到无奈的是，战友们已相继离世，能面对面再续战友情谊的人已越来越少了。不知不觉间，泪水已模糊了他的双眼……

（三）爱人伴，我的余生爱

二十六岁的张三结束了他六年的军旅生涯，看着身边的兄弟都已娶妻生子，成家立业，自己也不禁心生向往，于是便启程回家，找寻自己的人生伴侣。

张奶奶年轻时是一名人民教师，张爷爷的许多字都是她教会的，两位老人的相知也是从书信开始的，值得感动的是，一封小小的书信，却牵起了一段五十年的金婚。

初入张爷爷家门，恰逢张爷爷给张奶奶清洗头发，一瓢热水，一缕银发，相伴余生。队员们还发现，门口的台阶被添了两阶，张奶奶解释道：“这儿啊，是因为我腿脚不便利，两阶的石板阶太高了，迈不上去，所以他就给我补了两阶。”

张奶奶腿脚不便利，日常生活起居便都交由张爷爷负责。

院子里的槐树花又散落在地上，七十年前，槐树前的青石板载起了张爷爷的军旅梦，五十年前，槐树前的青石板却载起了两位老人的余生爱。

第二章　花椒枝头笑

西七里河村的沟谷间、坝坎上、梯田周围及农户的房前屋后，常见一种干枝弯曲、花有菱刺的平凡灌木——花椒树。西七里河村的花椒主要种植在山上，串串花椒缀满了整个花椒树的枝头，青青点点，像极了村民们喜笑颜开的酒窝，诉说着世世代代花椒的生产之道。

（一）整装待发，齐聚调研

青岛农业大学农学院“聚力农村现状，助力精准扶贫”实践团队整装待发。

我们一同走进哺育了西七里河村世世代代村民的仙女山，观察西七里河村的地形和主要种植作物，记录作物病虫害和搜集村民们在实际种植中遇到的难题，以便在宣讲会中为村民解析作物病症。

（二）陡峭山路，作物生长

在热心村民的帮助之下，实践队员们沿着村庄弯弯曲曲的小路一路北上，决定攀上对面那座相对较缓的山头。攀爬过程中，队员们发现西七里河村的山相对较陡，山面石头较多，这些天然的地理优势为花椒、板栗、核桃等经济作物的栽种提供了有利条件。它们耐旱，对土质要求不高，土壤条件比较差的丘陵、山地都可以生长，且病虫害比较少，不需花费太多精力用于管理，非常适宜种在土质较贫瘠的山地，一处较小的地段就可以容下一棵花椒树。

一眼望去，大片大片的花椒树布满了整个山头。经过乡村振兴战略的实施，“第一书记”入驻西七里河村，给这个村庄带来了优良的种植技术并普及了政府的惠民政策。花椒、大豆间作套种，玉米、小麦轮作种植让有限的地段生产了更多样、更优良的产物。生产方式的改良，为西七里河村铺垫了一条科学发展之路。

（三）丰收时节，剖析病症

正值花椒丰收的季节，大片大片的花椒果充溢着村民们一年的辛勤成果，村民们必须在花椒熟透之前采摘结束，避免花椒红透爆裂洒落地间导致减产。

早上，村民们迎着刚泛亮的天去采摘花椒。花椒的采摘主要以手摘为主，采摘时一手握住枝条，一手采摘果穗，由于果穗基部枝条长有皮刺，采摘时易扎破手指，可采用边采摘边修剪的方法进行采摘，一天的采摘常常让村民的手伤痕累累。队员们遇到正在采摘的村民热情地上前询问，有的队员建议村民采摘时戴着手套。村民解释说："花椒果很密，戴着手套不方便，手碰到了油包会影响花椒的颜色。2018 年的收成不是很好，必须保证最大量的采摘，累点苦点也没事。"

队员们经过了解发现，蚜虫过多，加之大多数人不懂得防治措施，使得 2018 年花椒产量有所减少。在与多位村民的交谈中，队员们整理了许多作物种植中出现的问题，在后期的宣讲会中，青岛农业大学农学院专业老师为之解答，切实解决农民生产中造成作物减产的困扰。

花椒是西七里河村人民经济收入的主要来源，保证花椒的丰收是每一位村民的美好愿景，而贫瘠的土壤、少水的环境、匮乏的技术一直是阻碍花椒产量的主要问题。此次支农活动为后期的宣讲会铺垫了道路，旨在提高村民们的生产技术，解答花椒种植过程中的问题，从而保证作物产量。

第三章　走出大山梦

至乐无如读书，至安无如教子。扶贫攻坚战，扶的却不仅仅是贫，也是志和智。物质致富与精神脱贫缺一不可，精神脱贫是实现真正的精准扶贫必不可少的要素。在严峻的物质环境中，孩子们想走出大山，需要持续不断春风化雨的教化与陪伴。

（一）用心义教，获中国赞手势

伴随着六点钟的鸡鸣声，实践队的支教课程正式开始。

到上课时间，小小的教室便坐满了小朋友。桌椅不够，队员们甚至将床架搬了进来暂时充当板凳。不得不说，搬来的桌子椅子像是载着孩子们的希望，因为孩子们在这里，大家的支教激情高涨起来。

五彩手指、树叶画，这些孩子从来没有接触过的绘画方式令他们感觉新奇不已，拿在自己手中的画笔也仿佛生出了魔力，在树叶上画的是他们对新奇事物的憧憬，是他们对未来生活的想象，清晰明了。趣味数独，是最让学生感兴趣的，横竖之间，严丝合缝，需要他们的大脑具有严密的逻辑，它打破了孩子们对于数学题发愁的恐惧感，孩子们都说，原来数学也可以这样有趣；“汉字添一笔”语文课更是让孩子们感受了一番中华汉字的博大精深。

课堂上孩子们兴致盎然的同时，教室外旁听的家长也纷纷为队员们的支教比出中国赞的手势，为支教点赞，这让大家感到荣幸万分。“我家孩子能参加你们的课程我很开心，感觉这种活动比辅导机构更有存在的意义，这种独特的授课方式在学校、辅导机构几乎是不存在的。”西七里河村学生家长如是说。

（二）用心呵护，得孩子们真心

孩子们拉着队员的衣角说：“我中午可不可以待在这里啊，爸爸妈妈中午都在山上不下来，傍晚才回家……”依稀可见的泪水在她的眼中盘旋。

黑板上教着的字词有多种拼音，正如同孩子拥有不同的面孔，但在不同的面孔下，他们都有着相似的童年。西七里河村、红石嘴村的村民大多种植花椒、核桃、樱桃，作物广泛分布在大山上。每当农户深入山中耕作种植，假期间，孩子便经常在家一待就是一整天，唯一解闷的途径就是几个小伙伴相伴玩耍。中午，孩子们提前一个多小时来到教室，也是因为家人上山，自己无人陪伴。队员们让孩子们思考这样一个问题：十年之后的现在，你们在何处。许多孩子表示：“十年之后，我要盖一个大房子，让爸爸妈妈留在我身边。”

实践队的到来为孩子们提供了一个了解新鲜事物的机会，也给他们带来了精神上的陪伴，但更多的是希望每一个小朋友都能每天沐浴在父母的关怀之下，健康愉快地成长。

本次社会实践活动定会呼吁更多的人投身于扶贫之路，携手脱贫，同奔小康路。我们在枣庄山亭的记忆只有十天，但国家精准扶贫的记忆却远远不止十天。扶贫路是需要全国人民团结一致，一步一个脚印，踩在坚实大地上走出来的。我们做的事也许微乎其微，但我们始终相信，无数个微乎其微的奉献，将大力推动社会的发展，精准扶贫目标将实现在不久的明天。

调研当地农作物病虫害情况　摄影：王冠颖

（王冠颖　王芳娟　文）

理论付诸实践　情怀播撒希望

——山东农业大学农学院 2018 年联合实践行动纪实录

老师现场指导农业种植技术　摄影：张婉晴

从七月的星辰大海中执梦起航，在时光的细雨尘埃里执着积淀。转眼间，已远离了盛夏滚烫灼热的气息，但心中的热情从未消散。从书本到实践、从课堂到田间、从学校到乡村，为了成为“懂农业、爱农村、爱农民、有理想、有本领、有担当”的青年，大家一路探寻、一路摸索、一路向前。2018 年暑假，山东农业大学农学院积极响应全国农学院协同发展联盟的号召，组成了三支以“科技支农”“精准扶贫”“教育关爱”为主题的实践团队，共计 30 人，分别奔赴泰安东君县、菏泽单县、临沂莒南县开展暑期社会实践活动。

第一章 再见已是笑靥如花

正值酷暑，树头的知了聒噪个不停，午后的太阳虽然削弱了威力，空气中却依旧弥散着闷热的气息，小队一行五人寻着往年的足迹，再次踏上那条走过数次的小路。来到贫困高中生亚君（化名）的家，推开略显残破的门，映入眼帘的是空荡的庭院，一位步履蹒跚的老人赶忙把我们迎了进去，这便是亚君的爷爷。

亚君的母亲精神有疾病，家里有三个女孩，一家五口人全靠父亲一人打工维持，有时爷爷还会去打点零工补贴家用，生活之艰辛可以想见。2017 年团队来时，家里因为贫困，已经不想让孩子上高中。经过团队的帮助，联系有关部门提供了一些帮助，2018 年亚君已经顺利进入高中。

团队来到亚君家时，她刚从县城里做完兼职回来，孩子很懂事，暑假一天要做 10 个小时的服务员兼职。一见面，就能感觉到与 2017 年相比，亚君性格开朗了许多，最特别的是她爱笑了，笑得很甜。她说：“就是因为哥哥姐姐们来了，给了我许多关怀帮助，性格也慢慢变得开朗了。”

队员们详细了解了亚君近期的学习状况、生活情况、心理动态。亚君学习十分刻苦，但数学成绩不是很理想，团队成员结合自身的经历分享了学习经验，并勉励她树立考大学的目标，争取更高层次的教育。团队成员将募捐所得的一些课外书籍和购买的文具赠送给亚君，亚君说她很喜欢三毛的书，向往那份自由和宁静。许是机缘巧合，团队带来了很多三毛的书籍，拿到书的那一刻，亚君脸上如花般灿烂的笑容打动了在场的所有人。

对于一个 17 岁的女孩来说，成长上多多少少会有一些烦恼。团队采取“一对一帮扶结对”的机制，团队中一名女生与亚君结对，建立起长久的联系和帮扶机制。在成长和心理上给她一定的指导帮助。

亚君，往后的日子，我们希望你能像一只鸟，就像三毛诗句中写的那样“飞越永恒，没有迷途的苦恼，东方有火红的希望，南方有温暖的巢床，向西逐退残阳，向北唤醒芬芳”。

第二章 为孩子插上梦的翅膀

在当地政府的安排下，队员住在了刘棚小学的教职工宿舍。7 月 19 日一大早，院子里便传来孩子们嬉笑打闹的声音，今天团队将要在当地小学开展以“普及中药文化知识”为主题的乡村夏令营活动。

推开门，几个小女孩便飞快地跑了过来，齐刷刷地喊“老师好”，天真无邪的脸庞好生惹人喜爱。队里有一个女生问：“你们为什么这么早来学校呀？”“老师，我们想来上课”，一个男生抢着回答。都是八九岁的孩子，正犹八九点钟的太阳，充满着生机和活力。随后家长们陆续将孩子们送来，校园到处洋溢着孩子们的笑声。

为了让农村的孩子拓宽视野，了解中药传统文化和知识，激发孩子们对中药的兴趣，小队成员通过制作的植物卡片、PPT、小视频的形式向孩子们讲授了山药、金银花等几十味中药的趣味历史以及功效，同时还包括一些中医名家的小故事。除此之外，此次夏令营还设置“安全教育”“舞动青春”等课程。队里会跳舞的女生带着孩子们翩翩起舞，伴着美妙的音乐，我们心里是满满的幸福。

美好的时光总是过得很快，落日的余晖透过散落着灰尘的窗户，投影在教室的黑板上，有几个小女生悄悄递给我几个折纸，这是她们自己叠的小礼物。后来在与家长的交流中，我们听到了他们的心声，“自己没有什么文化，对孩子的学习是一窍不通，家里忙农活的时候更顾不上孩子”，甚至有几位家长提出要拿钱让我们在这里教一个月，由于返校后队员还有实验活动，我们婉拒了这个请求。但这也从侧面反映出农村的教育资源确实有限，接下来团队将尽量抽出更多时间，给这些孩子提供更多的帮助，在教学中身体力行，对他们进行德行知识的教育，期望孩子们奋发图强、学有所成。

第三章 实践为基 学以致用

正值盛夏，天气炎热，早上六点钟，团队一行十人准时集合，从学校出发，驱车赶往莒南。夏日的清晨少了几分酷日当头的炙烤，多了一些难得的凉爽。同学们换上整齐一致的队服，拿着行李，踏上了团队第三年的实践之路。

上午十点左右，经过近四个小时的车程，团队一行十人顺利到达了本次实践活动的第一站——莒南县农业技术推广中心。商务车停在了一座三层小楼的楼下，同学们陆陆续续下了车，有一路的疲惫，更多的是对全新的实践经历的好奇与期待。

走进一间宽敞的办公室，首先映入眼帘的就是四张两两相对摆放的办公桌，还有挂在墙上的矩形牌子“莒南县农业技术推广中心、莒南县花生种植推广站”，当地的人们还是习惯把这里称作农技站。

经过简短的自我介绍之后，农技站董站长为我们介绍了莒南县的农业发展概况。莒南县的总面积、小麦种植面积、近几年的小麦亩产等等一系列的数据，董站长都记得清清楚楚，为我们介绍起来更是信手拈来。一座如此普通的三层办公楼，一间略加装修的办公室，普普通通的水泥地板，映照的却是一群基层农业工作者朴实无华却又高尚珍贵的心。

边听老师介绍，队员们边认真地记录着。由于方言的原因，队员们在和老师交流的过程中有一些小问题，但农技站的老师们不厌其烦地为我们详细讲解，对一些我们不理解的术语，北小官庄村村委代老师也为我们耐心地解释。

访谈结束后，董站长站在办公楼的门口目送我们离开。董站长一头花白利落的短发，身材不高，脸上总是挂着质朴亲切的微笑，队员们说“谢谢老师，给您添麻烦了”，老师微笑着连忙推脱。基层农业工作者的样子，大抵就是这样吧，慈祥、和蔼、亲切，他们就是农民最亲近的朋友，也是值得我们尊敬的人。

中午饭后，团队继续下一站的调研地点——郯城县农业局。到达郯城，正值一天中最炎热的午后时间，加之没有休息，队员们的脸上都有几分疲惫之色。但当大家走进农业局办公楼三楼的一间会议室，看到正对会议桌的一面墙上的多媒体幕布，幕布上“优质小麦生产调研与技术培训”的几个字，让队员们忘记了行程的疲惫与难耐的炎热，放下行李，开始为下午的调研活动准备。

大家打开行李箱，拿出出发前准备好的小麦品种标本和宣传彩页，按顺序摆在会议桌上。回想起2017年代老师带领团队成员组织“科技支农座谈会”的情形，一位农民阿姨对小队成员说道：“恁们讲这些个都没有用，俺们都会种地，恁们直接给俺们点肥料和种子最好嘞。”这时一位年龄大约五十几岁的农民伯伯手中拿着团队印发的小麦种植技术宣传手册动情地向众人说道：“恁们都不懂嘞，这一份技术手册是多少肥料和种子都换不来的！”2018年，为了更好地为农民朋友讲解和展示优质小麦品种，团队带来了真正的小麦种子实物标本，结合品种宣传彩页，现场为农民朋友展示。

在和种粮大户们交流的时候，团队成员真切地感受到了他们在实际种植小麦的过程中无时不在的思考。一位大姐在谈起自家的小麦种植情况时说道，2018年选择的小麦品种烟农19卖相很好，种子颗粒饱满，但是产量却不高。近两年自家也在尝试将济麦22和山农28两个品种混种，产量却不是很理想。除了品种问题，种粮大户们还提到了施肥方法、肥料成分配比、秸秆还田成本较高、如何提高地力改善土壤状况等问题。种粮大户们提出的很多专业的问题，团队成员也无法解答。作为已经结束大一、大二学年的团队成员来说，在课堂和书本上已经积累了不少知识，但是在面对农户们的实际问题时，有时还是会束手无策，不得不需要老师的指导和帮助。如何将书本上学到的知识，应用于实践，是我们本科阶段应该认真思考的问题。通过实践课、实习课，我们的确积累了不少实际的生产种植知识，但是国家数以千万亩的耕作用地，管理起来绝不像我们的试验田那样简单，从试验到实地生产实践，又是我们需要攻克的一个重要问题。

团队在小刘村调研时，有村民们反映，田间大豆在生长后期会出现烂根、黄叶的现象，一直不知道是什么原因。团队跟着农户采取几十亩黄豆地中的典型样本，在指导老师韩坤老师的耐心指导下，经过上网查阅资料，咨询有经验的邻村村民，初步判定是由于黄豆初期时喷洒农药过多导致。在种植过程中，农药的用量与剂量都是有严格规定与使用方法的，而大多数村民错误地认为，喷洒农药越多，害虫越少，对作物越有利，这便导致黄豆后期叶片黄化，烂根烂叶。团队当时还不确定是否跟土质有关，所以团队将土样带回实验室检验，检验结果是黄豆烂根与小刘村土壤的土质无关，土样中没有导致黄豆烂根的物质，但土壤中氮元素含量偏低，如果采取措施提高土壤氮含量，黄豆将会生长更好。团队将检验结果汇报给小刘村的刘书记，并提出了切实有效的解决方法。

第四章　打通一二三产业链 实施新旧动能转换

在菏泽市单县莱河镇，山药种植是当地的支柱产业，有传统的种植历史。但近年来受价格波动、生产技术和产业链短等因素制约，农民纯收益严重下降，加上村民一成不变的种植思想，使得产业发展困难重重。三年来，团队深入调研当地山药种植方式、生产中的技术问题、病虫害防治、农药化肥使用以及销售模式、销售中的问题等，并形成调研报告，对当地山药种植进行了系统总结和深入剖析，提出解决方案并整理成册。

三年来团队通过田间走访、问卷调查、科技宣讲等方式，宣传山药绿色生产理念和种植技术，给当地农户带去“斜插式山药种植新技术”和多种科学、绿色的山药病害防治方法，解决了当地在第一产业方面常年的积弊。同时，团队就山药的初加工计划与当地山药合作社、政府部门交流，通过将山药做成饮片，提高产品的经济附加值，规避了山药价格波动大的风险。突破传统观念的桎梏，着手建立第二产业，进行山药产品的初加工，无疑为莱河镇山药产业发展注入了新的活力。结合调研情况，团队根据网购人群的消费习惯设计出山药商标、包装，并着手建立网上销售平台。充分利用互联网优势，创新山药销售方式，建立莱河山药品牌特色，团队一直在为当地第三产业的发展出谋划策。打通一二三产业链，实施新旧动能转换，通过产业发展带动精准脱贫，团队将与莱河共成长。

第五章　青葱岁月 心系民生

伴着清晨朦胧的薄雾，团队在妇女主任的带领下走进了小刘村的田间地头。望着百亩大棚，望着脚下湿热的土地，一股热血涌上心头。这里汇集了农民的大部分心血，每一抔黄土，每一颗麦粒，每一个果实……都是他们用心播种下的希望。但由于 2018 年夏天的强降雨，大棚中的田垄被雨水淹没，洪水无法及时排出，给当地的农户造成了很大排水困扰和经济损失。于是小队成员进入田间大棚帮助农户排水，团队跟农户一起，经过四个多小时的劳动后，五十多亩甜瓜地里的洪水被排出，虽然汗流浃背，但是团队的心里充满了欢愉，因为每一滴汗水都是值得的。在排水过程中，每个人的力量都不容忽视，有人拖着沉重的水管，有人收拾浸在水里的甜瓜……团队与农户一起为了一片土地而努力，团队亲身体会到劳动的艰辛，同时团队也感受到了浓浓的情意。青葱岁月里，团队心系民生，以我手书写一篇青春华章。

每到一处地方的走访调研，都会给团队留下满满的收获和沉甸甸的思考。“纸上得来终觉浅，绝知此事要躬行”。通过参与农村调研，了解农村的农业发展现状，学着将所学的知识转化为能力，在实践中成长，对每一位团队成员来说，这都是一笔宝贵的收获。“两耳不闻窗外事，一心只读圣贤书”只是古代读书人的美好意愿，它已经不符合当代社会对大学生的要求，如今的大学生身在校园，眼界应该更加开阔。社会实践就是莘莘学子融入社会的有效方式之一。社会实践能够培养学生独立思考、团队合作和解决实际问题的能力。同时，稼穑学子理应坚持以问题为导向，聚焦发展中存在的实际问题，依托学校导师科研力量，结合自身课堂理论知识，真止给农户送去脱贫致富的好方法，为农村带来振兴发展的好路子。

同学们在本次“三下乡”实践活动中立足实际，深入乡村、企业，利用所学知识积极帮扶群众，理论联系实际，在实践中不断学习、乐于奉献，展现出我院学生良好的精神面貌，为2020年我国全面建成小康社会担负起了青年人应尽的义务。

行远必自迩，登高必自卑。走出书本，方知民生疾苦；走出校园，才晓扶贫路难。青山绿水，难忘初心。心无旁骛，行稳致远。心系民生，服务“三农”，我们一直在路上。

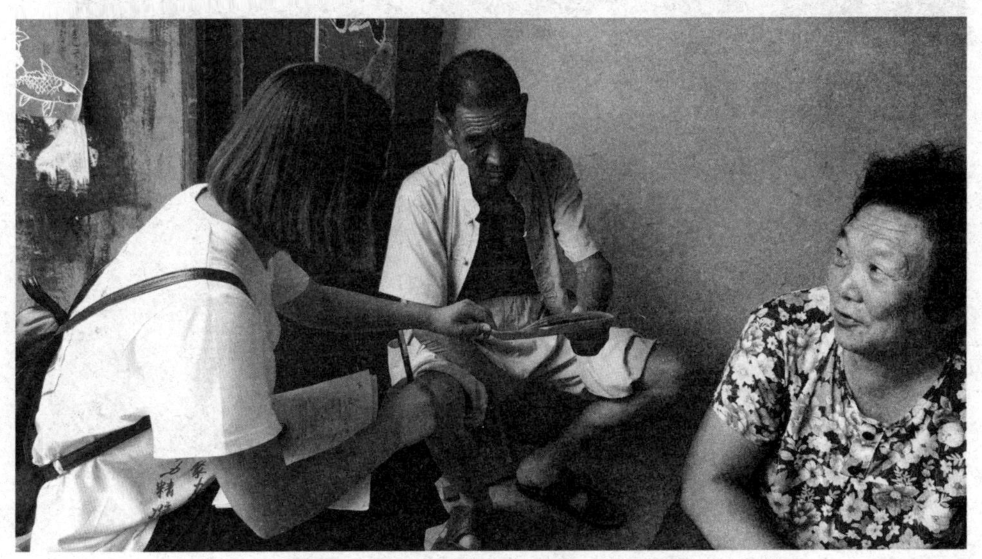

发放山药科技宣传册 摄影：亓义童

（韩菡 尹昌美 程璐 文）

思源情　洱源梦

——上海交通大学农业与生物学院2018年联合实践行动纪实录

“走进乡土乡村，助力精准扶贫”调研活动　摄影：宋蝶

为深入学习贯彻习近平新时代中国特色社会主义思想，结合学院专业特点，聚焦乡村振兴战略，7月24日至27日，农业与生物学院“思源情，洱源梦”社会实践团赴云南省大理州洱源县开展农业现代化进程调查与推广暑期社会实践活动，学院团委书记冯沸以及来自生态学、食品科学与工程专业的九名硕、博士生

团员参加实践调研活动。

“苍山不墨千秋画，洱海无弦万古琴”。云南，一直是很多人魂牵梦绕的地方，然而大多数人并没有机会真的去到那里。当我得知自己有机会去云南暑期实践的时候，我的内心是异常激动的，因为终于有机会用自己的眼睛将这里的一切看得真切，了解真实的云南。

经过两天的舟车劳顿，实践团于 7 月 24 日下午抵达洱源县，我的第一印象是县城好干净呀，但说不出具体是哪里干净，直到发现超市、小摊贩和饭馆均用布袋给顾客装所贩售的商品，才意识到原来全县城见不到一个塑料袋，国家的限塑令在这个小县城得到了很好的落实和推广。不用一个塑料袋，这是多么难的事情！但是在总书记的号召下，大理市迅速开展了洱海环境治理“七大行动”，并提出了“采取断然措施，开启抢救模式，保护好洱海流域水环境”的总要求。通过“两违”整治行动、村镇“两污”治理行动、面源污染减量行动、节水治水生态修复行动、截污治污工程提速行动、流域综合执法监管行动和全民保护洱海行动，洱海的生态环境得到了根本性提升，洱源县也全面实现了“禁用塑料制品、禁用含磷洗涤产品”的目标，为经济社会的长久永续健康发展打下了坚实的基础。

到达洱源的时候还没天黑，在当地居民的推荐下我们散步到了洱源当地最有名的景点之一——茈碧湖。茈碧湖是洱海的源头，她原名宁湖，即玉湖，这一宁一玉足以证明这片湖的与众不同。茈碧湖这一名称的由来得于湖边生长着世间独有而又珍惜的茈碧花，茈碧花相传是由龙女的眼泪化作成的花，所谓情思凝聚而生成的花儿长在了水中。茈碧湖在不同的季节有着不一样的风景。冬天湖水最纯，蓝得深邃；春天蓝中透出绿，绿里又带着些浅紫或深蓝；夏天绿树环绕，绿草莹莹，荷花、睡莲相互映衬；秋天山色烂漫，山影重叠，如诗如画。茈碧湖的夜晚，碧水悠悠，月映玉湖，晶莹剔透。即使在没有月亮的夜晚，野鸭嬉戏、鱼儿惊跳、百虫争鸣，偶尔几声栖鸟的呓语，敲开了一片生机盎然的世界。

不知道是因为舟车劳顿还是洱源的风土助眠，小伙伴们晚上都睡得很香甜。第二天早早起床赶到了洱源县茈碧湖镇碧云村村委会，进行乡村振兴战略地方经验座谈交流会。洱源团县委杨书记、王副书记，碧云村党支部杨书记，上海交大学指委挂职教师、洱源县丰源村“第一书记”张仁伟（化名）等参加交流会。杨书记代表碧云村欢迎实践团一行的到来，并就碧云村的历史、发展现状及经验等与实践团做了介绍与交流。洱源县碧云村地处茈碧湖镇北边，历史上是属于大理南诏国，是云南省第二批中国传统村落，当前在种植业和养殖业方面实行生态发展，致力于发展生态旅游，并持续在产业方面进行资源整合与调整。随后，村干部等与实践团成员就精准脱贫、传统农业、产业发展路径、农村电商、物流与交通、养殖技术、乡村教育等方面的问题进行了探讨和交流。

这次会议给我印象最深刻的就是张仁伟老师的讲话，张老师谈到的基层所存在的问题是我们想都想不到的。在脱贫攻坚这项系统工程中，产业扶贫往往“牵一发而动全身”，不论是易地搬迁脱贫、生态保护脱贫，还是发展教育脱贫等，都需要通过发展产业实现农民长期稳定就业增收。由于基层在开展工作时，没有从全局统筹规划，而只着眼于一点，以至于政策得不到老百姓的支持，甚至会被反对。如在扶贫工作中给农民的小羊羔没几天就被农民吃掉了，除了部分农民是急功近利以外，大部分是害怕饲养大以后赚不到钱甚至赔本，所以农民对此持消极态度。这就要求基层在扶贫时要从农民的角度思考问题，而不只是赶鸭子上架，最后导致工作没搞好，通过交流，也让我们更加意识到，我们现在的科研是非常有实际意义的。

短暂的午休后，我们便在县团委会议室坐好，等待两个受助小朋友的到来，我们这些哥哥姐姐们一个个兴奋不已，商量着一会要跟两位妹妹讲些什么，猜测着会不会尴尬，小朋友会不会认生……没过多久，梳着马尾辫的两个小姑娘出现在我们眼前，学院连续帮扶的两名小学生小敏（化名）和小铭（化名）现在都已经升入初中了，虽然性格都有些腼腆，可是当谈起未来的理想时，她们都不约而同地回答了“想当教师!”短短的几个字，却声音清脆，目光坚定。在与哥哥姐姐们交流问题时，小敏说：“物理有点吃力，也不太敢问老师。”实践团的队员们纷纷分享自己的经历给两位妹妹，告诉她们，老师不会厌烦的，希望她们不要害羞，多多提问。随后，实践团向两位学生捐助了经爱心义卖活动所筹得的两千元助学金及相关学习用具。临走，实践团的几位哥哥姐姐拉着小敏和小铭的手，虽然没有过多的言语，却传递着希望与力量。

第一章　山清水秀，民风淳朴

26 日上午，实践团成员在碧云村杨书记等带领下参观了洱源县碧云村农业示范企业来凤农业科技公司的树莓种植基地。实践团走入田间，了解树莓产业发展情况，学习树莓种植方法与品种特点，走进树莓加工车间，学习树莓深度加工技术及树莓高附加值产品的生产流程与经济效益。

在调研期间，实践团成员采访了当地的农户，就当地农户的生活经济状况、废物处理方法、环保意识、食品安全意识等的问题进行了调研。通过调研，实地了解洱源当地依托“七大行动”开展的各项工作及当地全面的、科学的生态保障机制。随后，实践团一行再次来到碧云村村委会，与村干部进行交流与探讨。实践团成员们分别就这两天在实践中的所见所感进行了分享，并针对碧云村未来的生态发展、产业转型、宣传推广等方面提出了一些结合专业的建议。

26 日下午，实践团成员参观了洱源县郑家庄，学习村中党建经验、基础设施建设、治安综合管理、木瓜等经济作物种植及休闲旅游业发展情况。郑家庄在 2015 年被中央精神文明建设指导委员会授予第四届“全国文明村镇”荣誉称号，是一个由汉、白、藏、彝、傣、纳西、傈僳 7 个民族组成的村庄，是一个典型的多民族聚居村。虽然众多民族杂居，但是各民族世代相交，相濡以沫，和谐发展，团结共进。该村在政府相关政策的实施下，由村主任带头，种植收购中草药，多年来，不断奋进，坚持努力，使全村村民的生活水平发生了极大的改善。令我印象最深刻的就是郑家庄墙上的标语：“我为全村守一天，全村为我守一年”，听讲解才明白原来是郑家庄以前频发偷盗、作奸犯科等恶性事件，于是村民们想到了这个方法，每户人家轮流为大家守夜，值班、巡逻等。这个方法颇有成效，同时还增加了村民们的集体荣誉感，让村民们更加团结有担当。在这次参观中，我们也看到了一个负责任的村主任对一个村庄而言是多么的重要。

随后，实践团一行到云南大理洱宝实业有限公司进行参观调研。洱宝实业有限公司是一家专门从事梅子、核桃种植与基地建设及系列产品的研究开发、生产加工和销售的现代化企业。在讲解员的带领下，实践团了解了洱宝的发展历程，参观了企业生产车间，观看了生产工艺流水线，还亲自体验了乳扇、雕梅的制作过程。雕梅是白族传统食品，因在青梅果上雕刻花纹而得名。制作工艺是以盐梅作原料，先用石灰水把盐梅浸泡，取出晾干，再用刻刀在梅肉上雕刻出连续曲折的花纹，从空隙处挤出梅核，中空如缕，轻轻压挤成菊花状，锯齿形的梅饼，放入清水盆中，撒上少许食盐，以去梅子酸味，然后放入砂罐，再用上等红糖、蜂蜜浸渍数月，待梅饼呈金黄色时就可从瓶坛中取出食用。雕梅食味清香、脆甜。酸中带甜，沁人肺腑，生津解渴，开胃提神，含有丰富的维生素C和葡萄糖氨基酸等营养成分，是一种对人体有益的食品。看着一个个梅子在工艺阿姨手上开出一朵朵梅花，手法娴熟，轮到我们体验的时候才发觉并非易事，小伙伴们也纷纷感慨，洱源队传统的工艺、习俗都保护得非常好，希望会一代代的流传下去。

返程的路途虽然同样颠簸，但是大家收获了满满的信息和幸福感，一天下来，遇到的村民们脸上都是挂着笑容的，一说到关于环保问题，大家也都很积极，有位老伯伯说："我们现在都懂保护环境的重要了，为了咱们的洱海，我们现在人畜粪便也不会随便处理了，都有统一的地方处理……"说真的，一天下来，我们心里都暖暖的，看着村民们生活水平提高了，看着他们脸上幸福的笑容，暖到了我们心里。

第二章　云南洱源，不说再见

今天，是我们在云南的最后一天，临别时刻，尽管内心有很多不舍，我们也要面带笑容，轻轻深呼一口气，呵，今天的阳光明媚，空气好新鲜。

一大早，农生学院实践团就早早地来到了洱源团县委，帮助药学院"风之彩，云之南"暑期社会实践团对提前寄来的小药箱进行装箱工作。小药箱全部是由药学院徐宇虹教授课题组提供的，将在洱源县内缺乏医务室的小学推行使用，为乡村小学孩子们增添医疗保障。在药物使用完之后，会持续进行药物补给。

云南省洱源县下属有很多分布在山坝上的小乡村，因为交通的不便利，村子里离最近的看病诊所要骑摩托车3～4个小时，稍微正规或者大一点的医院也是县城才有，如果村民要去县城看病至少需要6个小时的路程。因为医疗资源落后，缺医少药，整个县的乡村小学里都没有一间校医室，也就是说，如果学校的学生有任何不舒服都只能靠自己解决。这引起了实践团的高度重视，所以此次实践中上海交通大学和洱源团县委携手举办了"村小药箱"活动，为乡村小学的孩子们带来一些爱心小药品。

俗话说，一滴水可以映射太阳的光辉。或许一个“小药箱”在一些人的眼里微不足道，或许一次简单的救助只是一些人信手拈来的小事，但对于那些处于危难中需要急救的人来说，“小药箱”和及时伸出的援手就是雪中送炭。有了“小药箱”可以为抢救生命赢得时间，甚至可以直接救命；有了小药箱的援助，山区里的孩子们的生命安全也多了一份保障。

随后，团县委、相关小学、上海交大研究生支教团成员以及农生学院、药学院实践团同学开展了青年交流会。洱源县作为上海交大的定点帮扶县，上海交大与洱源有着深入的合作对接。农生学院连续第五年组织实践团到洱源参与农业生产、生态环境保护、面源污染防治等方面调研；药学院十余年来联系组织实践团到访云南，近年来结合药材种植、医药卫生方面给洱源县提供支持；学校每年组织西部计划研究生支教团来洱源县进行支教活动。在交流中，农生学院和药学院实践团的成员也分别从各自专业的角度就实践活动进行了感悟分享与交流，大家都表示此次社会实践收获很大，未来在科研方面会更加严谨扎实，努力将研究成果落到实处，支持农业一线，帮助社会发展。

吃过晚餐，我们一行人便坐上了去大理市区的大巴车，坐在车上，再一次经过那些熟悉的路，让我想起了这数天以来的点点滴滴，很快乐也很难忘。云南到处是景色，到处是山清水秀，那里没有受到现代工业的污染，很多地方还保留着很古老古朴的生活方式，所以那片红土地，那片蓝天，那山，那水，那景是我百去不厌的地方。云南这个地方给人一种说不出的感觉，那是一种无法用言语形容的魅力，从任何一个感官上给人美的体验与刺激，让人流连忘返。云南的傍晚直到晚上八点才天黑，太阳很迟才下山，真的有夕阳无限好，只是近黄昏的感觉。沉浸在这美景之中，我们那份在钢筋水泥的城市中压抑了好久的沉闷的心情也在此时此刻得到了久违的舒缓与些许的释放。

云南是一个美如天堂的地方，要离开它真的很舍不得，舍不得这片淳朴的土地，舍不得这些朴实的人们，再看一看这蔚蓝的天空，这辽阔的大地，这清澈的流水，这一切，在我的心灵深处都烙下了深深的印记。洱宝集团的白手起家，树莓基地的自主创业，家家户户的环境保护观念，他们所有人都在用自己力所能及的贡献，共同建设美好的云南，维护整个云南的生态环境……我想那种知足常乐、恬静美好的从容，自己动手、丰衣足食的生活正是我们所追求和向往的人间天堂吧！云南的美景有很多很多，有很多还没看完就要离开。下关的风、上关的花、苍山的雪、洱海的月。我在这里感受到不一样的月亮，这里的月亮似乎要比我们那里要大、要亮一些。我想恐怕是因为这里地处云贵高原，海拔高度近1900米，比庐山还高，所以月亮看起来才那么近，那么明亮吧。

这次的云南洱源暑期实践，我很庆幸、很快乐能够参加，和大伙一起体验这难忘的旅途，来这里不仅仅是学习他们脱贫攻坚的经验，带给我们更多的是感受，感受云南风土人情带给我们的美丽，感受大自然带给我们的那份感动，感受我们身上的那份责任！

洱源——洱海之源，你深深地留在了我们的心里，以后，我们一定还要回来看你。

“走进乡土乡村，助力精准扶贫”捐赠仪式　摄影：宋蝶

（武泽璇　文）

一种相遇　两种成长

——扬州大学农学院 2018 年联合实践行动纪实录

支教活动结课合影　摄影：丁婧婧

2018 年全国农学院协同发展联盟继续开展“走进乡土乡村，助力精准扶贫”为主题的全国农科学子联合实践行动，通过组织师生奔赴贫困地区扶贫调研和帮学支农活动，服务国家脱贫攻坚任务。

同时，为学习贯彻十九大精神，响应“2018 三下乡”文件要求及培养“一懂两爱”人才号召，契合 2018 年全国农学院协同发展联盟“助力精准扶贫，聚力乡村振兴”的实践主题，扬州大学阳光协会向全校征集支教志愿者，以爱心为征集令，走进大别山，支农支教，助力扶贫。经过两轮严格面试筛选，最终挑选出 37 名志愿者加入“薪火相传，扶志筑梦”暑期实践团队，尽己之力，以己所长，改善大别山的农业情况和教育情况；同时，为实现“精准扶贫”战略目标，聚焦大别山贫困户的存在问题，开展调研，了解贫困情况与扶贫工作，以采取合适的扶贫方式，用大学生的力量来为国家扶贫脱贫助力。

支教生活，是一种磨炼，一种奉献，更是一种收获。走进大别山支教，是对我们扬大学子的一次再教育。心中有绿，脚下留青！这二十五天，所念人，隔在远远乡；这二十五天，所感事，结在深深肠。

第十三年，我们砥砺前行！

第一章　传递温暖，播撒阳光

阳光协会的支教活动已经坚持了十三年，在安徽省金寨县收获的不仅是成长和感动，还有当地村民给予的信任。

还未等实地宣传，很多家长就放心地把孩子们交付给支教队员们。在走访的过程中，队员们听到最多的话语便是：“谢谢扬州大学，谢谢阳光协会，把孩子送到你们那里去上课，我们放一百个心！”走在路上，乡亲们更是投以亲切的微笑，有的还会为我们竖起大拇指点赞。

为了保证孩子们的安全，早上上课，中午放学，均由队员们陪同护送，家长们感动又心疼，常常塞一些零食给队员们饱腹，盛情邀请队员们到他们的家中吃西瓜解渴。

“你看，这些孩子都是扬州大学阳光协会的，他们年年都来这里给我们村的孩子们上课！”有些了解我们的当地村民，还会向不了解的村民介绍我们。每每听到这些话，支教队员的心里都是满满的幸福。

第二章　十一年相伴，他与阳协共成长

阳光协会的支教团队刚走进龚冲村的时候，就了解到这里有个连续十一年参加阳协支教的孩子——涛涛（化名）。据之前的支教队员介绍，这个孩子初来时，

还是一个需要跟着姐姐的小孩子，如今早已成长为一个可以照顾家庭的男子汉了！

在十一年的相伴中，涛涛不仅自己改变巨大，也为阳协的支教提出过许多建设性意见。由于队员们初来乍到，略显拘束内敛，导致涛涛觉得我们没有之前的支教队员热情，“我希望支教队员们可以放下戒备，和我们成为好朋友。”在涛涛的鼓励下，不少性格腼腆的支教队员逐渐释放自我，和当地的孩子们打得火热。有人告诉我们，当得知支教团队到达时间时，涛涛和村里其他的孩子就会提前打扫好上课的教室，等待着我们的到来。刚开始接触他的时候，总是觉得他像一个“大哥”，每天总是笑嘻嘻的，很阳光。有一天，他拿着一个已经褪色的阳光协会会徽给支教队员看，并自豪地说，这是以前的支教队员送给他的，他很感谢阳光协会，希望我们协会可以越办越好。支教队员为不能去水库游玩而感到很遗憾，涛涛知道后，拍着自己的胸膛说：“没事，大哥带你们去，我去联系那个船夫。”听到这句话时，支教队员们都十分感动。涛涛也保持着良好的生活习惯，每天坚持五点钟起床晨跑，坚持了一年左右。支教的二十五天里，涛涛多次主动约支教队员一起晨跑锻炼。

一个协会，一个少年；一个十三年，一个十一年，将这个孩子与阳协紧紧地连在了一起。微风正好，恰似少年归来。

第三章　初为人师，请多指教——感恩主题班会实记

心怀感恩，是一切美好的源泉。为了让孩子们懂得感恩，并用实际行动去表达感恩，龚冲村特别开设了一堂以“感恩”为主题的班会课。

课堂伊始，老师从自己与母亲的故事入手，引导孩子们回忆日常生活中的点滴。“是妈妈把我带到了这个世界，让我看到了这个世界有多美好！”“奶奶对我照顾细致入微，舍不得我受一点委屈，什么好吃的都留给我吃。”……孩子们用最稚嫩的语言讲述着他们心中的感动与感恩，平平淡淡，却情真意切，让人泪目。

“哥哥姐姐们每天睡着硬硬的地板，吃着并不可口的饭菜，忍着病痛，顶着烈日骄阳接送你们。”初涉感恩后，老师将内心独白一一道来。孩子们渐渐沉默

下来，低头不语。有的用手扶住额头，偷偷擦拭眼角的泪滴；有的扯住衣领，整个把自己的小脸蛋埋住；有的静静地看着老师，早已泣不成声……许是被孩子们感染，老师复杂的情愫也情不自禁地波澜壮阔起来，眼泪止不住地流，“老师在这里向你们道个歉，对不起把你们惹哭了，把你们的眼泪擦擦，记住，你们都是我最可爱的小宝贝！”

老师让孩子们站起来，大声说出他们对大哥哥大姐姐想说的话。“我要谢谢梁天兰姐姐，她编的舞蹈很酷。上课时，她总站在阳光底下，让我们站在阴凉的空地，汗水都浸湿了她的衣服，她还是不厌其烦地教我们。”胡雪婷（化名）小朋友张开双臂，奔向天兰，一个大大的拥抱，一切尽在不言中。老师分明看见，天兰欣慰的笑脸和眼角泛起的泪花。

“我要感谢王盛哥哥，他重感冒了还帮我们拎包，从来不说累。”领队，一个七尺男儿，铮铮铁骨，被老师邀请上台，“两年陪伴，只为看见你们的成长！看见你们变得越来越懂事，我们一切的付出都是值得的！”老师分明听见领队同学言语中的鼻酸与兴奋。

“当你们下课时开心地玩起手工课上精心叠制的飞镖；当你们追着我想看我课上讲的故事书；当早晨接你们时，你们冲过来给我们一个熊抱；当你们回家时，挥一挥小手，一句甜甜的再见……你们都不知道，我们有多开心！”课堂气氛一度升温，老师的眼泪也一度决堤。孩子们看见我们频频拭泪，心疼地大喊“姐姐，你别哭了！你别哭了！”

在一番情感碰撞后，老师让孩子们一笔一画地在纸上写下了他们想感恩的对象和想说的话。孩子们坐得端端正正，没有交头接耳，没有嬉戏打闹，有的只是奋笔疾书，低头冥想。

有些孩子情至深处，上台大胆“示爱”。“我要谢谢大哥哥大姐姐们，你们辛苦了！我以后一定好好听话，再也不调皮捣蛋了！”当看到上课从不回答问题，甚至因为脾气倔强和老师发生冲突的孩子郑重地立下如此誓言；当看到聋哑孩子努力地在纸上写下感恩的话；当看到低年级的小朋友，因为无法写下自己想说的话，而急得抹泪；当收纸时，孩子们小心翼翼地把纸张交到我的手里，并多次告诉我一定要看……一切都是那么心甘情愿，一切都是那么甜蜜温馨。

"谢谢我的宝贝们，你们的感恩我都收到了！此刻，我大概就是世界上最幸福的人了！希望你们下课的时候，能给大哥哥大姐姐们一个拥抱，说一句甜甜的谢谢你；回家时，偷偷凑到爸爸妈妈、爷爷奶奶的耳边，悄悄说一句我爱你！"课堂尾声，老师和孩子们许下了这样一个约定。

孩子真的是这个世界上最可爱的生物，他们的世界很简单，他们还特别诚实守信！下课后，孩子们拥到队员们的跟前，不仅是抱抱，还特有心机地说："姐姐，我要送给你一个礼物。"然后啊，就是一大口亲亲。

世界上最棒的事，大概就是最爱的孩子们在上着课，队员们躲在讲台后面，怀着激动与喜悦读着他们的信，然后抱在一起，留着幸福的眼泪。用相机记录下，然后向全世界"炫耀"。

你瞧，我们的宝贝多温暖！

这是一堂简单的班会课，简单到只希望让孩子记住我们相伴的日子；只希望能带给他们一些改变，学会表达感恩，学会勇敢去爱。

第四章　遇见，缘来如此——支教队员的信

给我最美的遇见：

怀着满腔的热忱与期待，我踏上了这场与你们的"盛夏之约"。

忆起初次见面时，你们怯生生地站在楼梯口，害羞地埋起涨红的小脸，却在我们自我介绍时，给予最真诚的倾听和最淳朴的微笑。"就是这了，我梦想开始的地方。"你们不知道，我平静的外表下，隐藏了多少的欢欣鼓舞。

给你们上的第一节课是英语课，我攥紧笔记、鼓足勇气站上了讲台。由于专业知识的欠缺，对你们的学习情况知之甚少，频频尬场。我手足无措，愣愣地站着，期待你们哪怕一点点的响应。大概是心有灵犀，你们这些"捧场王"啊，总舍不得让我难过。即使是最简单的词汇，也努力构思着，想要贴近我的思路。我们之间的默契，就这样悄悄萌了芽。

第二天，我们的默契度就如有神助般飙升。我吸取教训，做足功课，努力为你们呈现一堂妙趣横生的古诗早读课。你们啊，就是群小傻子！我说什么都工工整整地记下来；我说读诗，就铆足了劲，大声朗读；我说背下来，就摇头晃脑地

强记，争先恐后地示意我抽背……可我，就是无法自拔地喜欢你们这股“傻劲”！

严肃？这辈子都不可能严肃的。我一直在想，也许是我过分可爱，导致每次在声嘶力竭整治纪律，自以为自己可凶了之后，总有小傻子跑过来，一脸天真地对我说：“嘿嘿，姐姐，你好温柔，你和别的老师不一样，你从来不发火。”搞得我哭笑不得，却又私下暗喜。

你们好像更愿意叫我姐姐，而我也非常倾心这个称呼，真是默契！喜欢下课时，你们三五成群扑向我、抱抱我、亲亲我；喜欢家辅时，你们等在门口，老远就跳着招手；喜欢你们为争我们的在乎度，嘟嘴怄气；喜欢早晨接你们时，一个暖暖的拥抱，放学回家时，一句甜甜的再见；喜欢你们投入地听我讲故事，下课缠着我要书看……

我们哭成一团的班会课，是我最“得意”的回忆。你们在我的情感轰炸下泣不成声，成了“小花猫”，而我也入戏过深，“为师不尊”地在讲台上大把流泪。“老师，你别哭啦！”都自顾不暇了，还想着安慰我，真傻！“你的小猴子来啦！”然后躲在我的身后，轻轻地摇着我的手。“姐姐，我要送你一个礼物。”然后猝不及防就是吧唧一口。“姐姐，你不要走好不好，我拿零花钱养你。”然后死死拽着我的手，怎么也不放开手。默契一发不可收拾，演变到后来，便成了依恋，我们成了不可分割的“一”。

支教接近尾声的有天上午，我没有课，领队问我去调研吗？我说：“不，我要看着我的孩子们！”真希望时光慢些走，让我多陪伴你们一些。

你们也知道离别将近，总问我“明年还来吗？”

来啊，我要偷偷来，在你们上课的时候，悄悄站在教室最后，看看“调皮蛋”还调不调皮，“机灵鬼”还机不机智！

我始终清晰地记得离别的那一天，你们故作镇定许下“今天我们谁都不许哭”的约定，却在我暗自抹泪后慌了阵脚，握住我的手，想要给我些温暖，赐我些力量。离开的大巴上，我的泪水开始决堤。透过窗户看过去，你们又何尝不是。

感谢你们给我陪伴你们的机会，二十五天，我们的故事才刚刚开始！期待重逢的那一天，你们一拥而上钻进我的怀里，拉着我的手展示给我看看你们的成长！

第五章　寓教于乐，趣味课堂教授新知

支教队员们希望结合自己的专业特性，让当地孩子体验不一样的课堂。不同于理论灌输的传统教育方式，支教队员更注重趣味引导，激发孩子们的求知欲。在快乐学习的同时，培养良好的学习习惯，掌握更多的学习技能，成为更优秀的自己。通过交流和观察发现，由于当地不重视英语教育，孩子们的英语水平均不太理想。队员们决定从基础入手，为枯燥乏味的音标编口诀，并配上可爱的手指舞，举行音标竞赛。初中班更是专门设立了英语演讲打卡，孩子们学习英语的积极性大大提高，很多孩子主动提出想要老师在家辅的时候为自己“开小灶”，补习音标。小学的孩子们天真懵懂，对于“纯讲书”式的语文授课接受度不高，于是队员们从绘本切入，通过逐段分析、角色扮演、故事续写……引导孩子们掌握写作技法，体悟生活真知。数学课，队员们更是将烦琐的数学题串联成一个个小故事，给他们创设情境，带领孩子们逐一攻破难题。

另外，我们还特设街舞课，让孩子们在感受音乐律动的同时，接受新鲜事物，培养艺术感。音乐课，队员们精心挑选有意义的曲目，启发孩子们在放声歌唱的同时，懂礼貌、明事理。音乐课所授曲目，在后期专门开设手语课，边唱边做动作，既在一定程度上锻炼了孩子们的协调性，也再一次巩固加深了音乐课所强调的知识点。为了让孩子们及时发现危险，学会自救，安全课和心理课也同步上线。应孩子们要求，龚冲村还特别开设天文课，带领孩子们领略宇宙的无穷魅力。

同时，我们举行家长会，关注孩子学习生活，促进双方交流。

为进一步提高孩子们的学习水平，配合孩子们对知识的消化和吸收能力，我们将四五个孩子集中到一个孩子家中，掌握每个孩子的作业完成情况和课堂接受程度，具有针对性地对每个孩子的暑假作业进行辅导，提升孩子们的学习效率。此外，我们走进每个孩子的家中，与家长进行深入讨论，了解孩子的心理状况，采取多种有效的方式对孩子及其家庭提供帮助，增强孩子的心理承受力，促进孩子的素质发展。

第六章　深入大山，调研传递真情

为全面深入了解村落的生活情况和贫困实况，进一步帮助贫困户家庭，我们延续 2017 年的调研传统，每村派出两名调研人员，敲开大山深处的门户，用我们微薄的力量，将扶贫工作推入深山。调研工作自我们抵达之日起便一直进行着，持续 24 天，走遍 3 个村落 12 条山路，着重走访了 25 户较为贫困的村民。同时，调研人员还去了村里访问扶贫队队长、村主任，也去了乡里找扶贫局，去了县里找组织部。通过调研工作，我们不仅得知了低保户和五保户的基本情况，而且还了解到省市县乡政府为缓解贫困局面推行了一系列扶贫政策，比如：医疗方面的“351”“180”医疗保险，为贫困户们安排了公益性岗位、危房改造及异地扶贫搬迁、享受就学补助等。

另外，政府还在每个村都分配了一个扶贫工作队，重点村的扶贫工作队队长都是处级干部，其他村的扶贫队队长都是副处级干部，每一个工作队的队员都是由市、县、乡、村还有事业单位、学校的人员组成的。自从有了扶贫工作队以后，他们去拜访村民的次数大幅度提升，去宣传一些扶贫政策，时不时会带去一些生活用品，让村民们感受到温暖。

经过挨家挨户地调研，我们了解到，这里的很多家庭的生活来源是外出打工，还有的就是微薄的茶叶收入。很多人家的生活状况很糟糕，大多数评不到贫困户，没有生活补助。2018 年直通大山的省道公路基本施工完毕，更多的村民选择外出务工补贴家用，留守儿童的数量持续占据村落人口数量的更大比例，大多数家中只剩年迈的老人与稚嫩的孩童，让人揪心。即便如此，他们也没有失去脱贫的希望，而我们也更深刻地体会到，扶贫仍在路上。

我们的故事很简单，不过是在熟悉的季节，遇到最美的风景，遇到最美的你们，遇到最美的灵魂！孩子们带给我们最美好的纯真，用他们的方式来温暖我们；村民们给予我们最真诚的信赖，用他们的支持来感动我们；队员们带给彼此最质朴的陪伴，用二十五天的守护来升温情感；这个村子给予我们最深沉的触动，让我们暗下决心：收拾好行囊，充实自我，继续出发，我们不言再见，我们后会有期！

我们的扶贫故事，未完待续！

上课过程中，孩子们渴望的眼神　摄影：杨成成

（樊鑫锴　袁林洋　文）

青年志气常砥砺　精准扶贫谋振兴

——浙江大学农学院2018年联合实践行动纪实录

浙江大学农学院赴九省十八地暑期社会实践团赴景东县安定镇河底村开展“乡村振兴”论坛合影留念　摄影：李星瑶

2018年是打赢脱贫攻坚战的关键之年，也是党和国家实施乡村振兴战略的开局之年。“中国要强，农业必须强；中国要美，农村必须美；中国要富，农民必须富。”习近平总书记曾指出，坚决打赢脱贫攻坚战，让贫困人口和贫困地区同全国一道进入全面小康社会，这是党和国家的庄严承诺。

同年暑假，浙江大学农学院积极响应党和国家的号召，以“助力精准脱贫，聚力乡村振兴”为主题，组织22个小分队近500名师生分赴云南景东、贵州台江、陕西安康、湖南武冈、浙江庆元、四川泸州、内蒙古呼和浩特等地开展社会实践。九省十八地，从田间阡陌到山地峻岭，处处都有求是学子的身影。

浙大农学院党委书记赵建明担任领导小组组长，院长陈学新担任专家顾问团团长，为实践活动的顺利开展提供来自学院的支持和保障。学院王岳飞教授、吴殿星教授、张波教授、陈萍副教授、吴德志副教授、白松龄研究员、周文武研究员等产业专家和青年教师们亲自带队，走在扶贫最前线，实地指导各队实践活动。与此同时，学院还通过多种渠道筹措了 20 万元专项经费，为实践活动提供充足的财力支持。

读万卷书，行万里路。这个夏天，在广袤多姿的中华大地上，浙大学子用足迹丈量土地、用汗水致敬晴空，与这个伟大的新时代一同，见证中国乡村历经悠悠岁月发展至今的全新面貌和复兴崛起。

第一章　赓续科创支农，稳筑国家之基

塍畦茂绿，苗实清和；岁熟丰稔，民生安乐。自古以来，中国就是一个农业大国，农业发展始终关乎社会发展。党的十九大报告提出，实施乡村振兴战略，要坚持农业农村优先发展，加快推进农业农村现代化。

何以新之？开物前民。对于浙大农学院的青年学子而言，把平日里接触的前沿科技运用到农业发展中，加快推动农业现代化进程，是时代赋予他们的光荣历史使命。这个暑假，他们躬身搭建一座座桥梁，连接起高精尖的实验室和淳朴的乡村田野。

（一）陕南阡陌生彩穗："米教授"的故事

陕西省汉中市城固县是全国粮油基地县之一，被誉为"陕南明珠"。全县总人口数 54.27 万，其中农业人口占 78%，是一个名副其实的农业大县。

在对城固县龙头镇的调研中，同学们了解到，尽管这里土地肥沃、交通便捷，但以往的农业结构比较单一，作物品质不高，农民们延续着千百年来的传统农业耕作方式，在这片土地上世代耕耘。"当地农民太辛苦，传统农业必须转型升级！"龙兴泰农业科技有限公司的颜总和同学们的感受是一样的。

早在 2018 年 3 月，吴殿星教授就带领实践团的成员来到龙头镇，给当地农民送去几件"宝贝"：运用现代生物技术专门研制的、适宜绿色有机种植的生态

环保型水稻良种，以及最新选育的黄、绿、红、黑、紫等彩色系列特种保健水稻。这些“宝贝”为龙头镇政府与龙兴泰农业科技有限公司合作发展“千亩稻鳖、虾共养项目”提供了很大的帮助，吴殿星教授也被当地人亲切地称为“米教授”。

春去夏至，光阴流转。如今，龙头镇已种植推广优质水稻200多亩，预计可为当地农民增收100多万元。到2019年，则可带动100多户村民致富。陕西城固，这片古老的土地，正展现出全新的面貌，焕发着勃勃生机……

（二）民族交彩唱茶歌：山里的普洱

云南景东和茶的渊源，已经有上千年了。

这里气候独特，孕育了世界上最年长的野生古茶树群落，是茶树起源中心之一。早在唐代以前，景东的茶叶生产就形成了一定规模。如今，景东境内居住着20多个少数民族，他们与自然共同生息，接受着古茶树年复一年的慷慨馈赠。可以说，茶是景东县当之无愧的“金名片”。

2018年夏天，浙大农学院的师生们又一次来到景东，开展为期数天的社会实践。在团队老师的带领下，同学们借助宣传册和海报，向当地茶农详细介绍了茶园常见病虫害及防治方法，并赠送《茶树病虫及天敌图谱》，方便村民及时采取有效的防治措施。最终，团队还形成了一份题为《基于SWOT分析的云南景东茶产业发展研究》的优质调研报告。

与此同时，一个名为“紫金普洱”的茶品牌，也在实践团的见证下迈向品牌推广的新高度。2017年，景东县与农学院联合出品的“紫金普洱”为浙大双甲子华诞增色添彩；2018年暑期实践期间，浙江大学宁波校友会、普洱天泽茶叶责任有限公司和浙江大学茶叶研究所三方，在当地举行了“紫金普洱”品牌推广签约仪式。这一片小小的“紫金普洱”，不仅将为当地茶农增收50万元，更能帮助景东县把茶叶这张“金名片”传递到广阔的外部世界。

（三）百里台江稼穑忙：能观光的庄稼地

两年前的夏天，一支来自浙大农学院的社会实践团队，在贵州台江阳芳村试种了2亩五彩米。自此以后，农学院与台江县的联系，就再也没有断开过。

2018年7月，浙大农学院的实践队伍再次远赴台江，在白松龄研究员和王蔷薇老师的带领下，接力开展精准扶贫实践活动。

在台江县“巴拉芳华休闲观光农业园”，同学们看到了生态农业和观光农业的有机结合。园区占地总面积约 3 600 亩，种植着大量热带植物、葫芦科及茄科植物。“这里平均每天产出番茄 1 500 多公斤!”园区管理人员自豪地说。据悉，这些作物将直接供应贵阳、凯里的超市，“销路很通畅”。

据台盘乡党委书记王志清（化名）介绍，在国家“精准扶贫”政策的号召下，农业园每年还会出资 140 万元，用来帮助当地农户脱贫，给农民创造就业机会。与此同时，园区还通过大力发展观光农业，带动周边其他特色第三产业发展，让农民增收。例如，园区的“生态餐厅”，就已经在如火如荼的建设中了。

第二章　且留田园乡愁，再绘和谐人居

1978 年，在安徽凤阳小岗村的一间破旧茅草屋里，十八枚红手印催生了家庭联产承包责任制，也吹响了改革开放的第一声号角。2018 年，是党和国家实施乡村振兴战略的开局之年。推进城乡发展一体化，是工业化、城镇化、农业现代化发展到一定阶段的必然要求，更是国家现代化的重要标志。

光阴流转，时序更迭，回首改革开放波澜壮阔的四十年，我们见证并惊叹于中国的山乡巨变，更有幸亲自参与其中，成为推动美丽农村建设进程的光荣一员。

（一）山村里的“网红庭院”

厨房花园、专类月季园、网红庭院……在浙江省衢州市衢江区全旺镇楼山后村，19 位浙大农学院暑期社会实践团的同学正在“指点江山”。这次暑期实践活动以“我家楼山后，共筑花园梦”为主题，同学们遵循“有序化、绿化、美化”的总体设计思路，帮助 40 户村民改造设计了乡村庭院。

习近平总书记曾指出，“建设社会主义新农村，要注意乡土味道，保留乡村风貌，留住田园乡愁。”前期考察中，同学们发现 40 户乡村庭院的大小尺寸、地理位置及现实特点都各有不同，这给同学们的设计带来了不小的考验。

不过，大家并没有倦怠，而是采取重点突破的办法，“我们先筛选出重点庭院，再进行重点改造。”园林、风景园林、植物保护……不同专业的同学各展其能，为庭院改造集思广益、出谋划策。终于，在前期调研、测绘、访谈的基础上

形成的庭院改造方案，获得了村民们的一致好评，还被今日头条、《钱江晚报》等多家媒体争相报道。

（二）从废弃小学到生态庄园

在荒芜废弃的学校和生机勃勃的庄园之间，或许只隔着一个看起来有点“异想天开”的点子。

在杭州市余杭区青山村，有一所被长期闲置的废弃小学。“不如把它改建成生态庄园吧！既能美化环境，又能废物利用。”浙大农学院暑期社会实践团的同学们说干就干，一面联合浙大大自然保护协会，一面积极与青山村村委对接。很快，这项变废为宝的工程就进入了具体落实阶段。

六月初，同学们开始搜集青山村基础信息，还采集了废弃小学所在地的土壤等实地资源带回测定。获得基础信息后，队员们分成队旗设计组、传统项目组和庄园设计组三组，齐头并进，终于在实地造访前完成了庄园改造设计方案。

万事俱备，只欠东风。暑假一到，同学们便来到青山村，进行实地庄园改建。经过一周的不懈努力，生态庄园终于在实践队员们的汗水中落成。庄园里，有可以让老人免于弯腰种植的“老人菜园”，有纯竹子制成的“藤塔花园”，有多层结构的“塔形菜园”，还有房屋形和猫头鹰形的两个昆虫旅馆……在改建的过程中，同学们还大力宣传自然生态的环保理念，让村民们在精神世界里也建造起了一个宜人的美丽花园。

（三）借“传家宝”打造美丽乡村

湖南武冈自西汉建县至今，已有2 000多年的历史了。如何让这片古老的土地旧貌换新颜？这是摆在浙江大学实践团成员们面前的一个难题。这个夏天，同学们深入三湘大地，用实际行动为武冈八角庙村助力。

在八角庙村，实践团联合驻村干部，一起开展了一次村落基本情况调研。大家发现，这里有“尝辛节”等传统文化节日，有尖石岭、狮塘水库、长寿井等潜在旅游发展点，更有各式各样的美味土特产……在同学们看来，这些都是八角庙村的“祖传宝藏”，应成为美丽乡村规划中最大的亮点。

听闻来自浙大的学生要做调研、写规划，村委王书记亲自向实践团成员们口述村庄文化传统，村民们也都非常热情，老村支书更是拿来家中珍藏30多年的泛黄照片，为同学们整理村庄景观信息提供珍贵的一手资料。

最终，一份《武冈市晏田乡八角庙村“美丽乡村”规划方案》被递送到村委办公室的案头。在八角庙村美丽乡村建设推进会上，30 多名村民热议该方案，都认为这给八角庙村实践“乡村振兴”战略、建设“美丽乡村”提供了可行有效的参考。

第三章　仰沾时雨之化，内铸乡村之魂

“实施乡村振兴战略，不能光看农民口袋里票子有多少，更要看农民精神风貌怎么样。”乡村振兴，文化为魂，2018 年中央一号文件明确指出，实施乡村振兴战略，要繁荣兴盛农村文化，焕发乡风文明新气象。因为只有铸牢文化振兴这一灵魂，才能让乡村文化真正“活”起来，让农民更有精气神，让农村更有吸引力。

（一）追光逐梦，点亮童心

“白日不到处，青春恰自来。苔花如米小，也做牡丹开。”在贵州黄平县，新州三小的孩子们，正和来自浙大的哥哥姐姐们共同完成一幅地画作品——《小小的我，大大的梦》。

这是浙江大学赴黄平实践团在新州三小支教的第七年。2018 年出发前，实践团的成员们了解到，由于当地孩子大多是留守儿童，加之黄平地区素质拓展课程水平比较落后，孩子们平时很少能接受艺术美育。

基于此，实践团便为新州三小的孩子们策划了一个丰富多彩的夏令营，其中就包括上文这幅由师生共同完成的地画。“我们想引导孩子们勇敢想、大胆梦，告诉他们每个人都可以拥有自己的梦想”，一位参与支教的浙大同学说。同时，这次支教还首创“云课堂”形式，借助互联网，让支教情谊不再受到地域阻隔。

在夏令营最后一天，实践团还举办了一场精彩的文艺汇演。近 20 个精心策划的节目、飘荡在操场上空的欢声笑语、远处山边的一抹夕阳霞光……浙大实践团给孩子们编织了一个最美的“仲夏夜之梦”，更在他们心中种下了爱、纯美与希望的种子。

（二）寓教于乐，防患未然

“传说，当勇士们集齐龙珠，就可以召唤神龙许下愿望。现在，我们得到可

靠消息，龙珠出现在香泉小学，需要各位勇士出动，勇闯关卡……”

话音刚落，孩子们便纷纷“披挂上阵”，吹龙珠、看龙鳞、跳龙窝、抢龙座，上演了一出精彩的“营救龙珠”大戏。这是浙大赴四川绵阳实践团与北川羌族自治县志愿者服务协会共同开展的“140个泥娃娃防灾减灾夏令营”中的有趣一幕。

这个有趣又有用的夏令营，由100名香泉小学及周边乡村留守儿童和40名浙大实践队员组成。活动以“防灾减灾、儿童安全”为主题，探索并解决儿童处于乡村社区的安全隐患问题。孩子们和浙大的哥哥姐姐们一同，寻找、探索学校中风险点，收集、整理后将其绘制成校园风险资源图；开展实用的防震减灾知识培训会，提升日常风险防范意识。最后，大家还进行了一次地震防灾演练，这使每个孩子都在模拟的真实场景中得到了有效的应对训练。

（三）南湖革命志，金沙长征情

“农村包围城市”“星星之火，可以燎原”……这些熟悉的革命词句，都与农村有着千丝万缕的联系。中国各地的农村，铸造了革命的红色精神，也哺养了如今的社会主义中国。

从浙水之滨到彩云之南，实践团的同学们深挖全国各地乡村的人文精神内涵，追忆红色经典历史，为如今经济发展越来越好的乡村“铸魂”，让越来越多人看到乡村蕴含着的伟大精神力量。

浙水之滨，南湖不忘革命志。浙江嘉兴是共产党的诞生地，孕育了伟大的“红船精神”。浙大农学院社会实践团的同学们造访嘉兴南湖革命纪念馆、嘉兴革命烈士陈列馆，在这里感受峥嵘岁月，回顾革命历史，传递红色精神。一位同学感叹：“我们在南湖边体味嘉兴的风物人情，感受时代变迁中不变的精神底色。‘不忘初心，牢记使命’，这将成为我们这一代人以及往后每一代人对自己的深刻警醒和不懈追求。”

彩云之南，金沙犹记长征情。云南丽江石鼓镇，是红军长征途中的重镇。这座山间江畔的古朴小城，保留着太多“过去”的印记。这里不仅有红军过丽江时的渡口遗址，还静静伫立着一座诉说历史的石鼓。实践团的队员们在石鼓镇走访红军长征纪念馆，回忆艰苦的长征历程，在自身心灵受到红色精神感召和洗礼的同时，还从参观者角度为当地政府发展红色旅游业献计献策，提出了许多切实可行的金点子。

第四章 做一世“农田里的守望者”

“积力之所举，则无不胜也；众智之所为，则无不成也。”4 场专题培训，6 个合作公益组织，22 支队伍架构，32 位专家牵头，40 余所高校联动，432 份实践心得……从内蒙古到三湘，从陕北到浙南，今夏，浙大农学院社会实践团队立足往年成果，继续开拓前行，走遍中国九省十八地，踏出一条越来越宽阔的扶贫之路。

这条路，是与国家、民族同呼吸共命运的引领时代之路。党的引领，是实践团在这条路上夙兴夜寐的不竭动力。6 个分队成立临时党支部，开展支部活动 15 次，用生动通俗的语言讲述党的故事，做新思想的传播实践者。难忘湖南武冈，实践团与 30 余名党员村民共商“乡村振兴”六大要求，激扬文字，挥斥方遒。难忘陕西安康“精准助农”乡村振兴小论坛上，学生党员郭赛赛以专业的视角展示了低碳套稻技术，让复合环境和经济的可持续理念如春风化雨般深入人心。难忘云南景东，实践团与驻村干部、景东县茶特局技术人员进行深入访谈，挖掘基层“最美扶贫人”故事，感受他们扎根乡土、奉献青春的信仰和坚守。

新时代带来新使命，新担当谋求新作为。尽管暑期社会实践已经落幕，但它产生的深远影响却在队员们心中绵延扎根。例如，实践团在湖南武冈建立大学生社会实践基地、在贵州黄平建立支教基地，以期将单次实践变为常态化活动。又如，从秦巴山深处返回学校后，实践队员们仍心系安康，并自发为当地野生蜂蜜代言，进行质量检测、照片拍摄、销售文案设计，最终将秦巴山深处的美味上架至浙江大学公益助农平台小美商城。习总书记说：“青年兴则国家兴，青年强则国家强。”一位成员说：“作为青年一代的我们，在这次暑期实践活动中，开始思索自己将来能否为家乡、为祖国建设贡献自己的绵薄之力。”

德不孤，必有邻。行走在这条道路上，令人倍受鼓舞的还有两旁不时传来的呐喊和掌声。浙大农学院暑期实践活动，得到了包括“中国青年网”“中国农村农业部科技发展中心”等在内的多家国家级媒体、“多彩贵州”“陕西人民政府”“钱江晚报”等在内的多家省级媒体的热切关注，被校外媒体报道 60 次（其中国家级媒体 25 次）。

田塍蜿蜒，金穗垂首；庭院规整，屋舍俨然；邻里和美，乡村富足……让农业成为有奔头的产业，让农民成为有吸引力的职业，让农村成为安居乐业的美丽家园，这是浙大农学院开展精准扶贫社会实践的美好希冀，更是新时代里每位求是学子心中乡村振兴的蓝天梦境。

浙江大学农学院赴九省十八地暑期社会实践团师生在
昕秦葡萄园开展葡萄种植技术指导　摄影：刘昕冉

（陈婉纱　林炜莛　文）

华中片区

这里是精准扶贫开始的地方，万水千山走过。

中华儿女将理论与现实、经验与创新、输血与造血在碰撞中交织升华，编织着一幅壮阔画卷，自从下笔便一刻未停。

没有比脚更长的路，没有比人更高的山，

愿我们无论走了多远，都不要忘记为什么出发。

我们一直在路上

——长江大学农学院 2018 年联合实践行动纪实录

前往郑家埫村之前，学院召开全体动员大会　摄影：杨彪鼎

2016 年 8 月，为响应共青团中央及全国农学院协同发展联盟倡议，长江大学农学院立足实际，切入社会热点，以“走进乡土乡村，助力精准扶贫”为主题，组织成立了长江大学农学院暑期社会实践服务队，前往宜昌市兴山县水月寺镇郑家埫村进行产业扶贫调研。时光荏苒，转眼两年，郑家埫村也发生了翻天覆地的变化。2018 年 8 月 15 日，长江大学农学院再次对郑家埫村进行实践调查。

故地重“游”，还是一样的大山，还是一样清新的空气，不一样的是郑家垴的面貌以及为调研而来的我们。这一次，我们与村民们同吃同住同劳作，这是一场心与心的交融，而实践中的那些点点滴滴在这一刻，一切都显得妙不可言。

第一章　我们在大千世界中相识相知

早在两年前，我就与你结下了不解之缘。还记得初见时你的模样：薄薄的白雾萦绕在郁郁青青的山林之间，袅袅炊烟从错落有致的土瓦屋缓缓升起，一群我叫不出名字的鸟儿从白云边掠过，绚丽的花丛争奇斗艳。这便是你留给我的最初印象，深刻而不深沉，平淡而不平庸。呼吸一口怡人的空气迈出脚下的一小步，踏上这散发乡土气息的大地，在你恬静淡雅的身间开始了新征程。

“960 万平方公里的土地，约 14 亿的人口。能够让你我在这里相遇都是缘分！越过高山，越过海洋，寻找属于你和我的共同记忆。”我与你的相识是冥冥之中的不期而遇，我与你的相知是五彩斑斓的记忆回想。那时候，我是长江大学农学院志愿实践服务队，你是湖北省宜昌市的一个贫困小村庄。2018 年 8 月 15 日，你我再次相见，细细回想，两年前的你还没有实现脱贫计划，村中的土坯房随处可见，村民的收入甚微。村里没有实现“三通”，未通公路，雨天村民们只能踏着泥泞的泥土地来往；未通电路，漆黑的夜晚唯有煤油灯与他们做伴；未通水路，村民们饮水用水只能从山下打水。那时的你在大山的阻碍下与外界减少了交流，你没有发达的经济，你没有实时的外界信息，你只在山林间默默成长。两年的时间说来不长，但你的变化足以让人感到惊奇。坚硬的水泥路盘山而起，明亮的太阳能路灯绕路而立，水电全通让村民们不再为了喝上一杯水而辛苦远行，让他们在黑暗中有了一丝明亮。新兴产业的引入让你的子民们更加富裕，他们在家中养起了蜜蜂，他们种上了白及，收获了核桃；他们在村中办起了农家乐，引来更多客人慕名而来；他们把家中的作物向外出售，找到更好的销路；他们成立合作社；他们响应政策建立贫困红黄卡户；他们易地搬迁，他们建造更好的住所。他们在你的养育下茁壮成长，他们勤奋积极，他们不断奋进，在力争上游的同时也把你变得更加美丽。

我与你的相识相知如一杯浊酒，唯有细细品尝才能品出韵味。三年时间如同涓涓细流，我们的共同经历都融在了这雨露甘霖之中，沁人心田。我在这里收获更好的自己，你在时光的打磨之中变得更加坚强。我们相识相知，共同进步，就像每一次的落日余晖都见证了每一次旭日东升后的努力。

第二章 我们在旅途中愈走愈远

鲁迅先生曾写道："其实地上本没有路，走的人多了，也便成了路。"队员们走在村民们"走出来"的路上不由得都会心生敬畏，不仅仅因为这是村民们辛苦劳作的表现，更是因为山路寄托着他们向往富强的情愫。在这陌生的山路之间行进，于我们而言也是困难重重。山路的陡与险，山路的错综复杂与扑朔迷离都是我们不可想象的。但好在行山还有指路人，所有的焦虑和疑惑都消融在指路人的一个手势之中。还记得村 5 组的简叔叔，在最偏远的山腰上落户，然后在山间种满了玉米，尽管我们婉言相拒，他还是坚持送我们到公路，只因为担心我们迷路；还记得多次访问林叔叔不遇，终于一次偶然的机会，在田间遇到了他，他一路领着我们，当我们起身准备前往下一家农户时，叔叔担心岔路太多，我们可能辨别不了路径，坚持把我们送到目的地；还记得村 1 组的简阿姨，为我们驱赶了路上凶猛的狗，递给了我们沁甜的梨，为我们指出了最近的小路。旅途永无止境，任重道远，道阻且长，但心的距离能弥补路的长度，梦的想法能够弥补空间的维度。

在山间的旅途中探索，美丽的风景自然不会错过。在这里沿着乡间的小道行走，迎面而来的便是一阵清凉，这阵清凉是流淌的泉水带来的，当然你可以听到清泉潺潺的叮咚声。这里的水很清澈，仿佛像一面银镜，泉水里的东西可以看得一清二楚。这里的水是活的，有生命的，总是在不经意间会有一只螃蟹鬼鬼祟祟地走过，抑或是一只牛蛙慌慌张张地从你身边蹦开，给予你意外的惊喜。这里的水很甜似甘霖雨露，我听说村里的孩子经常渴了就会在这里舀上一瓢，一饮而尽。这里的水，似乎倾注了大自然的所有心血，孕育着这里的所有生物。正所谓一方水土养一方人，这里的山美、水美当然也孕育了一群美丽的人。走在小道上，你总是能碰见穿着简陋的衣服，带着草帽的路人。当你与他们擦肩而过的时候，他们总是会多看你几眼，嘴角露出微笑，总是给人一种和善的感觉。他们大多数都是去田间，打理自己的庄稼。即使烈日当空，他们依然脚踩黄泥，背顶天，不辞辛劳地在田间耕作。从远处望去，你可以看见他们身上那晶莹的汗珠在凝聚，然后一滴一滴地掉落在田间。他们就像蜜蜂一样，从未停止劳作。当你走进农户家中，没有豪华高端的装饰，有的只是满屋的农具和粮食，似乎这就是他们的装饰品，显得多么的典雅简朴。他们的热情是无法想象的。还未跨过门槛，就为你准备好了板凳，接着便端茶倒水，说话也是十分的和气，总给人一种亲切的感觉，总给人一种宾至如归的感觉。如此淳朴的民风，又怎能忘得了？

很庆幸我能够有机会接触到这里的一人一物、一草一木。我喜欢山间大片的玉米地，因为我可以在丰硕的玉米粒中游荡；我喜欢小路边的木槿花，因为我能够在鲜艳的花瓣上找到那滴雨露；我喜欢高空的蓝天白云，因为我知道自己可以在那里产生无限遐想，这里发生的林林总总都会镌刻在我的脑海之中。在这个小镇上的生活短暂却惬意，辛苦却充实，我们每天数着星星睡觉，每天听着鸡鸣破晓，我们与村民一样日出而作日落而息，我们在旅途中越走越远！

第三章　我们在扶贫振兴里愈挫愈勇

100份贫困户问卷调查，访遍了整个郑家堉的红卡贫困户，家庭毛收入从一万以下上升到两万，58%的村民经济状况都有所好转，93%的人都主动选择产业扶贫并参加相关培训。数据统计着他们的成长历程，同时也记录着这里的积极变化。扶贫道路的远方我们能看到美好的成果，但走过产业扶贫道路的人都知道，这条路其实并没有想象中那么好走，沿路的曲折自然不会缺少。

村中的青年人大都外出打工，田地大都由留下来的老人耕种。虽然这里气候适宜，冬暖夏凉，但适合耕种的作物只有玉米。走在山的尽头，你可以看到大片的玉米叶片相互交错，低头你可以发现粗壮的茎秆上结了一颗饱满的玉米棒。玉米对他们来说实在太重要了，无论是养猪喂鸡还是向外售卖，无论是自家食用还是耕种育种，他们都离不开这片土地。但自然的力量似乎不可阻挡，大片的玉米秆倒在了强风暴雨之中，大量的玉米棒因为野猪的骚扰颗粒无收。这样的破坏直接影响了他们的基本收入。抛开自然灾害，技术信息的传递也制约着脱贫的现状。玉米的间作套作，植物病虫害的侵扰，白及苗的种植方法，核桃的收获时间……这些都是制约产业经济发展的技术因素，而产业扶贫需要完成的任务正是这些。

扶贫两年，新兴产业的引入，养殖技术的培训，市场信息的收集都为村庄脱贫做出了巨大贡献。都说扶贫扶人心，只有让村民们心向脱贫，他们才能真正富足起来。两年的时间改变的不仅仅是村内面貌，改变的更是村民奋发脱贫的心，他们在政策的扶持下都成长了起来，扶贫成效也逐渐显现。俗话说人勤事事易，村民们在耕作之余还养起了蜜蜂，收获的蜂蜜不仅营养价值高，卖价也高；村里的政策很好，可以说是帮助到了每家每户，但村民们有能力做事就不会只依赖政策的扶持。而在这小小的村落里队员们见证的不仅仅是他们的奋发向上，队员们所见到更多的是他们的勤劳与和善。犹记得那村头年迈的万奶奶“做人要知足，要懂得感恩”的谆谆教导；犹记得那村5组的黄爷爷，年老多病，甚至生活难以自理，却不忘感谢国家，感谢党对他的照顾；犹记得我们一群小伙伴们一起踏遍山路挥汗如雨，整理资料疲惫不堪，却在工作完成后流露出的满足与欣慰。在这村落间，我们与村民同吃同住同劳作，在这里我们感受到了乡村农民的淳朴与贫困户生活的艰辛，我们体会到了劳作生活的殷实与一把柴米油盐的来之不易，更明白了作为未来社会建设者的我们肩负着许多重担。回首村子的巨大变化，作为扶贫调研参与者的我们就感到欣慰，郑家堝村的发展如同一个成长的孩子，成长道路上少不了磕磕绊绊，也避开不了诸多不确定，但正是这些不顺的阻挠才成就了现在的村落和现在的我们，我们在扶贫道路上愈挫愈勇！

两年时光的沉淀，迎来了扶贫产业的兴起，收获了我们在这里的历练和回忆。“我不去想是否能够成功，既然选择了远方，便只顾风雨兼程”，在这里的每一天我们或多或少都会有所收获，视界和见解都得到了不同程度的提升。“相聚的日子总是很短，期待的日子总是很长”，十天的光阴固然短暂，但在这里我们拓展了生命的宽度，在这里我们收获了远不止实践成果，这里的风景风俗都在我的脑海里回荡，这里的人情友情都在我的心头徜徉。我不能确保自己把每一件事情都做到无可挑剔，我也没有信心时时都能做得出彩，但我会抱着负责的态度认真对待，正是这样的不完美才给了我成长的空间，正是有了这样的自我对比，我才能看到自己的不足与进步。转眼十一月，三下乡那些时光早已告一段落，走在校园的林荫小道上，抬头仰望蓝蓝的天空，脑中依旧会浮现那些日子的星星点点，这些值得珍藏的记忆我会永久保存，在夜深人静之时再拿出来细细品味一番。我们不能一直陪伴，也不可能独自走下去，但助力乡村振兴的接力棒会一直传递下去，我们贡献的力量也会一直保存它的温度！

下乡的时光仿佛是一辆正在高速行驶的火车，转瞬即逝。时间匆匆，那些美好时光已然成了回忆。回眸，一切却又恍如昨日一般萦绕在心头。回想初见她的时候，心中满是期待与激动。一起经历了这些时光，我也越发体会到了她的美。忘不了这儿的山川草木，忘不了这儿的花鸟虫兽。

忘不了，住处的老阿姨每天早起给我们做饭；忘不了，那个天真的孩子，变着花样把他的零食递给我；忘不了，身患癌症的万阿姨，依旧微笑着面对生活；忘不了，小景瑜渴望父母的陪伴，却不愿让外出工作的父母担心，事事展现出这个年纪不该有的坚强与独立。

忘不了，住处家养的小狗。逗了它这么多天，也不得不说再见了。我们离开时，它一路相送，而我们留给它的却只是渐行渐远的背影。

我们在这里走过的每一条路，或崎岖、或蜿蜒，都是我和队友们顶着烈日，一起涉过的回忆；这儿的每一条沟壑，都曾回荡着我们一行欢快的笑声；这儿的每一座山岭，都曾见证了我们一行的身影。

“送君千里，终须一别。”短短十天，我们与这儿的一切结下了不解之缘。在这最美的年华里，很高兴，我遇见了你。再见，美丽的郑家埫！

接受访问的村民爷爷向实践队队员展示自己收藏的书籍　摄影：李凤仪

（尹小华　黄炎垒　文）

为脱贫攻坚和乡村振兴战略贡献青春力量

——河南科技学院生命科技学院 2018 年联合实践行动纪实录

田间调查　摄影：张德华

封丘县，位于河南省东北部，新乡市东南隅，隶属于河南新乡。中孟村是封丘县的一个村落。该村共 215 户农户，其中 5 户是贫困户。2018 年 7 月 8 日，河南科技学院生命科技学院“脱贫攻坚，振兴乡村”暑期实践团来到中孟村进行暑期实践。这是生命科技学院第三次来这儿实践调研，早在三年前河南科技学院生命科技学院与城关乡中孟村达成了长期合作的意向，计划将在 3～5 年的时间内帮助中孟村调整产业结构，改善土壤环境，提高居民收入水平。

来到实践基地后，实践队员们经过简单的休整，便开始了紧张而忙碌的走访调研工作。队员们来往于村里乡间，连日来，分成两队走访调查村民家庭，主要针对中孟村基本概况、基础设施、人口、劳动力资源及其流动、贫困户致贫原因以及社会保障、农户获得政府补贴情况等方方面面进行详细的询问调查——中孟村收入来源主要依靠种地、外出打工、做豆腐和豆芽这些小生意，以及养殖禽类等产业；老、妇、幼者居多，贫困户多因病、因残、因意外事故导致贫困；近年来，村里大力推进基础设施建设，医疗、环境、教育等方面也逐步改善和提高，贫困家庭可以先看病再报销，总体上，生活有了较大改善。

生命科技学院“脱贫攻坚，振兴乡村”暑期实践团在封丘县中孟村为期十天的乡村调研工作中，实践队员通过深入农村，关爱留守老人，知识宣讲和视频介绍，调查作物长势、病虫害、土壤情况等方式来为村民排忧解难。

第一章　初入中孟　若有所思

初入中孟村，中孟村党支部书记刘树卫热情地接待了实践队，为实践队员们安排了居住的地方，并带着大家熟悉了周边环境。一路上，刘书记讲解了这一年来中孟村的发展变化，脱贫工作的进展状况以及往年实践队员的情况和学校上年提供的麦种为贫困户所带来的效益，队员们听后更加明白实践工作的意义所在。

2018 年是中孟村社会实践的第三年，时代在进步，中孟村也得到了快速发展——衣、食、住、行、通信，都有了较大的改善。2018 年中孟村交水、电费都通过网络平台进行，村中还新开了一家有关生活缴费的网店，极大便利了村民的出行；农业生产上对于该村种植的主要作物进行统一规划，将养殖业和种植业相结合，加强了生态种植，降低了成本；各种补贴，如教育、医疗、社会保障等进一步落实，这让村民们的获得感得到了增强。

虽是盛夏，天气却有些阴沉，好在白天少雨，没有影响实践工作的进程。“渭城朝雨浥轻尘，客舍青青柳色新”，经过夜晚的零星小雨，一阵泥土的清香扑鼻而来，乡间小道到处都是村民劳作的身影。那份未知与宁静，淳朴与真挚离我们是那样近。

第二章 初见温暖 再见心安

实践队员们在错落有致的村间小路上行走，听到远处有人呼唤，回头一看，是一位骑着自行车的老大爷微笑着向我们招手……老大爷小心翼翼地停下自行车，实践队员说："大爷，您还记得我吗？我上一年来过这里，您还帮我们'三下乡'的队员拉过垫子呢！"老大爷不停地用手比画着，指指实践队员的衣服，大概意思就是："记得，记得，俺看见你们这身衣服特别熟悉、特别亲切，就知道是你们"。

老人叫石根顺，先天残疾，不能说话，他就是这个村里的贫困户之一。于是，实践队员亲切地问道："大爷，能带我们去你家看看吗？"大爷的眼睛眯得更紧，像是与许久不见的家人团聚了一般，用他爬满了茧子的干枯的手，一边推着自行车，一边招呼着实践队员向他家走去。

大爷一路上不停地用手比画着，亢奋得像个小孩子。实践队员问老大爷："大爷，看起来，您还是跟以前一样硬朗，现在身体还不错吧？"大爷拍拍胸脯，挺直了腰，意思是说："我的身体硬朗着呢！"看着老大爷佝偻的背，实践队员们不禁心头一触，这背上压着多少的重担，又扛过多少的劳累与艰辛呀！对于那些复杂的问题，实践队员们怕老人回答起来有困难，就决定先到家里看一下，初步了解下家庭状况，再与老人做进一步深入的交流沟通。一路上，伴有"啊……啊……"声的欢声笑语渐行渐远……

第三章 生活有压力 但总会有倔强

天气有些阴凉，红色的大门显得格外暗沉，红色的油漆已起层脱落，在凹凸不平的潮湿的土地上，有几处明显的车辙轨迹。老人迅速把自行车停放好，热情地邀请实践队员们进屋，昏暗的屋内陈列着几件家具，勉强能看出是什么颜色。这就是老人生活了将近一辈子的家呀！老人屋里屋外地找板凳，"大爷，别忙乎了，我们站着就行了"。

老旧红砖砌成的羊圈，布满了灰红色的印迹，年迈的老大娘正弯腰整理羊圈。"大爷，最近大娘的身体状况如何，好些了吗？"实践队员们问道。由于大爷先天残疾，不能说话，所以只能用手比画着，嘴里发出支支吾吾的声音。"大娘的身体好多了吧!”大爷点了点头。实践队员们问大娘:“大娘，这是你们家养的羊吗?”大娘看到我们，脸上像是开了花地笑着回答说:“是咧!俺身体不好，干不得重活，像俺这恁大年纪的老婆子了，没有其他的事能干了，也就能养几只羊，忙活忙活了。”“大爷，那您现在还种地吗?”大爷此时显得格外沉重，指了指老伴，然后又摇了摇头，大娘瞬间红了眼眶，压低了声音说:“俺家里的地现在没能力种了，就都承包出去了，儿媳妇生病了，因为没钱看病早早就没了，儿子以前发生过意外，现在只能做一些简单的工作……”说着说着，大娘默默低头转向一旁抹泪。

第四章　无论酸甜苦辣 总要携一缕阳光

棚子下老式的架子车，清理得很干净，锄头和铁锨，明晃晃的，光秃秃的自来水管，格外扎眼。大爷两手比画着扫地的姿势，手又指着村委会的方向。“村里让老人在村委会打扫院子，每个月会给他开部分工资，也算是给老大爷家一点帮助吧!”队员们在村委会打地铺，每天早晨都会听到扫地的声音，同时也是这个声音准时提醒队员们早早起床，开始一天的走访调研活动。原来那位敬职敬业的环卫工人就是这位老人呀!

“宝剑锋从磨砺出，梅花香自苦寒来”。生活的跌宕没有毁灭老人对生活的美好期盼，也没有击垮老人心中的那份责任与担当，更没有使老人放弃对生活的乐观和信念。用微笑面对生活，用快乐解除忧伤，用精神鼓励自己，这便是老人的生活写照——简简单单的生活，简简单单地过日子。

老人家属于深度贫困户，在政府的帮助下，享有医疗、教育、生活等方面的补贴和政府的帮扶。老人在政府的帮助下，盖起了新房，家里又重新安上了自来水，老人为这个家操心操劳了一辈子，现在的生活终于有了可观的变化，临别之际，老人用他那粗糙有力而又温暖的大手紧紧地握着实践队员，上下颤动着，双眼紧紧地凝视着……实践队员们的眼角不知不觉也湿润了。

第五章　走进留守家庭那一片天地

大巴车停在了村口，队员们觉得步行进村里才能彰显心意，三两间简陋的平房，一位老人正站在门口向远处望去，有个人影路过就会往外看一眼，似乎在期待着什么，看到队员们的到来老人显得有些激动，尽管老人腿脚不利索，但还是缓缓地向前迎来。

队员们了解到老人耳朵也不太好使，听别人说话有些费劲，队员们先扶着老人坐了下来，怕老人听不清楚，便加大了一点音量靠近老人说："奶奶，我这么大声说话您能不能听清啊?"奶奶突然笑了："能，能，之前俺儿子在家的时候怕俺听不清，也是这样跟俺说话的。"队员们问："奶奶，那您儿子去哪了?"问起老人的情况，老人突然失去了笑容，原来老人膝下一对儿女，平常很少回家，"孩儿大了，都忙，常年在外打工，到过年才回来，平时就老伴俺俩也没个其他能说话的人"，老人沉重地说。队员们告诉老人："奶奶，你也别伤心了，他们都是为了让你们过上好日子。"老人似乎是许久没有与人聊天了，但从老人的每句话中都能感受到老人的孤独与寂寞，队员们能做的，也只有多听听老人的诉说，陪老人聊聊天，解解闷。

无论是富裕也好贫穷也罢，对于老人们来说家人的陪伴才是最重要的，孤独与寂寞相伴老人后半生，无法诉说的思念，时常萦绕在心间，实践队员们也知道：总有一天留守老人在年老之时，会有所依托，会被照料，会有心灵的慰藉，不会再承受相思之苦。

第六章　调查作物状况

晨曦微伊，周围不时传来清脆的鸟鸣声，打破了周围安逸宁静的气氛，带起轻舞的节律。村民们家庭贫苦，但志不穷，一大早便开始了紧张而忙碌的工作，有的骑着三轮车，带着工具去地里忙活，有的送孩子们上学，有的骑着摩托车去务工……实践队员迎着晨露奔赴田间，主要针对玉米品种、生长情况、施用的农药以及化肥情况进行调查，希望能够解决农民的一些实际问题。

中孟村玉米长势比较好，很少有病虫害。调查过程中，实践队员从田头村民口中得知，2018 年在政府的大力扶植下，村里一些集体经济相对增加，对于农作物的管理方面也得到了良好的改善，玉米 2018 年的长势也相应较好。不过，村里的田地资源分配上还存在诸多问题，化肥以及农药的不合理使用，造成资源的浪费，回收成本的增加，这些问题需要进一步解决。紧接着，实践队员抽样采取了一部分土壤，带回去做进一步的分析，希望能够为村民带来更为精准的数据。

脱贫攻坚，振兴乡村。该村村委会自从开展脱贫工作以来，大力加强集体经济的建设，促进养殖业和种植业相互协调，加强生态养殖、生态种植，务求提高村民生活水平。同时，改善生态环境，增加垃圾处理设备，引进网店，促进网络支付使用，方便村民生活，提升村民的幸福值。

河南科技学院将会与当地长期合作，在后期，我们会继续跟进种植方法的培训，肥料的选择与利用，帮助村民改善土壤环境，提供土壤数据，并积极联系育种公司在农民收获的时节进行种子收购，解决销售问题。希望村民的生活会越来越好。

第七章　做知识的传播者

中孟村地处偏远，本身就很少能接触到外面的世界，守望着一片天地，他们清澈的心灵，需要知识的引导，需要爱的关怀，需要一份在未来生根发芽的理念。近年来，村里落实为贫困户购买合作医疗，进行危房改造，建立教育补助和津贴补助，落实医疗扶贫制度，基础设施建设也相对完善，网络等设备也在无形之中便利村民的生活与出行，追求物质的同时，精神上的营养也必不可少。

实践期间，队员们通过观察与讨论，理论与实践相结合，为中孟村村民讲述国家的发展面貌，以此来开拓村民视野，增长知识。随后，实践队员为村民讲述一些农业科研人员的生平事迹以及科研精神，让村民了解到最新科研成果，增长知识。最后，便是为村民讲解现在社会的饮食与卫生安全，以及用电安全，提醒村民防火、防电、珍爱生命。

第八章　新政策 新面貌 新生活 新希望

“中孟村的脱贫工作进展迅速，中孟村的贫困户，目前 12 户已脱贫，还剩下 5 户，该落实的补助政策都落实了。他们收入来源主要依靠种地、外出打工、做豆腐和豆芽这些小生意，以及养殖禽类等产业。村里还开设了一些职务，像门卫、环卫工人等，专门为那些因为身体等原因无法找到工作的老人提供岗位，虽然工资不高，但能够缓解贫困家庭的生活压力”，村党支部书记说。

队员们在书记的带领下来到了下一位老人家，推开大门，一辆掉了漆的五征车堵在了门口，书记喊一声："大爷，在家吗?"一位老人，拄起拐杖，蹒跚地从屋里走出来。队员们看到院子里的搅拌机，不禁询问大爷现在用搅拌机做什么。大爷扬起了声地回答道："现在生活条件好了，儿子要修缮家里的老旧房屋。"老人家有 5 口人，家中早年因老人和他老伴疾病致贫，虽无恶疾，却需要不小的医药开支。

当队员们问起当前家庭生活条件怎么样时，老人更是自豪地说："现在生活好多喽，家里种地，建新屋，国家都会给补贴，孙子上学也有 1 000 元的补助金。俺和老伴以前的医药费都要花去好几千，现在呀！都报销了 80%，这真是得感谢我们国家的好政策啊!"

一路上的走访，队员们心中有欢喜，有悲伤，有感动……每一位村民背后都有着不一样的点点滴滴。

当我们问起"老伴和儿子怎么样？身体健康吗?"相关问题时，那位大娘眼角渗出滴滴泪花。队员们连忙给大娘递纸，大娘一边擦眼泪一边抽噎地回答。详细询问中才知道，早年，因为丈夫的缘故，抚养一双儿女的重担压在大娘身上，大娘咬着牙，努力坚持到现在。儿子在外地打工身体不好，大娘太过于担心儿子的健康。

"现在国家的政策太好了，补贴各方面都有保障，先看病再拿钱，生活都特别方便，恁们来看俺，俺特别感动，真的，俺从来没想过俺的生活能过得这么好。"这是大娘深情的诉说。

脱贫攻坚的工作不能停，精准扶贫任重道远。在政府的帮助下封丘县中孟村一定可以稳步推进，凝心聚力，赢得脱贫，让农民们的生活好起来、富起来。

第九章　国家扶贫政策 温暖贫困家庭

国家在快速发展，实力突飞猛进。2015 年 10 月 16 日，习近平总书记在 2015 减贫与发展高层论坛上强调，中国扶贫攻坚工作实施精准扶贫方略，增加扶贫投入，出台优惠政策措施。近年来，我国在扶贫、减贫、脱贫方面取得了卓越的成就。相信，像中孟村这样的贫困村，不久，都会慢慢脱贫，百姓生活质量会快速改善提高。

走过数日烈阳，挤碰了无数的石子，触了炽热的心，定了青年的梦。此处相逢，带不走心痕的热，带走的是感动与收获；此处相逢，凝聚科院学子真诚之心，坚定未来的信念；此处你我同在，共赏安逸与宁静，命运相随，也许只若初遇，愿未来如初，时光静好，明天更好！愿世间真情长存！

我们所能做的还太少，为贫困家庭所能提供的帮助还远远不够，但相信，这些问题在不久的将来一定能够得到有效解决，期待着这一天的到来。愿一切安好！我们要努力学好科学文化知识，以习近平新时代中国特色社会主义思想为指导，践行奋斗的青春最美丽的庄严承诺，早日为脱贫攻坚和乡村振兴战略贡献青春力量。

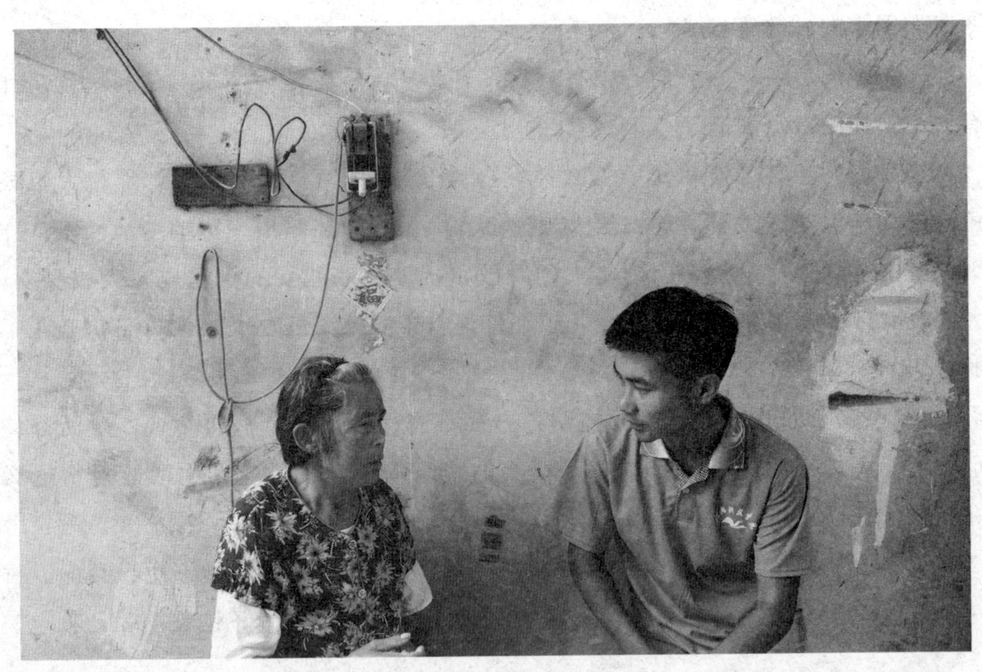

走访贫困户　摄影：张德华

（陈利　张德华　张亚诗　文）

信阳 正旖旎生姿

——河南农业大学农学院 2018 年联合实践行动纪实录

向合作社负责人了解情况 摄影：毕研胜

将记忆重新折回到那个高温多雨的夏天，我们这群奔赴在河南信阳的学子永不会忘记在那片土地上的所见所思。2018 年 7 月，河南农业大学农学院积极响应国家高校发起的社会实践活动，发起了以“走进乡村，聚力扶贫”为主题的全国农科学子联合实践行动。我们一支实践小队共计 9 人，7 天的行程，在老师的陪伴下，一起走进有着钟灵毓秀之称却又充满未知的信阳市河凤桥村，探寻河凤桥村的悠悠扶贫之路。

踏上路途，车窗外的风光另有一番别致，由黄土到赤土，由平原到山脉，放眼望去，沃野万里，重峦叠嶂。我的心中不禁萌生了一种想法："这种美丽的地方怎么会穷呢?"常年安逸于繁华的都市，抬头时是数不尽的高楼，低头时是大理石地板倒映出的清影，这样的我们，如同温室里保护完好的花卉，又怎么能理解他们处于深山的窘迫？更不会懂，我们"理所应当"享用的一切，是他们多远的奢望。

第一章　乡土醇厚　物力维艰

实践的第一天，我们决定感受朝阳下的河凤桥村，于是早早地起床漫步在田间，洋洋洒洒的阳光洒在我们一行人的肩上，混杂着泥土味的风儿从指尖吹过，我们的心情顿时变得舒畅。

正值夏日，望着稻田里黝黑的皮肤，浸透的衣衫，"足蒸暑土气，背灼炎天光，力尽不知热，但惜夏日长"。这正是扛着锄头弯腰劳作的村民的写照吧。他们保持着最传统的耕作方式，日出而作，日落而息，田地里哞哞叫的耕牛和绿波涟漪的稻田正是最美的人工画卷。

往村子里走，我们一行人穿梭在大街小巷，感受当地的风土民情，他们家家都有相同的房间构造，门口都贴着红彤彤的对联，或歌颂祖国的大好河山，或祈祷来年丰收、儿女康健。家里中年男女出去耕作，剩下老人办置家里的杂务，膝下还有成群环绕的子孙。瞧！村口转弯处，还有一些上了年龄的老人，他们围坐在一起，摇着蒲扇，吃着西瓜，聊着家常事，有欢喜也有忧虑。许是看见一些陌生的面孔，老人们朝我们招手，示意让我们吃西瓜。我们向老人交代好我们的来意，在交谈的过程中，我们了解到每家每户遭受着不同程度无情的变故、伤痛和不幸，但是他们依然热情、真诚、淳朴、给人带来感动。

据说，三年前的六月份，连日暴雨的阴霾久久不散，整整下了五天，甘霖变成了灾难，稻田遭受虫害、倒伏……我们急切地想知道如何解决了这个问题，崔奶奶说："没有办法，最后都没粮食嘞。"一年艰辛的劳动随着这种天灾付诸东流，乡亲们竟无计可施。清新的空气，淳朴的风情，是大地对这片土地的馈赠，但同时，面对山脊般赤裸裸的现实，他们只能暂时屈从，在扶贫的道路上挣扎。

第二章　聚力扶贫　梦萦未来

在国家越来越重视扶贫的时候，河凤桥村也搭上了顺风车，开始走扶贫之路。从村主任那里得知村里的李奶奶家是贫困户，我们决定一起去拜访她。李奶奶家在村子里的最西边，院子里简陋却也干净，进入李奶奶的房间，我们看到墙上贴满了奖状，李奶奶说这是她上中学的外孙从小到大得到的奖状，李奶奶自身残疾，无儿无女，唯一的女儿是从路边抱养的。李奶奶拿出了由商城县扶贫攻坚指挥部统一印发的贫困户明白卡，我们翻看了李奶奶的贫困档案，档案里清楚地记录着每月的低保发放情况以及河凤桥村居民最低保障对象备案表，李奶奶握住我们的手激动地说："都是国家这两年的政策好啊，知道咱贫困，该补贴的都补贴了。"村主任也谈道："在信阳市脱贫攻坚'聚焦一个核心、夯实两大支撑、走好三大步骤、确保四个清楚'的工作指引下，河凤桥村的扶贫工作响应上级指导，真正有效地去帮助贫困户，改善他们的生活质量。"

"没有调查，没有发言权"是毛泽东同志在《反对本本主义》一文中提出的著名论断。诚然，在我们社会实践的途中，只有深入农业，深入农村，深入农民开展调查研究，把最切实际的数据反映出来，去伪存真，由表及里地加以分析，明确农村的发展状况，才是扶贫过程中我们应该收获的东西。天空大雨滂沱，我们套上自制的雨衣，走在大街小巷里，完成了 98 张调查问卷。通过积极进家走访，我们了解到，在国家政策的大力扶持下，这里涌现了多样化的生产模式，其中首屈一指的便是康源种养殖专业合作社的成立，注册资本 500 万元，现有固定资产 120 万元，合作社流转土地 115 亩，其中：山地 50 亩、林地 60 亩、水面 5 亩。从事经营项目：品种草莓育苗、大棚设施草莓种植、大棚设施品种西瓜种植、品种花卉种植。截至目前经营收入 60 万元，利润 20 万元。长年用工需求量大，带动周边农户帮工增收，带动河凤桥、黄贩村 10 户贫困户就业。除此之外，河凤桥村还建设了培训中心，我们参观了培训中心并询问机构的作用，主任表示："就业是民生之本，创业是富民之源。增强贫困户的职业技能，促进贫困户的再就业，是从根本上解决贫困的方法之一。我们为增强河凤桥乡贫困劳动力就业技能，提高家庭收入，聚力扶贫攻坚，对贫困人口进行职业技能培训工作。”是啊，保证了村民的就业，扶贫脱贫也就不在话下。从多方面发展，让扶贫看得见，摸得着，才是真正的精准扶贫。河凤桥村的村民也借此机会，变得富起来了。

雨水从云端喷薄而出，打破空气中原有的沉闷与压抑，如同河凤桥村为打赢脱贫攻坚战不可抵挡的力量。

第三章　铁骨铮铮　风骨犹存

最爱的是信阳的暮色，夏日里的白云烤灼成赤红色，大片大片地簇拥在一起，此时，斜光照墟落，穷巷牛羊归，野老念牧童，倚杖候荆扉。每每此时，都会让我们联想到：是什么让饱经战乱、千疮百孔的岁月褪去，让中华大地焕发新生？思绪溯回到那段峥嵘岁月，感叹人间正道是沧桑。社会实践的最后一天，在老师的带领下，我们来到了著名的金刚台红色革命遗址，感受红军征程的艰难困苦。商城县金刚台红军洞群位于大别山在河南境内的最高峰——金刚台主峰，距商城县城 20 公里，金刚台山上的洞穴当年是红军的生活居所和战斗堡垒。1932 年 10 月，红军撤离鄂豫皖苏区后，中共商南县委继续率领游击队和妇女排以金刚台为屏障，以洞穴为据点，坚持了长达三年艰苦卓绝的革命战争，赢得了“三年红旗不倒”的美誉。时光流转，扛着红旗打天下的英雄们渐次下世，为了纪念他们和铭记那段峥嵘岁月，后人亲切地将山上红军生活和战斗过的洞穴称为“红军洞”。2017 年 1 月，金刚台红军洞群被列入“全国红色旅游经典景区名录”，在了解到金刚台的红色革命历史后，队员们纷纷表示要登上山顶，了解红色历史。金刚台的山路陡峭，道路蜿蜒崎岖，尽管经过人工改造，攀登仍然显得吃力，队员也切身体会到了红军征程的艰辛以及当今幸福生活的来之不易。习近平总书记不停地强调：“红色的基因不能丢失，我们应该一代一代传下去”。一寸山河一寸血，一抔热土一抔魂。回想过去的烽火岁月，商城人民以大无畏的牺牲精神，为中国革命事业建立了彪炳史册的功勋。我们要沿着革命前辈的足迹继续前行，把红色江山世世代代传下去。

第四章 醍醐灌顶 学子责艰

“我相信知识能改变命运，它不仅能改变一个人的命运，还能改变一群人的命运。”在返程途中，我脑海里一直回荡着这句话，这是河凤桥村的村主任发自肺腑的体会和对我们殷切的叮嘱。

村主任就是被知识改变了命运的人，同时用他的知识改变着他人的命运。大学刚毕业，像其他大学生一样他想要到一线城市，想在繁华的大都市闯出一片天，于是村主任去上海做了记者。起初凭借着勤劳与用心，他做得卓有成效，但最后却因为英语知识的匮乏失去了这份工作。这次打击并没有挫败村主任，他想既然是在知识上吃了亏，那么就该将自己匮乏的知识补回来。正是这样的想法，使他在工作中慢慢学习，拥有了很多技能，如摄影、编辑等。后来他到了河凤桥村，让知识改变每位村民的命运。

虽然现在的河凤桥村发生了翻天覆地的变化，但是人口流失、技术匮乏、农场和养殖场管理方法尚存短板，这一系列的问题让河凤桥村经济发展处于僵化的局面，实现全面脱贫还有很长的路要走。在康源种养殖专业合作社里，我们发现田间基础设施有所欠缺，我们得知虽然国家为他们花了大价钱打机井，但是却没有让每个人受益，好多的机井都处于空闲状态，农民并不会使用，他们只能眼睁睁看着。村主任说：“在你们的身上我又看到了知识的力量，掌握知识很关键，农村需要专业人才，有了他们的指导农民才能更快地走上致富路，我们真心实意地欢迎大学生到村里来传播知识。”

在目睹过无数生活的艰辛之后，我们学会了坚定内心，自强自立，面对任何困难都以团结一致的姿态去克服，用彼此的陪伴去慢慢化解。当再一次面对印着镰刀和锤子的党旗，用革命先烈的鲜血淬染的殷红色的国旗，我们从此定下一生为农奉献的决心，生活在和平年代的我们定要有一番作为，在大学四年的锤炼下不断完善自我，练就过人的本领，担负起中华民族伟大复兴的使命。

七月未央，我们一同见证了这份努力，也更明白农村发展之于我们的意义，我们要在党和国家先进政策的指引下，在扶贫路上不停探寻。

参观合作社种植园　摄影：毕研胜

（王晨　文）

守望星光　护住色彩

——湖南农业大学农学院 2018 年联合实践行动纪实录

农学院本科生团队赴湖南省湘西自治州花垣县新科村开展实践行动合影　摄影：黄祎晨

2018 年 7 月，为深入学习贯彻十九大精神，践行习近平总书记新时代中国特色社会主义思想，深入发力国家脱贫攻坚工程，汇智聚力国家乡村振兴战略，培养“懂农业，爱农村，爱农民，有理想，有本领，有担当”的“一懂两爱三有”人才，湖南农业大学农学院积极响应号召，围绕“精准对接留守家庭，助力乡村振兴”的活动主题，深度落实全国农科学子联合实践行动，通过层层选拔，从众多报名者中最终筛选出24名志愿者，组成“春蕴”与“农情筑梦”两支实践分队，并由农学院学工组赵世浩老师担任本次实践团队带队指导老师。

第一章　三年新科　逐梦同行

2018年我们再度拜访湖南湘西自治州花垣县麻栗场镇新科村，并以其为中心单位向附近村部开展前后持续十天的相关走访调研与支教活动。

相较于前两年的实践活动，我们根据当地的发展情况对调研任务进行了调整：除贫困户外，我们将非贫困户的其他居民、当地合作社、企业也纳入调研范围内。

在支教任务方面，为了不给孩子们添加学业压力，又能扩展他们的知识面，我们选择以美术、音乐、体育、中华文化、科学小实验这些趣味性较强的科目作为素质扩展课程的主要内容。

在这段时间里，我们能清楚感受到在“精准扶贫”政策的推动下，当地乡亲们对于未来更加美好生活的向往。同时，我们也钦佩于他们为了保护住自己的青山绿水而选择起步难、发育周期长的旅游产业而非工业的决心。

虽然十天时光如白驹过隙，转瞬即逝，但我们在较短的时间里成功融入当地人民的日常生活中，了解到了他们的人生百态。我们欣于看到新科村及附近村部的人们在“精准扶贫”工作帮助下生活水平均有很大的提升，但也对依旧存在的贫富差距、一些重要单位基础设施不完善等老旧问题表示担忧。

第二章　道是无情却有情

7月12日，我们在瓢泼大雨中出发，经过近8个小时的车程，终于抵达目的地。

其实在出发前很多天，我们就对湘西这个在外人看来很神秘的地方有了很多的猜想，也正贴切了沈从文先生书中所描述的那样——当一个从不过湖南的旅客如今拟由长沙，经湘西，过贵州，入云南，人到长沙前后，自然从一般记载和传说，对湘西有如下几种片段印象或想象：地险人蛮，地方文化水准极低；山中弥漫瘴气，土地贫瘠，在树林深处都是神秘传说的藏身之地。虽然在我们想象之中这神秘而又美丽的苗地并没有武侠小说中描绘得那么可怕，但始终对它保持着一丝敬畏之意。

在下车整理物资时，我们好奇地打量着这里的一切，初步估测这里致贫的原因包括了地理因素、生态环境因素等一些自然原因，并且这里无大片完整平地，无法使用大型机械，所以作为第一产业的农业发展受限。

这时，正巧碰见一位放牛归来的奶奶。小牛犊不管不顾，继续倔强地向山上走去，她无奈地甩了几下鞭子，拉紧牵牛绳，驻足在原地，用同样好奇的眼光瞧望着我们。在对视一会儿后，她突然笑起来，挥着手向我们打起招呼。那一刹那，被乌云染灰的山水仿佛也回归了本来的模样，拥有了色彩，感受到苗家同胞们朴实民风的我们，好像已经忘记了之前的种种猜想，开始融入这片朦胧的画布当中……

第三章　路漫漫其修远兮

黄桃作为花垣县主推的核心生态产业，备受重视，特别是新科村的黄桃种植基地，我们在到来之前便有所耳闻。我们在前期调研时多次拜访，但始终未见到黄桃合作社的负责人，而在一次拜访当地另外一家养蛙合作社的途中正巧碰见同样来查看情况的老先生，不可谓不幸运。

新科村黄桃种植合作社作为当地的龙头企业，与旅游业密切挂钩，一定程度上带动了当地经济发展，肩负国家“精准扶贫”地方单位的重担，而作为主要负责人的老先生也向我们介绍起了桃园的发展史。

桃园自 2014 年 11 月开始建设，即使还未完全建成，短短几年以来一直在迅速发展，规模逐步扩大，基本形成企业规格。目前桃园编制内员工共 86 人，共有 2 个合作社，2017 年入社 110 户，目前扶贫人数多达 2 000 余人。扶贫方式主要分为三块：响应国家扶贫政策、产业扶贫、村集体入股，其余方式有土地租借等。其中，村集体入股无疑是个亮点，附近村民通过向国家贷款，将资金融入企业中，企业再利用所汇集的资金发展，特别是黄桃近几年销量越来越好，盈利后企业在每年收入额中分红回村民，剩余利润再投入到企业运转，扩大企业规模，去容纳更多的劳动力……另外，公司还遵循滚动制度，脱贫人员会在后续阶段退出，让下一批贫困户进入合作社内。附近的空巢老人可以选择进入合作社接受培训，并根据自己的身体情况选择桃园里的不同工作，而且工资为日结，减小了家庭开销的负担。

这种思路清晰的运营模式不得不让人称赞，它不仅大大减少了贫困户再度因为其他原因返贫的现象，为他们提供了保障，也在不断打响公司的名声，扩大公司的规模。

对于未来的计划，老先生如是说："目前目标是加强种植业，明年基本建成桃园，到时候桃子产量还会进一步增加，而且已经初步形成以桃为中心的养鸡、养鸭、旅游农家乐的多元化模式，未来还要完成生态目标，有机、无公害、保质保量。不过，如果可以，想让我们政府能够再帮忙扶持一下，建设一个相关的加工厂，让那些在外地的青年人回来吧。"

"你们这些年轻人才是未来的主导者"，老先生沉默了一会又笑道："不过我也年轻过，你们要多多加油哇!"

人有生理的青春，那是用年龄与肉体来衡量的；也有心理的青春，那是用思想与心态来衡量的。有的人，正当年少，却胸无远志而暮气沉沉，年轻时就已经衰老；有的人年华已老，却壮心不已而朝气蓬勃，年老了却永远年轻。生理的青春如美丽的花朵，但它不能永开；而心理的青春如苍松翠柏，可以傲对时间的风霜。

在从黄桃园回基地的途中，新科村村支部的工作人员向我们简单介绍了当地近几年的发展变化，比如像前几年还存在"一夜建起"的茅草屋，现在通过各方的共同努力，这种情况几乎已经绝迹，有很多村民已经住上了砖房，少部分仍旧住着较为简陋的土屋；在公用基础设施方面也有很大的变化，目前村里大部分主干路线经过修建更新为柏油路，并有相关线路的公交车已经正在运行工作；符合生态生活的太阳能路灯正在陆续安装……

为了进一步了解基本情况，在调研的前半阶段，我们走访附近村民，分发调查问卷。我们发现虽然新科村近几年在经济发展方面有很大的提升，但仍存在着一些问题：大多数家庭收入均有提高，家庭条件均有改善，但消费观念依旧保守，如果有利润收入，更倾向于将收入折算成现金保存在自己身上，不存入如银行等储蓄渠道，同时也不敢随意消费。在能源方面，即便天然气这类清洁能源在当地已经普及，且价格低廉，但还是会有相当一部分家庭继续选择柴火作为自己日常生活的主要能源。在饮食方面，也是处于一种"地里种什么，产什么，就吃什么”的状态，对于其他食物如肉类需求心理并不强。

对于一些细节方面的问题，有不少人会选择回避或者含糊带过，这对我们的调研记录带来不小的影响，我们只能通过他们话中的其他描述尽力补全问卷，以防调查结果与实际有所出入。

在调研逐渐进入尾声时，我们分出一部分队员前往附近的望高村跟随湖南农业大学的驻村老师进行深入调研。望高村相较于新科村地理位置更为偏远，扶贫工作进展也更为困难，调研工作难以推进，问题有以下几个方面：当地户口记录冗杂混乱，比如一家五口即使并没分家，有时也能分成两至三个户口簿，容易造成扶贫对象缺失的情况；当地年岁稍高的少数民族老人有的甚至听不懂普通话，询问过程还需要相关工作人员在旁帮助，耗时耗力，工作更加繁难；部分人群仍对扶贫政策无基本概念，对于我们的调研工作有抵触心理。

综上，我们通过调研总结发现本次调研村落致贫原因有以下几点：地理位置偏僻，与外界沟通较为困难，但近几年的道路建设已经大大改善了这个问题；家庭成员整体文化素质偏低，接受农业科技和新生事物的能力较弱；家庭人口基数大，主要劳动力严重流失，次要劳动力年老、年弱，二十岁至四十岁左右的青壮年劳动力外出打工，有的村落里甚至出现走在路上看不到年轻人的情况，空巢老人、留守儿童现象普遍。经济来源比较单一，农田收入产出效益低，土地不敢、不想流转思想普遍盛行，毕竟土地也是老人们赖以生存的少数经济来源之一。

针对这些问题，我们构想出一些应对措施：在政策帮扶方面应当积极宣传党的路线、方针、政策和国家法律法规等重大决策部署、发展战略、发展思路和重点工作，结合乡情、村情，有针对性地为群众提供科技知识、实用技术、信息等方面的服务，要进一步加强思想帮扶。“精准扶贫”工作要在宣传方面投入更多精力，当地村支部应当时不时跟乡亲进行思想沟通，以潜移默化的方式打开他们的心扉，让缺乏基本概念的人了解、接受相关政策。同时，也要帮助他们克服“等、靠、要”思想，让其树立勤劳致富、自主择业、科学耕作和规范化养殖的观念。在日常生活方面也应当给予一定帮助，通过物质经济的支持和帮扶，协调解决帮扶群众在生产、生活中的实际困难。给予教育事业更多重视与支持，完善教育机构的基础设备，帮助贫困家庭儿女完成学业等等。

调研或许是所有任务中最让人感到压抑与焦虑的一部分，每位队员或多或少都被所看到的景象冲击到以前所固有的思维，但无论如何，新科村在政策与社会各界共同的帮助下，已经有了很大的发展。这些可见的发展，进一步加固了我们一定要为扶贫工作尽可能地奉献一份力量的决心，继续推动我们向前大步迈进。

第四章 不忘初心，勿失星光

在很多事物才刚刚起步的新科村，企业与合作社在扶贫事业中起到的作用尤为重要。在百事都还基础差、底子薄的情况下，他们在工作中所遇到的酸甜苦辣或许无人知晓，支撑着他们的或许不仅仅只有信仰，更有来自内心深处的对于这片土地的热爱。

“这是蜂胶，将这一层刮下来之后，我们就可以将蜜脾，也就是这排板子放入机器中将蜂蜜摇出来。”吖谷一中蜜蜂养殖专业合作社的负责人一边操作着手中的活，一边向我们仔细介绍道。如液体黄金的天然蜂蜜，从一格格的小蜂格中流出，这场面一瞬间就勾引起了观看者的食欲。“蜜蜂采集一公斤蜂蜜就要飞行45万公里左右，所以说这些蜂蜜都是蜜蜂们很长时间以来的心血了。”这位苗族大叔热情地将刚离心出来的蜂蜜用舀子挖出与我们一起分享。原浆蜂蜜品尝起来其实并没有超市里我们常见的那些款式那么细腻，但是香气更为浓郁，回味时还带着一股子果香，即使是一点，也足以让人快乐上半天。

到了采访的时候，蜜蜂养殖负责人刚换好防蜂服，向我们仔细介绍本地蜜源会随着四季变化有所不同，像在春初二三月份，是本地的小菊花为主要蜜源；至春末，就会转换为湘西这边所特有的一种藤蔓植物；到了我们来的这个季节，蜜蜂们可能就会飞远一点，采集附近黄桃园的花蜜。蜜蜂虽然平时看上去风雨无阻，什么都不怕，但其实也是十分脆弱的，就拿最近一次蜂群的“重大事件”来说：附近桃园只是喷了小范围的化学杀虫剂，几乎就有几千只蜜蜂因此而死亡。平时螨虫灾害、太阳角度的问题，甚至蜂群的数量问题，都会导致蜂群发生变化。所以养蜂这一行业在要求具备专业知识的同时，还需要长期驻守在蜂箱附近，时不时就需要查看一下现场情况，可以说是如履薄冰，小心翼翼。

听完介绍，我们队员对一些问题也有一丝疑惑：“为何不与当地桃园枣庄进行合作？桃与枣的花期正好有区分，可以弥补蜜源不足的问题，而且枣花量大蜜多，在北方是相当重要且可靠的蜜源。”对于我们的疑惑，蜜蜂养殖负责人都一一耐心回答："其实曾经也有想过与桃园合作，但因种种原因，合作没有成功。另外我们想将本地特有的藤蔓植物所采集而出的花蜜作为打响我们合作社品牌的亮点之一。"

对于"为何不将蜂蜜卖给收蜜的大公司"这个问题，负责人说出了自己的见解："蜂蜜原浆价格的确稍贵，但如果卖给收蜜人，他们带回企业后，就会混合糖浆制作成水蜜，在相同的重量下水蜜远远便宜于原浆，但营养价值、口感什么的也会下降，做水蜜的确是很赚钱的方法之一，但是我瞧不上他们。"

"现在人越来越重视养生，蜂蜜作为热门之一肯定要把握住质量，或许用现在的网络用语说这是不忘情怀，我也不知恰不恰当，但是在我眼中不负良心就可以了。"这位幽默而风趣的苗族汉子正是因为始终不丢弃苗族人那股纯真善良而乐观、不怕吃苦、不怕困难的态度，砥砺前行，才让他的蜂蜜在网上有一定名气。

第五章　你是世上最美好的色彩

"再大的圈也无法限制住想象力。"

绘画课上，孩子们正小心翼翼地为自己的石头上色，绘画内容有的是每日都能看到的新科村的风景，而有的孩子描绘的是自己外出家人口中或照片中展现的外面世界，虽然只是一角，但也让他们对外面色彩缤纷的世界有了很多很多遐想与向往。

环绕的山路像一个圈，将这片小小的土地，紧紧地包围在那里面，而那一条伸向远方的公路，像一根线串联起了我们与新科村。与调研工作同时展开的支教活动同样是帮助我们了解民情的途径之一。

"孤独，但不寂寞，甚至还会有点小快乐。"这句话用在孩子们身上最为恰当不过了。在我们眼里，他们平时沉默寡言，好像不会用言语表达自己，但是又懂得如何表达自己的小情绪。他们仿佛对一切事物都充满好奇，看见我们手中的相机，有时候会自己凑到镜头面前，笑着、眼睛眨巴眨巴着，闪着光，希望我们能给他们拍一张。上课时严肃的样子，练字时认真的样子，回答问题端正地举起手的样子，在小操场欢笑奔跑的样子……每一次小小的互动都让我们与他们的距离更进一步，两心无间。这里的每一个孩子都值得我们去关注，用心血呵护灌养。

“只叹往事可惜，南北东西”。下课期间，在与孩子们的聊天过程中，我们发现有不少孩子都提到过经常会有一些像我们一样的大哥哥大姐姐来到这里跟他们一起待上几天，但很快就走了。在这些孩子中间，有不少都是邻村的孩子，听说新科村有支教活动，特地跑来看看有没有自己熟识的面孔，但很可惜，那些前辈们或许都像《边城》中那样“或许永远都不回来了，又或许，明天就回来了!”但他们在孩子们心中播下的火种，说不准哪一天会被点燃，让这些孩子鼓起勇气，向更远的远方出发。

我们从山外而来，来体会这里的人生百态。同时也期盼着，这里的孩子能够走出这个山，去外面看看大千世界，感受千味人生。

第六章　最藏温情的 是这人间烟火

每当太阳缓缓攀向头顶，或许是因为空气对流，厚厚的积云堆起，染黑半边天，衬着另一半愈发深蓝。在这云墨天青的环境里，发呆无疑是最好消磨这好时光的方式。

下课后，有的孩子倚在门沿上，伸出小脑袋向外探望着，看着门外的小伙伴戏耍，有的孩子则静静地待在教室里，靠在窗边，向上张望，不知在想着些什么，或者想着谁。这些留守在这里的孩子们，是那些外出人的希望，也是新科的希望。

窗外，天上，厚积云累在一起，悠悠飘着，时间仿佛都放缓了。

傍晚，西边霞光还未散尽，东方一弯淡淡桂黄色的月亮已悄然挂上。与孩子们一起拎起井中水桶，带着水气的微风从身旁拂过，就这样静静地与孩子们坐在一起的日子，或许是人生中最美好的夏天。

虽然时间短暂，但我们在这里度过了快乐的时光。无论是调研中所看到的苦，还是支教中尝到的甜，我们都不会忘记。与当地乡亲、孩子们度过的每一天日常生活，都值得好好铭记。正是因为在一起生活过的日子，让我们更加明确了作为农学人所应拥有的担当与温情，也让我们拥有了更多的动力，继续往前走下去。

收拾物资时，又碰见了那位放牛的苗家奶奶，她远远地看着，一会儿后，她笑了笑，向我们挥了挥手，继续拉着她的小牛犊向山下走去。

新科村的梦在实现着，梦醒的我们已经清醒。

三下乡已告别一段落，但那山那水，至今，都还鲜艳地保存在我们的梦里。

队员们正在小心翼翼地查看蜂巢框　摄影：胡文瑞

（林嘉峰　文）

用一颗赤诚的心做一件有意义的事

——华中农业大学植物科学技术学院2018年联合实践行动纪实录

实践团队进行问卷访问调查　摄影：孙浩东

有一种经历，叫我经历你的生活；有一种感受，叫我觉得你能更好；有一种期盼，叫我希望你幸福发展；有一种责任，叫我愿意为你奉献青春。

2018年暑期，当全国农科学子联合实践行动的集结号又一次吹响的时候，华中农业大学植物科学技术学院的同学们便积极行动起来，继续用一颗赤诚的心，努力做一件有爱的事。在这条路上，有“爱心支教”“与岗位科学家同行”

“红色记忆寻访”……虽然有多个不同类别的实践小队，但相同的是，队员们都用他们的知识、热情，谱写着一首首激扬青春、奉献爱心的歌。

第一章　白日不到处 青春恰自来

“白日不到处，青春恰自来。苔花如米小，也学牡丹开。”一首《苔》唱出了山区孩子们走出大山的梦想。他们虽然没有像普通孩子那样优质的教育资源以及父母更多的陪伴，但他们就像苔一样，在最不起眼的山区，努力地想盛开出自己的人生之花。“小宇宙”支教团的队员们则希望：他们的到来，会在孩子们的心中种下希望的种子，风一来，花自然会盛开！

早在2013年，时为华中农业大学植物科学技术学院大二学生的田霞带着支教团的队员们来到贵州省沿河县麝香村小学开展支教活动。转眼间，6年已逝，65位支教队员，带着“小宇宙”传承的精神和信仰砥砺前行，以大爱感染村小的孩子们。

2018年4月初，第六届“小宇宙”支教团正式组队后，队员们就开展了前期的准备工作。在备课准备会上，除最基础的语文、数学、体育课外，结合各位队员的专业特色，并结合当地教育硬件设施与课程开展情况，“小宇宙”支教团在支教课程上增设了英语、美术、手工、生物、地理、音乐、电影、安全教育等特色课程，并进行了多次试讲。在物资筹备上，支教团通过制作滴胶与水信玄饼、收集在校生捐赠的闲置物品等，并将这些物品进行义卖获取支持资金。同时又经过线上筹款，共获得资金6 000余元，全部用于购买图书、教育用具、运动器材、益智玩具等物品。

2018年8月3号，带着这些满满的爱，“小宇宙”们踏上了支教之路。一到达学校，“小宇宙”就展现出极高的热情：打扫小学，调试教学设备，与当地老师沟通交流教学情况，与当地村民了解当地生活状况，积极准备第二天的开班仪式等。看着孩子们那渴望知识的眼睛，这群可爱的人明白，教育就像一棵树撼动另一棵树，一朵云触碰另一朵云，一个灵魂唤醒另一个灵魂。这种传递和唤醒，就是教师的伟大之处。

为了深入了解孩子们的家庭状况，调查当地产业结构模式、经济发展状况，也为了给农户们普及农业生产知识，助力精准扶贫和乡村振兴战略，“小宇宙”

们在课后还进行了家访。给他们印象最深刻的是3个小女孩。这3个姑娘的家住在山的另一边，山路崎岖，路只有大约1米宽，一边是山体，一边是悬崖，脚下的路还是不规则的沉积岩，一脚踩得不留意，就会摔落悬崖，连营救的可能性都没有！孩子们看到大哥哥、大姐姐们大汗淋漓，纷纷拿出纸来给他们擦汗，把手里的水给他们喝。孩子们就是这么简单，他们的善良毫无保留。正是这种最质朴、最简单的温润纯良，让“小宇宙”感动不已。“世上本没有路，走的人多了就有了路”。但是那条几乎没有人走的山路是孩子们的漫漫求学路，更是孩子们走出大山的路。

在支教过程中，“小宇宙”们不只教给孩子们课本上的知识，他们更是在这群孩子心中种下一颗种子，希望能够放飞他们在田埂上的梦。而这个梦，如今正在一步步实现。2018年，第一届“小宇宙”们教过的孩子田玉辉，以优异的成绩考入华中农业大学工学院机械专业。他圆了自己的大学梦，而对于“小宇宙”，这是莫大的动力。这就是“小宇宙”存在的意义，这也是支教的魅力。

那里的清晨很凉，那里的星空很亮，那里的月光很美，那里的天空很蓝，那里的云彩很近，那里的故事好多，那里的回忆太满……3个周、7间教室、12个“小宇宙”、21天、420节课，会在孩子们心里铺下一条路，一条走出大山的路。他们在孩子们心中种下希望的种子，与孩子们再见时必定是梦想发芽的那天。那里他们曾去过！

第二章　专心行走在耕读青春的路上

中国自古有一个成语：学有所成。每一位大学生也都希望自己能够学有所成。因此从读懂“有字之书”到读活“无字之书”是大学生学有所成不可或缺的必经之路。去实践，去基层实践，去需要农业学子的基层实践，是一件美妙的事情。

2018年7月25日至8月4日，华中农业大学植物科学技术学院赴内蒙古暑期社会实践队在岗位科学家张椿雨老师的带领下，踏上了内蒙古呼和浩特市、巴彦淖尔及其周边旗县深入调研之旅。受中国工程院院士傅廷栋的委托，来自不同学院、不同专业的实践队员们有了一个共同的使命——助力华农饲料油菜花开内蒙古，为内蒙古的农牧民脱贫致富。

为期10天的实践中，小队成员们在呼和浩特土默特左旗进行调研，通过走访农户，了解养殖户对牲畜饲料的配方和来源，随后前往大北农、圣牧高科等公司，就饲料油菜的推广进行进一步交流和会谈，了解到企业对饲料油菜的产值和干物质含量比较看重，便于后期进行品种的改良和相关营养物质的提升。在巴彦淖尔地区，队员们仔细询问了“饲油2号”饲料油菜日前在当地的种植情况。社区养殖大户告诉实践队成员，饲料油菜不与粮食争地，大大提升了土地利用率，促进了农民增收脱贫。一位姓李的农民大爷高兴地说道：“我家种着四百多亩小麦田，秋天就能种四百亩的饲料油菜，自己的牲口吃不完还能卖出去!”队员们看到农民脸上喜悦的笑容，心中也着实为农民们高兴。农科学子，就应该为农业发展进步贡献自己的力量!

如果传统饲料作物助力养殖大户脱贫，那么华中农业大学植物科学技术学院赴湖南龙山县柑橘实践团则通过解决各种实际问题，助力当地果农提高收入。

龙山县，国家贫困县。由于地处山区，再加上国家退耕还林的号召，龙山县逐步探索出以柑橘代替传统农作物的经济发展模式。队员们到达龙山县后，映入眼帘的是遍地的柑橘林。通过调研发现，龙山县柑橘的发展存在一定的问题：一是柑橘的病虫害肆虐，降低果子产量；二是灌溉设备落后，在果子需要大量灌溉的时候，仅仅依靠蓄水池达不到理想效果；三是先进的施肥打药的机械几乎不存在，使用人工导致果子的成本偏高，竞争力不强；四是交通不便，果子销售出现运输不便。

队员们在调研后，针对上述问题给予了一一解答。运用专业知识，对出现的病虫害肆虐的原因进行分析，给予一定建议，后期回校后继续保持有效联动；政府在政策上给予更大力度的扶持，对购进的先进设备进行货币化补贴，多派农业技术人员下乡传授管理栽培技术；大力进行招商引资，兴修道路，积极把龙山柑橘这张名片“送出去”；果农们联动起来，成立柑橘合作社等，共同将柑橘产业壮大。

耕读路上，华农学子始终认为，作为一名高等农业院校的学子，有义务将农业的大旗扛在肩上，将农村的问题记在心里，为农民的脱贫贡献青春力量。

第三章 种下红色基因 巩筑脱贫力量

“八月桂花遍地开，鲜红的旗帜竖呀竖起来，张灯又结彩呀啊，张灯又结彩呀啊，光辉灿烂闪出新世界。你看那红军队伍真威风，百战百胜最英勇……”这是战争时期脍炙人口的《八月桂花遍地开》的歌词，轻快的小调诉说着歌曲里的雀跃，但背后英雄儿女的事迹却是万般沉重……

金寨县隶属于安徽省六安市，位于皖西边陲、大别山腹地，是国家首批重点贫困县，是安徽省面积最大、人口最多的贫困山区县，也是大别山区扶贫攻坚重点县。两年前，习总书记考察安徽时第一站来到这里，为当地的发展做出重要指示，提出“要打好脱贫攻坚仗，让老区人民过上幸福美好生活”。为了深入学习习总书记重要讲话精神，感受金寨县近年的经济变化情况，华中农业大学植物科学技术学院赴安徽省金寨县暑期社会实践团去到那里，用自己有限的知识助力当地脱贫攻坚。

在金寨调研的日子里，实践队员们先后在红色革命纪念地进行了爱国主义教育的学习。在金寨县博物馆，他们看到了真实的一幕：“博物馆来了一位老人，佝偻着腰，表达不清楚自己来的目的。讲解员安排他坐下，老人拿出一张纸，上面写着某师某团黄先彬，纸上写的是老人父亲的身份证明。讲解员带着老人来到那面写有革命烈士的名字的墙前，找到了那个名字，但是遗憾的是有四个人同名同姓同字，无法确认哪个是父亲，老人站在墙前背对着所有人，尽力抑制自己的哭声，但是后来还是哭得像一个孩子，不知过了多久，墙上的四个同样的名字被老人一一抚摸着，也一一地叫一声‘爸爸’。”这声迟到了86年的“爸爸”，感动了所有人，实践队员们更是深受感动。战争年代，无数人可能还来不及留下自己的名字就已牺牲，正是这样一种奉献和无私，才让大家有了现在的好日子。

除了爱国教育学习，实践队还对当地产业进行调研梳理。

黄精是多年生的草本植物，是一种药食同源的中药材，在金寨当地有较长的种植历史。该作物喜阴，且为块茎类作物，适应于当地的山区气候条件。在政府的政策扶持下，目前金寨县形成了一套完整的黄精产业链：黄精生产企业提供苗木和技术，政府和农户共同出资作为前期投入，种植收获后由公司统一回收，做到“药到贫除”。

金龙玉珠源于唐朝，唐时被列为十四品目贡品名茶之一。到了近代，金寨人延续亘古，并与现代工艺完美结合，做出品质极高的茶叶，并形成了相关产业。实践队员们实地观摩了当地制茶车间，了解到金龙玉珠的制作工艺较复杂，为了达到一芯两叶的标准，必须进行人工采摘。每到采茶旺季，制茶公司都会吸纳周边地区大量留守人员，提供就业岗位。在完成企业生产任务的同时，也支持了当地的脱贫工作。

实践团成员经过调研，更加坚信在党中央的正确领导下，“两个一百年”的目标一定会实现，中华民族的伟大复兴也一定会实现！青春是一首歌，需要青年来用心歌唱；青春是一首诗，需要青年来奋力书写；青春是人生路中的一小段，虽然短暂却无比珍贵，青春正当时的大学生，应该有理想、有本领、有担当，在这奋斗的年纪，本着持之以恒的执着和创新的精神努力拼搏，既要读好理论书，也要读好“实践”书。

“三农”问题一直是我国需要解决的重大问题。在这个过程中，需要有更多具备“一懂两爱三有”情怀的农业人才，需要有更多“胸怀天下、心系苍生”的

“小宇宙”支教团与孩子们大合照　摄影：陈琪

行业领军人才。全国农科学子联合实践行动，汇聚了千千万万这样的人，他们用青春的历史使命和现实责任去“笃行”。在历史的长河中，每个人所做的事情可能不值一提，但在最美的年纪，用一颗赤诚的心做一件有意义的事，足矣！因为，千千万万件有意义的事情汇集在一起，就是国家脱贫攻坚事业的中坚力量！

故事还有很多，脱贫攻坚依旧在路上……

（贾浩洋　文）

你我　再遇

——江西农业大学农学院 2018 年联合实践行动纪实录

江西农业大学党委副书记胡春晓同志赴修水县亲切看望实践队员　摄影：刘秋燕

蝉鸣鸟啼
夏风轻拂田边的云朵
墙院上一丛鲜艳的野花
在盛夏中怒放

又是一年下乡志愿服务

又是一年七月的火石村

年轻的生命在远山深处唱响新时代的旋律

——题记

窗外晴空万里，白云悬挂在远处的峰顶。夏夜里的蝉鸣鸟啼，奏响了一曲青春洋溢的主题曲，萤火虫在夜空中起舞。

时隔一年的夏天，农科学子联合实践行动又开启新的征程。青年大学生作为新时代的社会主义建设者和接班人，担当着中华民族伟大复兴的青春使命，在深入学习贯彻习近平新时代中国特色社会主义思想和党的十九大精神，聚焦助力乡村振兴和精准扶贫的时代背景下，2018 年 7 月 8 日，江西农业大学农学院实践队员分赴修水、上饶、横峰、鄱阳、余干、上高等 6 个国家级贫困县，深入开展“助力精准扶贫，聚力乡村振兴”全国农科学子联合实践行动。同样的实践行动，同样的青春力量，书写农科高校师生新时代奋进之笔。

第一章　再临　和睦

夏风吹过，带着油茶的清香与青春的活力，我们再次来到了记忆中的修水。带着 2016 年和 2017 年的志愿记忆，我们乘坐的车辆一路飞驰，来到了修水县何市镇火石村村口。道路两旁的金黄稻田迷人双眼，涓涓细流敲打着童谣，甘甜的茶水带走了奔波的疲惫。村民淳朴的笑容充满热情，一下子拉近了我们和村民的距离。村支书为我们在地图上详细标注调研对象的住址；大学生村官秋燕姐总是耐心为我们解答疑惑；在大雨滂沱之时，村民将仅有的雨伞借给我们外出调研；得知外出调研路途遥远，他们将自家的农用三轮车借给我们……火石村的支持和配合令我们深受感动，因为有他们的支持，我们的志愿服务才得以顺利开展，因为有他们的配合，我们的调研才能够简单高效，内容才能够丰富多彩。

农业科技助力脱贫攻坚。何市镇的山上有着漫山遍野的油茶树，远远望去仿佛是巨大的天然琉璃，在阳光下闪闪发光。农业是何市镇的支柱产业，为了给何市镇精准扶贫做点事情，志愿服务队邀请了江西农业大学林业专家吴南生、畜牧专家舒邓群、果蔬专家周庆红三位专家亲自到何市镇火石村、郭城村、松林村的产业基地提供专业技术指导。

油茶专家吴南生指出了当地油茶种植密度过大、灌溉设施不完善、修剪整形和清理杂灌不到位、病虫害预防不足等问题；畜牧专家舒邓群提出了解决母猪夏季屡配不孕、完善粪污处理设施和粪污资源化利用、降低养猪成本、猪场疫病防治以及夏季防暑降温等生猪养殖建议；果蔬专家周庆红根据贫困户反映的西瓜植株发病严重和二茬瓜难以保证的问题，建议将田间大棚有滴膜改为无滴膜，把余留的植株采用更新栽培争取获得较好的二茬瓜产量，尽量采用吊蔓栽培增加种植密度和减少病虫害发生。

同时，我们还组建了宣讲团在村头广场摆放易拉宝展板、深入农户家中发放宣传手册、在中小学校开设理论宣讲，在当地深入宣讲新时代中国特色社会主义思想和党的十九大精神。

第二章 再遇 共情

树梢的枝叶随夏风轻轻摇曳，我们带着那顶草帽走在乡间小路上，倾听基层农村扶贫脱贫的感人故事。

刘大爷，中共党员，2018 年 65 岁，目前家里的经济困难主要因自己和老伴生病，一年医药费就要一万多块钱，这对农村家庭来说是一笔不小的开支。好在两个儿子已经长大，收入不高的他们时常寄些钱来补贴家用。刘大爷平时非常关注精准扶贫工作，对县、乡、村精准扶贫工作成效大为赞赏。刘大爷认为自家的情况比其他贫困户要好一些，在扶贫政策前，他总是先想到别人再考虑自己，让我们深受感动。

王大伯家是移民户，受过伤的腰让他无法干重活，妻子也不具备劳动力，家庭收入十分微薄。这些年，国家扶贫政策帮助他的家庭解决了医疗、教育和住房方面的许多问题，实现了“脱贫摘帽”的幸福生活，王大伯很是感激，对未来生活更加憧憬。

扶贫就像阳光，温暖了处于贫困中的人民群众。寻着记忆，我们一路匆匆赶到钟阿姨家，发现记忆里那座漏雨的土坯房不见了，取而代之的是崭新干净的砖瓦房。我们刚走到门前就看到了一群孩子在欢笑、游戏，钟阿姨热情地出来迎接大家。头发整齐地盘在脑后，气色好了很多，人也显得比以前年轻了很多。坐在桌前环顾四周，不由感叹变化之大。钟阿姨高兴地说："这是政府给我们盖的新房，电视是村委会送来的，真的感谢我们政府啊！"话音还没落下，钟阿姨感激的眼神显得更加坚定。我们了解到，除了生活补贴外，这几年钟阿姨还享受到了当地政府发放的种植补贴、养殖补贴、教育补贴，她的家庭因此发生了巨大的变化。

因为有真扶贫、扶真贫，从而有真动情、动真情。火石村有数得清的贫困户，但却有一路道不完的感激情。情系基层、精准扶贫、脱贫攻坚，这就是乡村振兴战略在基层的真实体现。

第三章　希望　守望

夏风依旧，拂过脸庞，带着夏天少有的清凉，带给人以希望。

修水县是人口大县，也是劳务输出大县，越来越多农村劳动力选择外出务工，家中留下了年迈的父母和年幼的孩子。老人承担起了照顾孩子的重担，而孩子过早地离开父母的呵护，容易产生不安全感与孤独感。

为了让留守儿童感受到家庭的温暖，为他们创造健康快乐的成长环境，丰富留守儿童的精神文化生活，弥补亲情、教育、安全的缺失，我们特意在实践期间，留出足够的时间，来到了村小学，与当地留守儿童一起开展主题帮扶活动。以"防洪防灾""安全教育""亲情陪护""心理帮扶"为主题，开展了"防溺水""妈妈我想对您说……""红丝带""微心愿""亲情连线"等活动，引导留守儿童学会珍爱生命、学会自我防护、学会感恩与关爱他人，树立自强、自立、自爱的意识。

精美的动画图片、生动有趣的讲解，我们结合专业精心为孩子们准备了植物趣味科普知识，与孩子们一起探索植物世界的奥秘；通过面对面、键对键、纸对纸，我们与孩子们一起，看见孩子们渴望的眼神，我们心里愈发感受到活动的重要性。

课堂上，我们带着孩子们齐唱《歌唱祖国》《国家》等耳熟能详的歌曲，孩子们学得很认真，唱得也很好，没有了刚开始的拘束感。我们和孩子们一起做折纸、转魔方、玩游戏，现场一片欢声笑语。孩子们将微心愿写在红丝带上，贴在心愿墙上，我们为孩子们送去了卡纸、模型、魔方等礼物。他们每个人的脸上都洋溢着幸福的笑容，仿佛是得到了世界上最美好的幸福。虽然只有短暂的几天相处时间，孩子们的变化，我们看在眼里，甜在心里。他们从起初的拘谨变得放松，从沉默变得活跃，从胆怯变得自信，脸上也露出了久违的本该属于这个年龄段应有的天真和快乐。看着孩子们一点一点地变化，炎炎夏日，极端的天气，我们虽然很累，但都觉得值。

何市镇敬老院的老人大多没有子女或者子女外出务工，由于平日里没有子女的陪伴，我们到达后老人们感到特别亲切。老人们的屋子都收拾得干干净净，交流过程中说到高兴处老人们还站起来比画。老人们平日里没事就出门散散步、种种菜、晒晒太阳，日子还算舒坦。老人给我们讲述了往事，描述了那个年代所经历的变革，叮嘱我们要好好珍惜现在的美好幸福生活。“老吾老以及人之老”，希望这次亲情陪伴可以成为聚合七彩的一束阳光，点燃社会的每一份关爱，温暖养老院的每一位老人。

第四章　磨炼　成长

夏日的傍晚，鸣蜩嘒嘒，凉风习习。三三两两的村民，摇着扇子坐在村头，一起迎接着夜的来临。

每天调研结束，我们都踏着夕阳的余晖返回驻地，此时的我们已是腿脚酸痛，但我们之间相互鼓励加油打气，坚持把调查问卷进行检查、汇总统计，找寻问题、解决问题。通过每天的讨论，我们调研的效率越来越高，在讨论中一步步成长、成熟，调研更高效。

“人是铁，饭是钢”，实践期间烧菜做饭都是我们自己动手，这也就成了每天的一项工作和可以忙里偷闲的小时光。我们分成3个小组轮流负责大家一天的饮食，买菜、择菜、洗菜、切菜、烧菜、焖饭、熬汤等，我们都是边学边做，以前从未买过菜的我们，也“入乡随俗”学会了讨价还价，学会了挑选食材。每天的饭点，厨房最热闹了，时不时暴发出一阵笑声，一瞬间仿佛是小时候记忆里的那个大家庭一起过年，一股无法言说的感情在胸腔慢慢扩散，这就是幸福。

短短几天，我们已经与当地村民成了家人一般的存在，也成了孩子们心目中的哥哥姐姐。每天晚饭过后，男生们会被村民拉到村子里的广场上，央求他们教如何打篮球。女生们则会把投影仪、音响、电脑拿出来为当地村民播放《厉害了我的国》《红海行动》等红色电影，并准备了解暑解渴的茶水。红色塑料板凳在火石村村委会摆得整整齐齐，茶水甘甜解暑，不到七点整个村委会便坐满了村民和孩子，孩子们也聚精会神，看得格外专注。深夜在不知不觉中来临了，电影中的炮火声慢慢减弱，广场上渐渐安静下来，草地上、树林里一片寂静。田间传来的青蛙的叫声，也仿佛成了村子里动人的催眠曲。

第五章　离别　感悟

在修水志愿服务的夏天已经过去，而我们的回忆不会在这个夏天终止，风儿带着我们的记忆吹过每一个夏天。

总是感叹相聚的时光短暂，时针滴滴答答地走过，时间的脚步从未停歇，我们的友谊从未改变。

青涩流年，时光浅淡，听这一季风起，何市镇的故事，悄然印在心间。

实践队员入户调研　摄影：张中信

（马慧琴　柳晓阳　张中信　文）

不忘初心　砥砺前行

走进乡土乡村　助力精准扶贫

西北片区

当青年一代将青春梦融入中国梦，承沙海老兵精神，怀铸剑成犁誓言，沿一带一路畅想接续奋进，改变，也正在发生。

于是我们发现，原来每个人都可以是彼此世界的“盖世英雄”。

再次站在过去与未来的边界，着实应了那句：

凡是过往，皆为序章。

不忘初心　砥砺前行

——甘肃农业大学农学院 2018 年联合实践行动纪实录

实地中药材考察　摄影：贾小芳

难忘那斜出于层山之间的如钩明月，难忘那风雨无阻悉心守护的数片绿洲，难忘那苍老如柴却坚实有力的宽厚手掌……短暂的实践虽不能改变他们的生活，但那里的一草一木都知道——我们曾经来过。2018 年 7 月，为响应大学生“三下乡”社会实践活动，甘肃农业大学农学院特组建两支省内下乡社会实践校级小分队，并鼓励各年级学生积极参与其中。甘肃农业大学农学院 2018 年联合实践队伍共派出 2 支实践小分队，一支队伍前往定西市岷县秦许乡百花村，另一支则奔赴兰州市榆中县中连川乡黄蒿湾村。此次实践主要开展了走访调研、科技支农、义务支教、关爱留守儿童和孤寡老人、环境保护宣传等“亲近农村”系列活动。在为期十天的社会实践中，我院学子走进田间地头，深入乡镇基层，用青春的热火，点燃了生命的激情。

七月的甘肃农大朝露微冷，实践队员们满怀期待地踏上了实践的路程。红日初升，阳光透过树隙在车窗洒下细碎的光影，大巴车穿过熙熙攘攘的城市街头，颠簸间兰州市内马路旁那绿荫如盖的行道树已被抛在身后。微风阵阵，吹走了心头积攒的尘霾。曾经有许多时间，我们身处大自然的怀抱深处，或奔跑嬉闹，或静坐沉立，或闭目聆音，我们永远也忘不了那个满心期待又宁静的早晨，那是再也回不去的时光。

“没有怨恨的青春才会了无遗憾，如山岗上那轮静静的满月”，正值青春年少，若只在象牙塔中故步自封，多年以后再回首，留下的将不仅仅是遗憾。服务基层，践行大爱，通过本次暑期社会实践活动，同学们将理论与实践有效结合，充分认识了实干的重要性，为引领我院学子积极向上的学习生活态度奠定了坚实的基础，书写了人生新篇章。

第一章　公益，永在路上

时维七月，暑期长假如期而至，农学院学子迎着朝阳踏上了前往暑期社会实践目的地的路程。行走在田间地头，他们用汗水滋养青春，用激情点燃梦想；脚下的道路记录着他们的踏实刻苦，头顶的烈日见证着他们的辛勤努力。原来，沟壑纵横的黄土高原，弯弯曲曲的乡间水泥路，大片的耕地包围着村庄，留下了青年劳动力，也留下了干旱贫瘠的土地；现在，由于退耕还林，黄土高原上的黄土被绿色掩盖，放眼望去，一片青翠。家中耕地的减少迫使青壮年们为了生计背井离乡，越来越多的老人被独留家中。

我们的队伍安顿下来后，关爱空巢老人和公益环保活动开始交叉进行。在这次实践活动中，我们遇到了许多让我们记忆深刻的人和事。有父母离家的留守儿童，有独自生活的空巢老人，他们居住在低矮的土坯房中，但无一例外，他们都面带笑容，相信他们面对生活亦是如此，其中访问的一位空巢老人令我们印象格外深刻。

老人年纪很大了，眼睛都蒙着一层荫翳，他有时吃不饱，有时穿不暖，却对国家时事了然于胸，对公益环保事业百分百支持，能用无限的热情和积极乐观的态度面对生命中的每一个来客，甚至是不幸。老人拄着拐杖，颤颤巍巍地走出来给我们一个热情的拥抱，这个拥抱里承载着岁月，饱含着温情。他一直不停地诉说着，仿佛我们是他久未重逢的老友，他用那双饱经岁月洗礼、早已褶皱的双手用力地抓着我们，迟迟不让我们离开……

此行离开，或许我们不会再回来，清浅的时光里，有我们永恒的、不老的回忆。有一天，我们终将分离，徜徉于天南海北，梦里面容的颜色，让人希冀，让人沉醉，让人流连忘返，让人忍不住回眸。等你，是绿水青山在，经济腾飞也在；等你，是离不开的凝眸。我们想牵你的手，携你而走，拥你入怀。

日子，把胚芽拱出土层，使嫩绿的叶子一片一片地张开，最终绽放什么，是每个人、每个时代不同的选择。再见了，我们驻足过的地方！再见了，这一片青山绿水！

第二章　筑梦，为爱前行

每个人都有属于自己渺小又伟大的梦想，藏在心里，等着它生根、发芽、开花、长成参天大树。大山里的孩子在他们小小的身躯里也装着对大大世界的向往。在那个偏远的小山村，当地村委会给我们提供了支教的条件。

我们给小学的孩子们辅导暑假作业，教他们唱歌，聊他们的梦想；给初中生讲解作业中的难题，让他们从我们身上看到外面的世界。孩子们学习的热情很高，总是向我们询问各种问题，有关知识、有关城市、有关大学，仿佛外面的一切都那么新奇，像一块巨大的磁石吸引着他们。当问及他们各自的理想时，队员们仿佛看到了自己小时候的身影，一个个或害羞或坚定的嗓音说“我想当老师”“我想当医生”“我想当警察”，少年的认知里似乎只粗略地知道这几个崇高的职业，似乎只有为人民服务这个崇高的理想。有一位女孩令我们印象深刻，她仿佛和这里的孩子不太一样，回答问题时眼神里充满着坚定和自信。经过了解，她平时喜欢看各种各样的书籍，虽未走过千水万山，却行过书中万里。在课堂上我们还和孩子们一起唱歌，婉转悠扬的歌声飘荡在学校的每一个角落，童声大概是这个世界上最美的声音，和他们合唱的时候，队员们的眼中都泛着点点泪花，既有些感动，又有些心酸。

我们去时带了一些篮球、足球、乒乓球等体育用品。在课间，我们和孩子们一起丢手绢、老鹰抓小鸡，踢毽子……这些让我们想起了自己的童年，那些天马行空，那些天真烂漫，虽然只是曾经拥有，但也让我们无限怀念。我们最感动的是，这里的孩子虽然没有很多的零食，没有漂亮的衣服，没有一个像样的篮球场，但他们的脸上总是洋溢着灿烂的笑容，像夏日的清风，像冬日的暖阳。

在支教的过程中，学校的校长和老师对我们的到来表示欢迎，并说："年轻人是祖国未来的希望，教育至关重要，作为一个教育者，不仅要教会学生知识，更重要的是教会他们如何做人。"虽然村里的孩子们没有很好的物质条件，但依然可以通过读书来丰富他们的精神生活。我们也从校长和老师的话语中深受启发，更加明白义务教育的意义所在。正如德国教育学家第斯多惠所说："教学的艺术不在于传授本领，而在于激励、唤醒和鼓舞。"

关于农村的教育问题我们进行了深入的调查，很多老一辈的村民都没有受过教育，少数只读过一两年的书。最主要的原因是当时条件有限，基础教育也没办法施行，并且知识改变命运的思想在他们的脑海中也只是一种浅淡的存在。但随着社会的发展，年轻一代的人们已经意识到了知识的重要性，他们让自己的孩子努力学习，走出大山，改变命运。

支教的时间虽然很短，但我们每个人都收获满满。虽然我们做的，并没有让孩子们的生活有很大的改变，但至少可以让他们觉得还有许多与我们一样的人关心着他们。相信"星星之火，可以燎原"，对于这些孩子，一点点的关爱，都会成为他们心中最大的感动。支教为孩子们搭建了梦想的平台，一颗颗梦想的种子，或许就此埋下，假以时日，生根、发芽。

第三章 实践，知行合一

纸上得来终觉浅，绝知此事要躬行。在炎炎烈日当头的盛夏，实践队员走向了田间地头，希望将课堂上所学的知识运用于实际。队员们都想看看能否有能力在恶劣的环境中依靠自己的双手和大脑维持自己的生存，同时也想通过亲身体验社会实践让自己更进一步了解社会，在实践中增长见识，锻炼自己的才干，培养自己的韧性。

蓝天、白云、青山、绿水……在这里，层层梯田构成了一幅美丽的画卷，村民们却因自然原因并未享受到自然的馈赠。在走访入户过程中，队员们深入村民家庭，对日常生活、家庭教育、主要花费、土地资源、经济来源等展开了全面调查，为进一步开展“便民、利民、为民”服务提供了保障。通过与村民的交谈，了解到当地土地资源丰富，但土地贫瘠、缺乏劳动力，积攒资金比较困难。这让队员们深刻认识到了教育的重要性，相信孩子作为新的力量会为这里的每一寸土地添砖加瓦。虽然没有城市的繁华与热闹，却有一番别样的宁静，它让我们思考，让我们有一片新视野，为我们探寻农村的新发展提供了一种新思路。深入田间地头，同学们越来越愿意接近农民，接近他们侍弄的这片田地，也想学习农民伯伯在这片土地上挥洒汗水，在这片土地上留下一丝属于我们的印记。从前，他们在这片土地上默默耕耘，我们在这片天地里慢慢长大。时光易逝，他们慢慢老去，我们却青春正盛。我们愿用我们的一腔热血和理论知识，去创造出一片属于我们的未来。

踩着土壤，在田间劳作之余，在体会疲累和辛劳之外，我们还常常感受到一份在繁忙的学习中难找的诗意。这份诗意，只有在田野上，在凉风间，在种植着草药的田块中，我们才有更深切的体味。在老师的带领下，队员们首先对田地中的草药进行识别，当地种植着党参、当归、黄芪等。由于地质、海拔、种植技术等原因，许多植株都遭受了不同程度的损伤。老师给我们讲解了中草药适宜生长的环境条件、极易受的病虫害，还教授我们一些田间辨别病害的技巧。在这次实践中，我们还了解到了这些中药材不一样的用途。与此同时，为了将科技、产业与扶贫相连，7 月 25 日中午，甘肃中部干旱地区中药材产业扶贫高层论坛在榆中县中连川乡黄蒿湾村正式举行。这将有助于产业扶贫，对科学种植中药材，提高产业、农户收入具有重大意义。教授们在报告中对黄蒿湾村的中药材种植产业进行了全面分析并提出了宝贵建议，为乡村经济发展打下了坚实基础。

忘不了那漫山遍野的草药，忘不了那随风而动的悠悠青草香；忘不了田间垅上无处不氤氲着的迷人绿意。艰辛知人生，实践长才干，我们背负的使命很沉重，不是此时此刻，而是永远！

第四章　扶贫，亦要扶心

扶贫是国家政策，同时也是实践队的首要任务，发现需要扶贫的对象，送去温暖和希望是整体队员的初衷。在走访村民张宁（化名）时，队员们远远看到歪歪斜斜的土坯房，风一吹好像就要坍塌。屋里是年久失修的木头屋顶，炕上摊着最少二三十年的被褥，墙角的最上方张贴着三四幅发黄变旧了的毛主席画像，除了陈旧的老式木头柜子外，没有见到任何家具和电器，整个屋子给人的感觉很平凡、很压抑、也很艰辛。

张宁家里三口人，30 多岁的兄妹俩照顾着出了车祸已是植物人的老母亲。大哥的手像干枯的树皮，这是生活留下的印记。大哥说：他只能把心酸藏在心底，他是家里的顶梁柱，他不能倒。他的母亲由于车祸，大脑受损，脊椎受创，因为没钱医治，只能在家养伤。兄妹俩也为了照顾母亲辞去了在外的工作，对于没有生活来源的一家人来说，瘫痪在床的母亲是儿女最大的心病。

回来的路上，大家都在为他们一家的生活担忧。虽然我们的到来送去了一丝慰藉，却解决不了根本问题，我们盼望国家能够尽快地建立起全民的医疗、养老保障，给这些仍处在水深火热中的善良穷苦的百姓们更多依靠和慰藉。之后的日子里，我们尽自己所能，并且在同学们的热心帮助下，为大哥家筹集了慰问金一万元。虽然并没有改善他们家的生活，但也带去了些许温暖。实践的这几天阳光明媚，和风和煦。在社长的陪同和指导下，我们回访了之前受资助的几个学生。看到我们的到来，他们很开心，热情的面容让我们志愿者心里有种说不出的滋味。回访时给我们留下最深刻印象的是一位朴实的女孩。她的母亲不久前已经离开了人世，当她的弟弟抱着我们带给他的小书包时，他也许想起了他的妈妈，瞬间哭着要妈妈。看着他们，我们思绪万千，也许在物质上给予他们的帮助并不够多，但在精神上给了他们一些安慰。通过我们的不断努力，为她家筹集了五千元善款，虽然对于他们来说可能是杯水车薪，但我们相信希望还在，光明也会来临。

另一个女孩家里只有她的爷爷和奶奶，当她的奶奶把我们带到家里诉说他们家的境况时，和蔼的奶奶即刻流下了心酸的泪水。女孩是爷爷和奶奶抚养长大的。如今爷爷奶奶年事已高且身体患有重病，无法劳动。乖巧的她小小年纪就成熟懂事，学习之余照顾着爷爷奶奶，照顾着家。希望我们这次可以给予她帮助，即使只是一份小小的力量，也将会是鼓励她坚持学习，快乐成长的精神支柱。她有一个梦想，她喜欢跳舞，她想站上舞台展现自己，证明自己；她有个心愿，她喜欢跑步，想要一双球鞋，可以在球场奔跑，可以跑得更快，像风一样自由。

一位高中的女生哭泣着说："母亲劳累成疾，腰痛年久，做女儿的特别心疼，希望可以减轻母亲的痛苦！"一位小学生说："爸爸妈妈都外出打工，自己一个人留守在家，晚上十分害怕，希望我们可以多陪陪她！"几位男孩子说他们最喜欢自行车了，因为如果有辆自行车的话，他们就可以早点到达十公里外的学校了。

9月1日，我们为那位爱跳舞、爱跑步的女孩送去了一双球鞋和一身漂亮的舞蹈服；为那位高中女孩子的妈妈送去了一个腰椎治疗仪；为那位留守在家的小学生送去了一个可以代替我们陪伴她的毛绒兔子；为那几个男孩子送去了几辆自行车让他们能快点到他们遥远的教室。

支教活动　摄影：甘甜

作为当代大学生我们能做的并不多，但是哪怕是一个盛水的桶、一件御寒的衣裤、一套半新的被褥，都会给那些穷苦人家送去一丝温暖。我们深深地体会到，相比那些弱势群体，我们是幸福的，我们有完整的家庭、健康的身体、优越的生活环境。我们应该用自己的青春和智慧为社会创造更多的价值，尽自己全力为需要的人尽一份爱心。我们也希望这样的活动能让更多的人参与进来，大家共同携手，帮助那些无助善良的人们拨开云雾，重现一片蓝天。就让我们心中的这一点点爱继续传递吧，在这贫苦的乡间慢慢发酵，汇聚成一股爱的洪流，永漫乡间！

（张斌峰　文）

赤子心　海原行

——宁夏大学农学院 2018 年联合实践行动纪实录

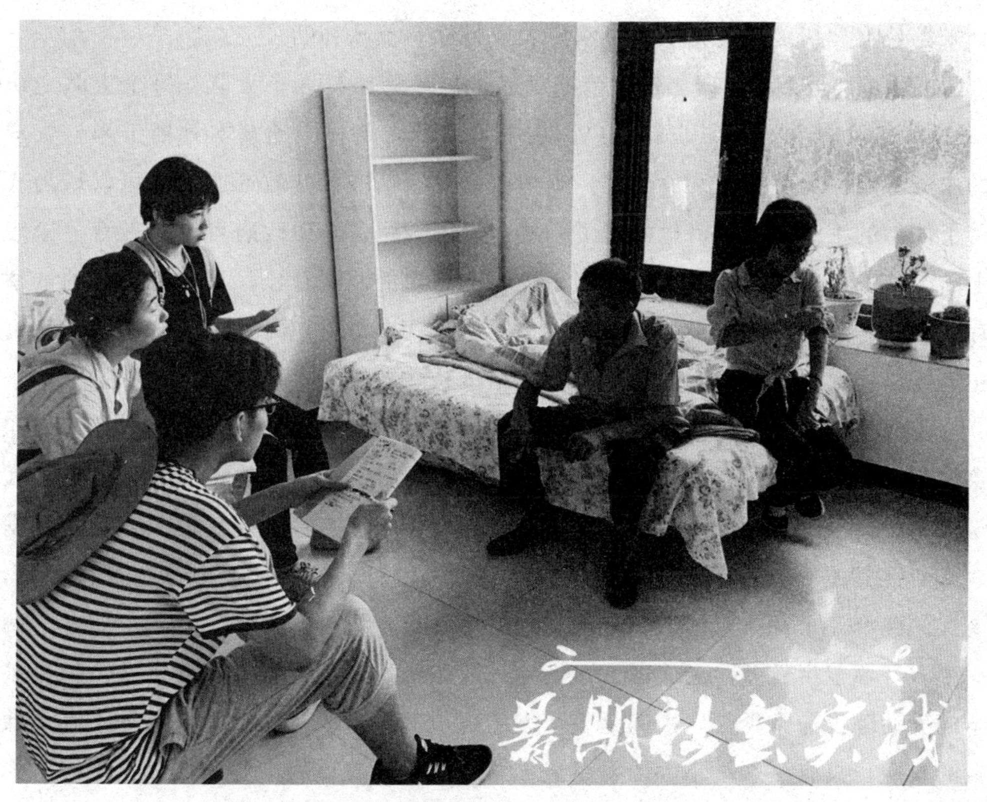

实践队员向坪路村建档立卡户了解情况　摄影：王玉婷

“谁催春雨落香泥，先机掌控总相宜。帮扶最贵新观念，自信村民可创奇。”为深入贯彻落实习近平新时代中国特色社会主义“三农”思想，助力乡村振兴战略，打赢脱贫攻坚战，走中国特色脱贫之路，在对宁夏地区扶贫工作进行了详细深入的了解后，宁夏大学农学院多名学生决定成立宁夏大学海原县精准扶贫调研小分队。小分队的 4 名学生于 2018 年 8 月 6 日始在海原县三河镇开展为期 5 天的实地调研。

古人云："宜未雨而绸缪，毋临渴而掘井。"小组讨论决定须进行前期工作的调查，方能更好地开展工作。小组人员于 8 月 5 日早 7 点从宁夏大学出发，下午 2 点到达海原县，经过简单休整后首先前往三河镇重点贫困村——坪路村，并与坪路村村主任进行了交谈。此次交谈中我们得知，坪路村致贫原因大部分为因学、因病致贫。当地缺少劳动力，道路交通不便，干旱少雨，水资源短缺，基本靠天吃饭，缺少专业农业技术培训。养殖产业未能集中发展，不成规模，当地群众未见效益。扶贫政策集中在贫困户农业补贴，养殖补贴。

8 月 6 日当天，调研小组按前期规划走访了坪路村两个大队，每个大队走访 4～5 家贫困户，2～3 家非贫困户。从中了解到坪路村土地基本种植玉米，农户的农资补贴、养殖补贴发放到位。当地群众对于精准扶贫政策非常认可，认为改善了他们的生活。同时，也提出了一些自己的想法，希望政府可以在教育、医疗上给予他们更多的帮助。通过贫困户及非贫困户的调查对比，发现贫困户的选举存在一些不透明、不公平的情况，农户希望在评定贫困户时真正公开透明，让真正有需求的农户得到政府的帮助，落实精准扶贫政策。

走访期间，我们走街串巷，了解村子及村民情况，拜访的其中一家让我们印象深刻、感慨万分。坪路村村民褚一（化名），家中因学致贫，一个儿子上了大学，一个儿子上了高职，家中 3 人均有低保，褚一患有精神疾病但并未治疗，据老人所述其夫人也患有精神疾病，早年不幸过世。采访当日家中正在筹备棚圈，老人的两个儿子都拿着铁锹在拌泥土，旁边是准备搭圈的木头，院子里圈养了两头牛，环境卫生较差，老人非常热情地把我们带进了屋，屋子比较宽阔，但是基本的生活陈设非常少，屋中间是一个大的烧煤的铁炉子，一个大床上堆了乱七八糟的衣服，只有一个小小的沙发，老人给我们找了家里的小板凳，并向我们讲述了家中贫困多年的情况及个人身体状况，最令我们感动的是，即便生活如此不易，老人依旧保持着对未来的美好希望，并激动地向我们展示了他的儿子当年为他创作出版的诗——《父亲的形象》，他为此无比自豪。令我们记忆深刻的还有陈旧的作业本和出版的书，它们被老人珍藏在柜子里还上了锁，足以见他对这些书本的珍视程度。这更让我们下定决心去深入了解，去帮助他们解决贫困问题。

有一户单身汉的情况也令我们叹息。兄弟二人一个户口，兄长在家中，弟弟外出打工，院子里杂草疯长，围墙也残缺不全，以养羊为生，屋子里衣服、物品乱七八糟地堆放着。据村主任描述，他们在冬天都是将就着过日子，不怎么烧煤。令人费解的是，明明四肢健全，还有充足的劳动能力，但为什么偏偏待在家里以养几只羊勉强度日。从前的贫困调查中我们也遇到过类似情况，哥哥凭借自己的努力让生活越过越好，而弟弟却拿着贫困补助，窝在家里，日子一天不如一天。可见，要实现长久脱贫，真脱贫，不仅与国家政策有关，还与个人的劳动密不可分，思想观念的改变，个人真正的转变，才是脱贫之路进行下去的基础。

走访的另一家非贫困户反映的情况有些出乎我们的意料，这一家户主反映了他们村的村主任是抓阄选择的，而这个情况不止存在于他们这一个村，周围几个村也有类似的情况。据村民所说村主任所负责的工作烦琐耗时，要挨家挨户收取水电费，定期传达，汇报各种情况，没有人想当，所以就抓阄选择。这不得不让我们深思，村干部难当的真正原因是工作的枯燥，还是地区缺少发展的机会，觉得当一个村干部没有意义，既不能带领村民发家致富，也不能让自己达到小康。

8 月 7 日上午，我们机缘巧合地结识了当地主管扶贫政策的领导，由他亲自带领我们来到当地政府。调研小队得到了当地政府的大力支持，接下来领导亲自驱车带我们到辽坡村的村部。行驶途中，他向我们介绍了辽坡村的基本情况，辽坡村属纯回民村，建档立卡贫困户 185 户 776 人，低保户 242 户 313 人，贫困面为 14.4%。走访过程中我们也了解到，辽坡村由于地理条件限制，居于山地，虽然居住环境较好，但可耕作的土地较少，种植的玉米主要用来养殖牲畜，没有余粮可以出售。当地村民对于国家的一系列精准扶贫政策非常认可，同时希望在落实养殖帮扶政策时，能更多地为农户考虑，简化办事流程，提高办事效率，避免出现扶贫“越扶越贫”的情况。

在调研过程中我们也遇到了令人费解的情况，一农户反应自己家中 3 个大学生，1 个高三学生，教育支出非常大，可几年的精准扶贫选举却没有选到他们家，具体缘由他也未说明，但是精准扶贫政策中却有提道：一家有 2 个大学生在读是需要国家政策的扶持的。这位村民言辞恳切地希望我们可以帮他反映这个问题，教育支出的确是占家庭支出中的绝大比例，希望政府可以给予这些困难家庭一些帮助。

贫困并不可怕，可怕的是安于现状而无法发现问题。该村村民对脱贫方面有着自己的看法，同时也向我们提出了他们遇到的问题：3 500 元的棚圈补贴变为了发放棚顶，但棚顶市场价值小于 3 500 元。养殖业不成规模，由于缺少统一的收购渠道，使得农户大多以低于市场价的价格将牲畜卖出，使农户的收入进一步减少甚至可能入不敷出。

在走访中，贫困的情况令人惊讶，然而那些即将脱离贫困，朝着幸福生活迈步的人才真正令人潸然泪下。8 月 8 日，调研小组跟随村里干部走访鹭海新村的农户时便感触颇多。搬迁的新村呈现出新农村的气象，房子都整齐排列，但整体规模较小。走访过程中我们发现，该村养殖、居住空间狭小，牛粪饲草堆砌，居住环境卫生差，面临很大安全隐患。

提出问题，便是要寻求帮助，在得知了村民的反馈后，我们对村主任进行了访问。村主任首先向我们讲述了新村现况，该村绝大多数是建档立卡户，缺少土地劳动力，务工地方少。而山上原地村里想集体解决原地种植、生态果树种植，前期投资贷款补贴，后期集体售卖，准备实验种植。在养殖方面建立规模化养殖基地。最后村主任提出了宝贵建议，希望政府可以帮助解决非建档立卡户的教育补贴问题。

中午短暂的休整后，大家便来到了富陵村开始了实地调研。一到富陵村，我们便被新村一派整齐明亮的画面所吸引，道路平坦，房屋整齐宽阔，村内新建的幼儿园非常漂亮，占地面积非常大，待基础设施到位后就可投入使用。在和村干部交谈中了解到，在各政策扶持下，村里已有脱贫的农户，脱贫的这户人家也直言是由于国家政策的大力帮助和自己不断努力通过养殖来提高经济收入的共同作用。同时村民也提出了一个最大的问题，村内小学生较多，但没有校车，孩子上学步行 1 个多小时，安全隐患大，希望政府可以帮助解决校车问题。孩子是祖国的希望，未来的栋梁，在他们的成长过程中应该有人保驾护航。同时，我们也发现了搬迁村落中，村干部的平均年纪比之前几个村落都小，普遍年轻化，这同时也体现出村落的发展与村内劳动力年龄层次密切相关，也由于村内获得了更多发展的机会，才能留得住年轻一代对村落进行再建设。

3 天的村内走访让我们最难过、最痛心的是孩子。贫困的生活不只是物质的缺乏，还有精神文明的落后。记忆较深刻的是一家村民，家里 8 个孩子，7 个女孩，最后 1 个是男孩。教育支出太大，甚至不足以支撑他们继续求学的心，不敢生病，病一次，家里脆弱的经济脉络就要断掉。更令人痛惜的是，这样的家庭并不只有一个。经济的薄弱根本不能让孩子得到好的生活甚至是普通的生活，但村民们还是摆脱不了重男轻女封建思想的束缚，生很多孩子，更多只为要一个儿子。这让我们不禁感慨，扶贫，不只是政策上的扶持，更多的是思想的教化，封建、传统思想一直不改变、不消失，扶贫之路也会随之而变难。

8 月 9 日，在镇政府扶贫办，调研小组成员和办公室主任了解起镇上精准扶贫的情况，除了了解到精准扶贫政策落实情况，我们还把村户们的想法和建议做了反馈，我们也了解到镇扶贫办除了落实各扶贫政策外，也在积极为村户解决所遇到的问题。在访谈期间，我们发现办公室的干部们都在忙碌，为扶贫补助的下发核对各项信息。

实践队员与辽坡村村民交谈　摄影：王玉婷

调研期间天气炎热，我们一遍遍走过熟悉的村间小路，中午也只是短暂休整后又继续调研之路，疲惫但干劲十足。我们走家访户，聚精会神地聆听乡亲们的生活和想法，并认认真真做好记录。在一天疲惫之后，大家又会一起谈论调研时遇到的问题，然后各抒己见，齐心解决，并仔细整理好当天的调研资料。

调研发现了阻碍打赢扶贫攻坚战的重重困难，而克服这些困难，真正落实扶贫政策，实现脱贫目标，还需要民众、社会各阶层，以及政府的帮助。研究、尝试、践行……作为农科学子，我们心怀一份赤诚，胸有万丈豪情，我们将会倾己所能、持之以恒地为助力乡村振兴，打赢脱贫攻坚战，走中国特色减贫之路的伟大事业，奉献我们的力量。

（王玉婷　文）

北川之行　青大学子在路上

——青海大学农牧学院 2018 年联合实践行动纪实录

实践队员与村委会合影　摄影：张雪

2018 年 7 月为响应国家“精准扶贫”政策号召，深入发力国家脱贫攻坚工程，汇智聚力国家乡村振兴战略，在全国农学院协同发展联盟的倡议和指导下，青海大学农牧学院 8 名同学组建了青海大学农牧学院脱贫攻坚实践团四川分队，深入调研走访四川省绵阳市北川羌族自治县。2018 年 7 月 24 日，我院王永杰书记、李宗仁院长、团委书记蔡洁琼老师及其他负责老师出席了本次三下乡活动的出征仪式。2018 年 7 月 27 日，实践团成员热情饱满地踏上征程。

第一章　走进乡村，深入调研

7 月 27 日下午，分队成员集合，在队长吕晓的带领下，充满期待，饱含热情地踏上前往四川省绵阳市的征程，一路上大家互相了解，互相帮助，一路在行动，一路在收获。

7 月 28 日，我们到达了四川省绵阳市北川羌族自治县曲山镇，安顿好行装，团队集体参观了镇上的“5・12”汶川特大地震纪念馆。在这里我们回顾了“5・12”汶川特大地震的发生过程，其损失之大、事迹感人令我们印象深刻……2008 年 5 月 12 日，灾难突然发生，地震摧毁式地破坏了汶川以及其周边地区，这是一个不可挽回的灾难，但勇敢的中国人民没有被灾难吓到，全国人民众志成城，团结一心，在军民合作的力量下，我们用最快的时间完成了救援工作。之后的十年时间，山东省、河北省等省市都倾力对灾区进行援建工作，不仅对灾区进行财力物力支援，还派遣援建干部前来帮扶，再加上自强不息的四川人民的努力，在震后十年里，一座新的北川县又屹立在巴蜀大地上。

7 月 28 日刚进入北川县，路口大幅的“北川欢迎您”标语令我们精神为之一振，道路两边规划整齐的社区以及商铺都展示出了新都市的蓬勃生气。在穿过新北川进入老北川（今曲山镇）后，道路两旁所展现出的气息与新北川有很大区别，新北川展现出的是一种新生都市的气息，而老北川展现出的是一种历史感和沧桑感。或许是因为经历了大灾大难而变得更加沉稳，老北川的生活节奏非常舒缓，经济发展情况也没新北川那样强劲。

7 月 29 日，分队走访了曲山镇政府，了解了十年来的灾后重建和脱贫攻坚工作。在“5・12”特大地震中，曲山镇伤亡最为惨重，原曲山镇辖 23 个村、2 个社区，8 885 户（25 125 人），地震中遇难 13 719 人，失踪 1 931 人，受伤 4 517 人，其中：全镇在职干部 35 人中遇难 16 人、受伤 8 人；原曲山小学在校学生 1 024 人，教职工 67 人，地震中学生遇难 399 人，伤残 28 人，教师遇难 21 人。地震造成大量山体出现不同程度的垮塌和滑坡，除镇政府驻地外，全镇 60% 以上的村出现大面积山体滑坡，其中大水村山体垮塌形成唐家山堰塞湖，威胁下游

3个市、县群众生命财产安全。2008年“9·24”洪灾使所有村落再次受灾，其中黄家坝村、任家坪村与油房沟村部分村组无法原址重建。

地震造成全镇村道全部损毁；“9·24”洪灾造成任家坪至邓家安置点刚抢通的公路被毁，多条公路出现严重沉降。地震将镇政府驻地原北川县城夷为平地，13个村和2个社区的农房全部损毁。镇内卫生系统、公共文化设施房屋全部损毁，村级教育设施的损毁率达80%以上。镇卫生院用房面积1 613平方米，房屋全部倒塌，设备损失34件；倒塌学校房屋76间4 508平方米、教师住宅楼3 370平方米，损毁仪器设备390套，师生课桌1 324套，教学图书1.2万册。全镇各村粮食作物、经济作物全部被毁；耕地损毁2 909亩，18个村2 316户、7 140人因灾失地农民无法原址重建。

地震后，曲山镇受灾极重，灾后重建面临极大的挑战。曲山镇把为受灾居民重建家园作为首要任务，以“三年重建，两年完成”为主要目标，合理规划资金用途。原曲山镇已被毁坏，不宜原址重建，经市、县民政部门批准，迁曲山镇至任家坪新建，2009年3月起始建，2011年9月建成。重建项目包括公共服务、安置点基础设施、村通道路、风貌改造、石椅村可持续民生低碳生态村落示范项目5大类，48个项目，总投资4.75亿元。在党中央、国务院和各级党委、政府的领导下，在全国人民大力关心支持下，特别是山东省青岛市的援建下，曲山镇灾后重建工作成果显著。通过实施“双百人才计划”，培养百名村后备人才干部、培育发展百名共产党员，村（社区）班子建设得到加强，班子呈现新面貌。曲山镇利用独特的自然风光，大力发展乡村旅游业，在2013年创建成为省级乡村旅游示范镇。利用旅游业拉动其他产业的发展，促进经济水平逐年提高。2017年全镇农业生产总值6 249.04万元，比上年增长5.77%；实现农村居民人均可支配收入14 567.83元，增长11.3%。全镇所有居民基本生活质量得到保证，全镇领导干部着力精准脱贫，截至2017年，曲山镇共342户1 038人脱贫。楼房坪、油房沟基础设施日奏完善。截至2017年底，全镇自来水覆盖3678户，燃气覆盖2 635户，21个村通公共交通、有线电视和宽带，污水和垃圾集中处理全覆盖，实现道路硬化新增50.2千米，毛路建设新增7.828千米，排洪沟新增525米，蓄水池新增450立方米，饮水管网新增1.45千米。2017年末，已建成曹山、油房沟等5个村综合文化服务中心，并启动其余16村2社区综合文化服务中心，建设成立了任家坪龙狮队、邓家社区羌族歌舞队等多支群众文化队伍。2017 年末，已形成金融机构网点 2 个，公园及休闲健身广场 12 个，农家书屋 23 个，藏书 3.6 万余册。1 018 名适龄学生全部入学，入学率达 100%，为 4 名智障、残疾儿童送教上门。有医疗卫生机构 1 个，分别位于曲山和邓家两个社区，床位 18 张，职业医师 5 人，从事医疗服务的人员共计 22 名，有乡村医生的村卫生站 12 个。

7 月 30 日，分队到达了曲山镇任家坪村。任家坪村是北川县震后受灾较重的地区之一。走访发现，该村村内留守现象较普遍，绝大部分年轻人外出打工，老年人留守村内，小孩子大部分在新县城上学，小小年纪便开始寄宿生活。

村中出现较多地震中父母丧子的情况，于是很多家庭选择在震后生了第二个孩子，而孩子的相关抚养费占用了家庭开销的一大部分。许多老人身体有疾，长期服用药物，养老保险是他们的主要收入来源，此外一小部分老人会在地震纪念馆打零工补贴家用。其中，我们走访的一户人家，一对老伴相依为命，儿女各自成家，老婆婆一年的医药费用高昂，只能请赤脚医生来诊治。在调研中我们发现，虽然该地区是“5・12”地震灾后重建区，家园重建过程中得到了政府和相关部门的大力扶持，但这同时也助长了部分村民的不思进取、过分依赖政府帮扶的情形。

第二章　阳光路上，砥砺前行

7 月 31 日，我们来到了另一个村子——石椅村，这里的房屋整齐，道路宽阔，随处是结有硕果的果树，看上去情况似乎比任家坪村稍好一些。我们深入农户家中展开调研，了解各种政策在当地的落实情况。然而，却发现了一个令人心酸的现实——石椅村主要的贫困原因在于缺少创新意识，产业滞后，而其根源在于寡居老人诸多、产品和销售渠道单一等问题。

青山高耸，石阶梯梯，我们来到了一个农户家，家里只坐着一位老奶奶。我们见到她时，她正坐在院子，面前是一背篓的橘子，也许是好久没见过生人了，一开始她对我们的突然拜访有些茫然无措。我们温和地与这位老奶奶介绍我们此行的目的，她渐渐打消顾虑，安然地请我们坐下，开始变得健谈起来。据老奶奶所讲，当地由于“5・12”汶川大地震，农民的生产生活方式发生了极大的改变。

从前村子里家家户户种植水稻、玉米，在“5·12”地震后，考虑到安全问题，许多地方不再适合进行耕种，加上退耕还林，他们逐渐改变了生活生产方式。如今，种植果树，出售时令水果和农家乐变成了他们的主要收入来源。我们跟她聊了很久，后来还跟她合了影，走的时候她跟我们挥手告别。

随着后续走访的持续进行，我们发现了一个普遍的问题，这个村子比上一个村子劳动力资源更为充足，但是经济收入依旧单一。不同的是，他们的单一，不是全民外出打工，而是所有青壮年滞留在家，守着果树和天气过日子。石椅村相较任家坪村有更加丰富的资源和更加优渥的条件，但却没有形成一个发展的大优势。因为他们果树上的果子只出售给山下的群众和山上的零星几个游客。虽然在村委牵头组织的水果协会和旅游协会的帮扶下，石椅村村民已经基本不必为了生计发愁，但他们没有将这个良好的自然资源利用起来，只销水果无疑是不行的。在当前阶段，生计不必发愁，但是基础简单的产业存在被时代吞噬的巨大危险，这种单一产业也极为脆弱。当地的群众安于这种现状，没有任何改变的意愿。如果当地政府或者部分积极的村民能够看得再远一点，改革产业结构，石椅村未来应当有极大的潜力。

结合曲山镇政府脱贫攻坚方面的相关战略和政策，我们认为整个曲山镇可以在以下几个方面进行发展：一是以乡村振兴为契机，进一步完善水、电、路基础设施建设，大力发展“一村一品”特色农业经济，户户制定稳步增收计划，实现户户有增收产业；二是加强技能培训，引导有劳动能力的人员充分就业；三是充分利用产业扶持周转金拓宽和创新集体经济增收渠道；四是利用地理优势和土地林地资源对外招商引资，发展壮大镇、村旅游业；五是持续开展群众教育，激发内生动力，巩固新风文明创建成果，增进干群关系；六是持续开展扶贫领域作风问题专项治理，实现真扶贫、扶真贫。

在8月1日，我们汇总了所有调查问卷的数据，并做好了在后期总结方面相关的分工，至此，我们的三下乡暑期社会实践活动前期调研活动便全部结束，在这短短的5天里，我们收获了很多。我们深入乡村，深入农户家中，深入农民心中，真真正正地与村民们进行了对话，这种对话并不是表面的，而是从实际出发，进而辐射到整个村子、整个曲山镇的发展历程，从政府政策，到生活中的方方面面，村民们对我们说出了他们内心的真实想法和感受，这远远比纸上谈兵的分析来得更加真实、有用，也让我们受益匪浅。

所有的一切，让人有一种“大梦初醒，恍如隔世”的感觉，短短几天，我们有不少的感悟和想法，虽不敢说成熟，却是源于所见所闻的深思熟虑。我们遇见许多可爱的人，不管是热心的司机哥哥，还是朴实的民众，这一路温暖相伴，没有遗憾。我们会将这些存放在记忆的深处，或许在未来的某一天，不经意间提起时，我们的脸上依旧会绽放如初的笑容。初心永在，这是我们最大的感动；助力乡村，这是我们最好的成长。总之，在这几天时间内，我们看到了很多，也想到了很多。为了中国梦的实现，我们应该付出更多。感谢学校领导以及牧院团委能够给我们这次机会，也感谢配合我们工作的村干部和农户，感谢并祝福北川这片土地，充满大爱的扶贫事业，在路上。

实践队深入基层访问农户　摄影：刘子元

（梁欣欣　文）

为全面建成小康社会　贡献沙漠学府中坚力量

——塔里木大学植物科学学院 2018 年联合实践行动纪实录

维吾尔族奶奶热情待客，拭泪相送　摄影：贾平平

在“一带一路”联通海外的大背景下，新疆作为丝绸之路的重要节点，要充分发挥桥头堡作用，加紧中国与中亚、东亚地区的联系。在党和国家政策的大力支持下，我们更要加快发展好新疆，建设好南疆，结合植物科学学院的实际特色，发挥出我们的专业特长，为解决新疆贫困问题做出属于农科学子的贡献。与此同时，我们也要借着兵团向南发展的东风，顺势而为，深入基层了解民生现

状，发现贫困，接近贫困，解决贫困，为精准扶贫提供数据参考，为乡村振兴提供内在发力点。

这里是亘古的沙漠，玉门关以外的地方，一望无际的塔克拉玛干沙漠横卧在天山以南，蜿蜒的塔河九曲回肠，奔流浩荡，给这里带来天山的问候。热情的维吾尔族、哈萨克族、塔吉克族和柯尔克孜族等各民族同胞多年来生活在这里，与他们相伴的除了红柳烤肉还有金色的胡杨。他们日出而作，日落而息，用坎土曼为后代掘出了一片风水宝地。他们在这里生活，在这里劳作，他们为这里保留下了最淳朴的田园风光。但时过境迁，恶劣的自然环境阻隔了他们与外面的世界，宽敞的柏油路还有驴车漫步叮当。

便利的城市生活让我们对贫困知之甚少，失去了对家徒四壁、一贫如洗的想象。可是当我们来到这里，进入农户的家中，贫穷就会像锥子一样，刺痛我们的双眼。

带着“聚力精准脱贫，聚力乡村振兴”的初心和使命，我们团队一行人前往喀什、和田地区，用胡杨精神践行一名胡杨青年的担当和使命，为兴疆固边服务。车开得很慢，因为风沙的侵袭道路坎坷崎岖。沿途的风景大气磅礴，肉眼所及之处皆是黄沙漫布，炎热的天地空旷安详。近处的红柳、远处的双峰驼，还有局部刮起的龙卷风让我们初来乍到的新队员心情澎湃，见识大涨。我们都暗暗下定决心，此行，定不辱使命！

第一章　路虽远 心却近

车停了，经过了一路的奔波，我们来到了和田地区和田县。赶路的疲惫还未散去，胡杨青年就投入到了紧张的工作中。联系当地的团委、与实践地的村委会沟通协商、规划未来工作的行进路线，我们热情高涨。第一站尕藏墩村，一个被和田河哺育的小村庄。这里的炎热无处可躲，即使是在村委会的会议室里也让我们感受到了来自这个夏天的善意。淳朴的村民协助我们完成调查问卷，用不太流利的汉语和我们拉起家常。结束的时候，一个上了年纪的维吾尔族奶奶盛情邀请我们去她的家里，本着不给农户添乱的宗旨，我们多次婉拒，可是慈祥的奶奶拿出她的撒手锏，她说：“你们不去的话我会生气的。”

她的家离村委会不远，笔直的乡村公路一直通到她的家门口。庭院打扫得很干净，满架的葡萄正郁郁葱葱。推开她正屋的房门，眼前竟是一片令人愕然之景。老奶奶是国家建档立卡的贫困户，走进门，相对的是她睡觉的板床，光溜溜的木板上平铺了一张毛毡，几床被子整齐地叠放在墙根下。放眼望去，她的家中除了一盏照明用的电灯，唯一的电器只有一个老旧的小冰箱。我们深刻地明白了，我们此行就是要接近贫困，了解贫困，为解决贫困出谋划策。奶奶极度热情，我们还没有坐定，她已经为我们切好了冰脆的哈密瓜，端出了自己家酿的葡萄甜汁，我们的到来使她开心不已，拖着蹒跚的身体忙个不停。身无寸功，怎敢如此叨扰。我们拉着奶奶的双手劝她不要再忙碌了，和我们一起聊聊天就是对我们最好的招待。闲聊之中我们得知奶奶独居，早年丧偶，儿子因为工作不在身边，女儿远嫁，生活无所依靠，目前依靠国家低保维持生活。相聚总是短暂的，离别已然到来，外面霞光满天，屋内孤灯昏黄。奶奶拉着我们的手说："你们都是我的孩子，我怎么舍得你们离开。"从屋里到屋外的这段距离，我们走了好久，一路上说的都是道别的话。斜晖下奶奶目送我们离开，她的身影拉得很长很长。如果说人生是一壶酒，那一定是用哈密瓜酿制的，因为这个味道已经扎根我们的记忆，使我们永远无法忘怀。

离开尕藏墩村我们重整旗鼓，带着更大的决心和信念转战和田县的多个村庄。因为恶劣的自然环境、较低的劳动素质和匮乏的生产资料，这里的贫穷好像是被复制粘贴的一样，显得如此整齐划一。但是每个村庄都结合自身的实际情况为脱贫使出了浑身解数。尤木拉克村，一个远离绿洲靠近沙漠的村庄，恶劣的自然环境严重制约了当地的经济发展，但在精准脱贫政策的帮助下，村民向沙漠要地，把良田开垦到沙漠中去。村党委"第一书记"阿不来提（化名）这样说："我们要发展，要脱贫，不仅要用好现有的资源，还要发挥好我们的主观能动性，扶贫先扶志，我们要不怕困难、胆大心细，向脱贫攻坚发起冲锋。"他们为脱贫付出了很多努力，由村委会牵头组织夏粮收割队伍，免费帮助村民收割粮食，获得了村民的一致好评。据悉该村的脱贫工作已经硕果累累，实现了近百户农民的脱贫，这是何等辉煌的战绩，这样辉煌的战绩又是何等的鼓舞人心。

第二章　晓民情　惠民生

这个夏天我们不能等待，离开和田，前往喀什，在那里我们还有新的工作，新的挑战。

常言道，“授人以鱼不如授人以渔”。用科学技术武装头脑，用科技的力量脱贫致富。依托塔里木大学在喀什麦盖提县克孜勒阿瓦提乡设立的3块试验田，我们进行科技支农，向广大农民展示科学技术的力量。为引导当地畜牧业快速发展，解决饲料不足的瓶颈问题，塔里木大学在当地建立青储饲料示范田22亩，种植45个高粱品种，每年可收获两茬，为当地养殖业发展提供了有力保障。同时青储饲料的种植有利于培肥土地，改善土壤的理化性质，解决了土壤贫瘠的问题，为有机农业的发展打下良好的基础。

如何提高当地农民的红枣栽培技术，发展好南疆特色林果业？这又是一个问题。塔里木大学建立红枣示范田600亩，全年跟踪生产，从红枣修剪、水肥管理、病虫害防治等一系列问题着手，提质增效手把手教会农民如何种出优质红枣。该试验田有望达到亩产450千克，较以往增产近200千克，切实地充实了农民的钱袋子，为脱贫攻坚注入新动力。其间，王新建教授在加强病虫害防治和高产稳产等方面提出了多项指导建议。

以棉花试验田为抓手，解决农民棉花种植中的实际问题，在以往亩产不足200千克的基础上增产200多千克，实现产量翻一番的总目标。用塔里木大学300亩的试验田为练兵场，打造一支高水平的农业生产队伍，做大当地农业产业的蛋糕。

火红的高粱穗粒饱满，蓄积了人们对美好生活的向往。相信春天的努力必定不会辜负秋天的收获。搭上科技的风帆，劳动一定能够创造未来的美好生活，把握好科学发展的方向，小康生活指日可待。

第三章　脱贫路　教育先

我们去过很多村庄，很多贫穷的村庄物质和知识匮乏往往是紧密联系在一起的。虽然十二年义务教育早已在南疆普及，但村里的大学生却是屈指可数。当我们到达阔什吾斯塘村后，现实彻底改变了我们的看法。虽然这个村子和别的村庄看似别无两样，穷得一贫如洗，可是这个村里的大学生数量却是其他我们所去过的村庄的总和。

好巧，那是周一的清晨，当我们到达阔什吾斯塘村的时候大家正在升国旗。

随着国旗缓缓升起，雄浑的国歌响彻四方，村民们无比肃穆，此时我真切感受到了来自中华儿女的爱国之情。拄着拐杖的爷爷奶奶，放下农活的叔叔阿姨，还有胸前戴着红领巾的少先队员，大家都用心唱着国歌，把对祖国的一腔热爱唱响在这个清爽的早晨。

升国旗仪式结束后我们受到了来自村委会最大的帮助，返乡大学生、内高班、内初班的所有同学协助我们完成调查问卷。感谢之余我们实在惊讶，一个200户左右的小村庄，竟然有十几个大学生，加上在内地读书的初中、高中学生竟然有三十多人。我好像看到了这个村庄的美好的未来，因为他们是这个村子的人才，是这个村庄兴旺发达的希望。没有什么脱贫方式是比教育脱贫更好、更直接、更彻底的，因为这是将贫穷的病灶连根拔起的最好的方式。

一路走来我们收获不少，感触颇多。我们惊讶于他们标准的小农经济，那种鲜有商品流通的自给自足。这里的农民始终摆脱不了缺水的制约，因为没有水所以农作物不能按照需水期进行灌溉，产量提不高，效益上不去。因为缺水，农民与沙漠一直做着斗争，时刻上演着人进沙退的励志故事。因为缺水，所以仅有的土地在分配给众多的家庭之后就变成了维持温饱的口粮地，农业不能进行规模化生产，种植成本水涨船高。因为缺水，这里没有大面积的饲草，养殖业一样被束缚住手脚。

你见过最小的商店有多小？那种站在门口就能知道这里有没有你想要的东西的商店你见过吗？在和田和喀什的乡村，这样的商店零星地分布在公路上。除了生活必需品，其他的东西你很难找到，凡是与生活无关的产品竟然有了奢侈之嫌。这里的贫穷随处可见，但是这里的变化也是触目惊心的。笔直的乡村公路修到门口，干净的自来水接进厨房，从没有厕所的尴尬到冲水式马桶落户每家，从前危房满地，现在扶贫安居房拔地而起。生活是在改变，而且越来越好。不知不觉三年的时间已经过去，从2016年的“走进乡土乡村，助力精准扶贫”到2017年的“走进乡土乡村，讲述扶贫故事”，再到现如今的“助力精准脱贫，聚力乡村振兴”，自党中央提出精准扶贫的口号开始，我们团队就始终奔波在南疆大地，变化的只是我们的题目，不改的则是我们的初心。

只有荒凉的沙漠，没有荒凉的人生。雄关漫道真如铁，而今迈步从头越。脱贫工作从来不是敲锣打鼓、轻轻松松就能完成的，这需要无数人前仆后继矢志不渝的努力。我们能够在这份伟大而光荣的任务上贡献出属于我们农科学子的力量是多么的幸运。2018 年联合实践行动我们驱车 3 000 公里，到访 2 个地区、2 个县、5 个行政村，完成有效调查问卷 120 份、采访报告 6 篇，形成调研报告 1 篇；进行科技支农活动 5 次，精准脱贫政策以及民族团结知识宣讲 5 场，惠及农户 2 000 余人；向当地的村委会提出脱贫建议 50 余条，真正做到了助力精准脱贫，聚力乡村振兴。

这所祖国最西边的沙漠学府，传承歌颂着胡杨精神，青年如胡杨般迎风傲立，秉承红色基因，肩负屯垦戍边的神圣使命。天当房，地当床，田野做课堂；手拿笔，肩抗锄，大地写文章。胡杨青年会将社会主义春风的号角吹响在祖国的每一寸土地上，为古老的丝绸之路和辽阔的南疆大地贡献塔里木大学农科学子的力量，注入生机。

张锐教授在喀尔赛镇哈塔村开展夏修剪技术培训　摄影：侯毅兴

（王曼琳　贾平平　文）

在每一寸荒凉的土地上“种星星”

——西北农林科技大学农学院 2018 年联合实践行动纪实录

西北农林科技大学农学院大学生第三党支部乡村振兴调研服务小队合影　摄影：彭菲

在展开精准扶贫重点工作的五年中，我们祖国各地共 280 多万驻村干部、“第一书记”深入到每一寸贫困地区，为祖国的脱贫攻坚和乡村振兴贡献力量。全国诸多高校的大学生志愿者也投身扶贫事业，进驻贫困村落，为中国最贫困的地区献上一份份扶贫报告。作为西北农林科技大学农学院大学生第三党支部的党员，我们深感使命之重，自 2016 年以来，多次深入陕西省千阳县南寨村，连续多年深入南寨开展乡村振兴调研服务。在一次次接触、调查和体验中，中国贫困的现状在南寨村向我们展露出一角，调研也许不够深入全面，但所展现出的已是一个个十足的难题，只有1 500人的南寨村的发展尚且有如此多阻碍，3 000万人口的脱贫工作，当真是一场艰苦战！

在出发之前，我们无意间看到过一张中国贫困地区分布地图，大部分的贫困地区集中分布于我国的西北和西南地区，地图上列出了从2013年推行“精准扶贫”政策起，贫困地区数目的变化情况，密密麻麻的位点让人眼花缭乱。这张地图给我们留下了深刻的印象，在这短短几年中，一个个代表着“贫困地区”的红点逐渐转变为代表着“脱贫地区”的绿点。实践队员贾子尧感慨道：“就像一颗颗星星被点亮了!”大家都被这样美的形容所感动，更加坚定了投身扶贫事业的决心。精准扶贫的意义就像是为那些被光明遗忘的地方点亮一颗明星，为他们带来温暖和希望。

第一章 “世外桃源”未脱贫

来到千阳县南寨村，一幅“世外桃源”的美好画卷铺展在我们面前：这里房屋紧促、邻里互通，偶尔听得到鸡犬声交织在一起；路口有几株大槐树，一看就是上了年头的，枝繁叶茂遮住好大一片的阴凉；远处宽阔的平原尽头接着重峦叠嶂，更别说路旁的白杨在落日余晖中婆娑的身姿；这里的人们也是神情宁静，脸上不显一丝浮华喧嚣；晚霞照耀下一派安宁祥和。

我们来到了村委驻地，接待我们的是南寨村“第一书记”李三（化名）。李三介绍，南寨村是国家级贫困村，但是在精准扶贫政策的支持下，扶贫脱困工作已经取得了一定成效，贫困户数量逐年减少。我们也向李三介绍了我们接下来几天的具体行程和活动安排，书记对我们的到来表示欢迎，并且非常热情地为我们安排了住宿的地点。

调研服务刻不容缓，当天下午，我们就开始进行实践活动。从李三那里我们得知了南寨村一些基本情况：南寨村共有963户居民，从南到北共划分为11个村民小组，主要的农业作物仍然是中国最主要的粮食作物——小麦，但当地也有部分村民从事以养鸡为主的畜牧业。总的来说，当地的农业生产仍然是中国传统的“自给自足”的小农生产方式；在南寨村附近有海升公司建设的千亩苹果园，而村政府也在2017年组建了南寨村“双百”矮砧苹果示范园，主打优质苹果的生产营销。自实施乡村振兴战略以来，村子整体水平得到了很大提升，目前南寨村在千阳县属于中等水平。

接下来的几天里我们对南寨村进行了问卷调查活动，在活动过程中最大的收获不是那一摞摞厚厚的问卷，而是我对当地居民了解愈发深入。当地的村民自小生活在这片土地上，世世代代都以农为生。在他们的身上，我们看到了传承自先祖的、中华民族共有的美好品德：他们相信勤劳的力量，相信用自己双手创造的每一份财富；他们对这片土地爱得深沉，感恩土地赠予的每一份礼物；他们团结而友爱，热情而好客，对待远方来到的客人要献上自己最热情的招待。在他们的身上，我们看到了我们祖辈的身影和民族的传承。

第二章　希望的光芒在星星般明亮的眼睛里闪烁

无论是一个村庄、一个地区还是一个国家，最重要的部分就是人，走向振兴抑或者走向衰落，都取决于生长居住在那里的人们。中国广大基层地区最根本的问题也是人的问题，目前对于大部分村子来说，人员的流失，尤其是青年人的流失是农村面临的重大问题，如何挽留青年人才也是农村亟待解决的问题。想为农村人才发展建设贡献一份力量，我们思来想去决定在南寨村开展一系列的支教活动。我们向李三提出了建议，李三立马给予了大力支持，不仅给我们提供了场地还给予了设备支持。我们准备了很多基础课程以及一些形象生动的互动课程，例如绘画、音乐以及英语课。孩子们对支教活动表现出很大的热情，每当课上看到他们亮晶晶的眼睛和可爱的笑脸，都让我们觉得支教活动得到了最好的回报。

开展支教活动的第一天，村中大部分孩子都到达支教地点，从初中到小学，总共有十几名孩子。他们天真而好奇，没有我们意想中的那么淘气，一个个安静地坐在自己的座位上，等待着小老师们讲课。我们进行支教活动的目的是希望通过支教活动开拓孩子们的视野，改变他们的思维方式，让他们能用新的眼光看待世界，为当地带来一些根本上的改变。就像在一片丰饶但空旷的平原种下一颗种子，浇水施肥等待开花结果，期待着他们为这片土地带来不一样的生机。支教活动进行得意外顺利，我们在这些孩子身上看到了淳朴天真的品性，他们对于世界也有着敏感的体验。希望他们能够快快长成参天大树，为南寨村未来的建设添砖加瓦，让南寨村摆脱贫困走向富足，成为人人安居乐业的“世外桃源”。

第三章　实践是成长最好的催化剂

问卷调查时我们共走访了177户人家，有建档立卡家庭，有经济基础较好的家庭，有单亲家庭，也有四世同堂家庭，差异十分明显。我们不禁想，精准扶贫到底是扶什么贫，一开始我们以为那单纯就是经济问题，可在探访许多农户家之后，我们觉得之前的结论太过于单调与浅显。真正的扶贫不仅是扶经济上的穷苦，更是要扶精神上的匮乏，“授人以鱼，不如授人以渔”，只有从思想上，从才干上将他们扶持起来，脱贫工作才会获得显著成效。

调研工作应该可以说是这次“联合实践行动”最重要的一个环节，也是大家感觉最难以做好的一个环节。我们走访了村中大多数贫困户和一小部分的脱贫户和非贫困户，做了问卷填写，也聊了很多关于精准扶贫的事情。这里是一个自然风光十分美丽的地方，村庄依山而建，村民傍水而居，是一个十分适合居住和旅游的地方，村民和蔼可亲，村里干净整洁。我们刚刚到达的时候还觉得难以理解为什么这里会是贫困地区。在调研的过程中我们才慢慢发现了这里为什么会贫困。一方面是这里地理位置较偏，交通不够便利，我们去调研的时候有一部分道路还在修建中；另一方面是南寨村没有发展得比较好的产业，加上年轻劳动力缺乏，导致村民的收入来源少，收入低。从村民口中我们得知他们的土地大多数都流转给了海升集团，很多年轻人也都外出打工。在国家的帮扶下，很多贫困户都不仅仅拿到了国家的补助金，在村委会的带动下，也成立了苹果合作社和养鸡合作社。村里的水泥路也即将完工，村干部们起到了很好的带头作用。国家现如今的政策恰恰是体现了“授人以鱼，不如授人以渔”的思想，从根本上解决了农民的问题。相信在大家共同的努力下这里会发展得越来越好。

走进农村，走近农民。只有真正到他们生活的环境中去，真正体会过他们的生活，才能真正了解他们。

第四章　专家教授深入南寨助力脱贫攻坚

为期三天的调研之后，我们发现当地农业产业结构单一，主要种植小麦。而且由于当地农业公司对土地的并购，使每户生产的粮食几乎都变成了口粮，很少作为商品出售。养殖业主要为肉鸡养殖，由于技术比较传统，养殖过程中经常出现由于疾病等原因损失惨重的情况。

为了解决南寨村种植户和养殖户在生产过程中遇到的问题，西北农林科技大学农学院教工党支部书记海江波副教授和西北农林科技大学动物医学院付明哲老师也同我们来到南寨村。

海江波副教授在村委会议室中为该村的部分党员及村民带来了一场以"生态农业的思考与发展"为主题的讲座。海老师用通俗的陕西话从自己的求学经历、研究方向做了自我介绍，并讲述了自己多年海外访学的所见所闻和研究过程中遇到的诸多问题与解决方法，既分析了中国农村现状，渗透了最新的国家政策方针，又提出一些现代生态农业的新思路、新格局，针砭时弊，别开生面。村民们不仅在讲座过程中表现出极大的兴趣，还就部分实际生产中的难题与海老师进行了互动讨论。海江波老师还热情邀请南寨村领导班子和村民，走进杨凌农高会，走进西北农林科技大学的实验室，体验现代农业科技，推进本地农业发展和扶贫工作的开展。

西北农林科技大学动物医学院高级兽医师付明哲老师进行了有关家禽疾病的专题讲座。付教授在用一口方言简短地介绍自己之后，迅速拉近了与在座农户的距离，农户们认真听讲，仔细地看着课件内容。付教授首先对养鸡户的饲养条件提出最基本的要求，他从养鸡必要的简单设施、喂养条件、环境条件三个方面进行了深入阐述。接着他就如何在不同日龄预防鸡瘟、鸡瘟发病时的征兆以及发病后怎么治疗而将损失减到最小进行了详细的讲解，之后付教授还对在养鸡过程中常见的禽流感和球虫病以同样的方式在预防、发病、治疗这三个环节进行了浅显易懂的讲解。在场农户收获颇丰，受益匪浅。最后应养羊农户的热烈要求，付教授对养羊过程中疾病的防控与治疗、不同时期饲养管理知识进行了普及。在讲座即将结束时，付教授语重心长地鼓励当地农户发展养羊业。他说，羊奶不仅价格高，而且市场好。他同时对南寨村的脱贫攻坚也出谋划策，认为通过发展养羊业可以更容易让南寨村早日脱贫摘帽，此建议受到了村书记和在座农户的热烈赞同。

付教授不仅从理论层面上研究和引导村民，重要的是从操作层面上给村民细心指导，给村民也带来了一定的启发。现在要脱贫，即按照当地实际，精细化帮扶，定点脱贫。而乡村振兴战略主要是在产业振兴，本次确定为苹果产业和养羊业，在两者略有成效后会开辟其他产业，如旅游业等。因此发展产业是关键，南寨村目前产业结构单一，我们下到村里以后要重点宣传付老师讲的养殖方法和防病技巧，同时也需要我们和村民们一起动脑筋发展建设南寨村的奶山羊养殖业。

在与两位教授交流之后，很多村民都深受启发。村民们开始自发展开讨论，探讨着新农村建设的问题。我们在听完两位教授的讲座之后也开始了我们自己的思考。什么是新农村？我们要建设怎样的新农村？这些问题都需要我们去认真思考清楚。

中国有着蕴含丰富资源的广阔国土和居住在这片土地上的勤劳朴实的人民。虽然目前我们仍然有很多地区处于贫困落后之中，但并不意味着那里就是一片不可开发的荒地。在那些不为外界熟知的地区，或许有着埋藏多年的可贵财富，等待我们去探寻他们独有的价值，又或许那里只是一直在等待点亮光明的第一颗火种，期待我们像普罗米修斯一样为他们带去未来和希望。或许我们所能做的不多，但我们相信并希冀着，在无数如同我们一样投身扶贫事业的人的共同努力下，一颗颗希望的火种在这片古老的土地上不断蔓延，汇聚成最耀眼的星空，照亮我们最美丽的中国梦！

海江波老师为党员进行“乡村振兴讲座”　摄影：彭菲

（高雪纯　贾子尧　彭菲　文）

精准扶贫　乡村振兴　田间地头　不枉农学人

——新疆农业大学农学院 2018 年联合实践行动纪实录

领导带队进行大田作物指导　摄影：李文杰

有这么一行青年人，他们怀抱着对祖国的爱，与胸膛里那颗跳动着的赤诚的心，他们上讲堂、下农场、进农户、做宣讲，他们是新疆农业大学农学院学生。

2014 年 2 月新疆维吾尔自治区党委深谋远虑，结合新疆实际，以做好群众工作为统领，以促进边疆地区稳定发展为重点，开展“访民情、惠民生、聚民心”工作。自我院开展大学生社会实践以来，我院根据“理论联系实际，教学结合生产”的传统和自治区“访惠聚”工作，鼓励广大学子深入农村基层第一线，立足“三农”服务发展，发挥农业学科优势，以“行前强化培训、行中动态跟踪、行后参与总结、全过程指导”为原则，围绕“访惠聚”工作、科技扶贫工作以及农业专业知识，如农作物高产栽培、植物病虫害防治、种子繁育与安全等方面工作，为基层农业“把脉治病”“传经送宝”，为新疆维吾尔自治区“访惠聚”工作贡献力量。

第一章　乡亲们的“首席翻译家”

世界上最遥远的距离不是天涯与海角，而是同根生长的两棵树，却无法在风中相依。

我院种子科学与工程 121 班古海尔·喀迪尔去到新疆喀什岳普湖县一个名为库勒都买里斯的地方，他发现村民与当地驻村工作组时常两两相望两无言，或是一方说着另一方压根听不懂的话，这导致了大家相互之间毫不了解，毫不信任。驻村工作组不能及时探悉村民的真正需求，村民不能获知国家最新的好政策、好声音，不能了解驻村工作组的良苦用心，使工作难以开展。正在局面十分窘迫的时刻下，他毅然决然地放弃了自己早已计划好的事情，放弃了自己的空闲时间，主动找到工作组，提出自己对当时局面的看法，克服自己的羞涩，说服工作组成员再努力一下，再努力一下就可以走进百姓的心里。他告诉工作组愿意协助他们，为他们翻译，将他们的心里话传到每一户每一家。他一家接一家地走访入户，风雨无阻；一页又一页地整理资料，昼夜不分；字字句句地翻译，耐心备至；不辞劳苦地当向导，无怨无悔。他还亲历工作组修路建桥、扶贫帮困，一句句说尽了党和国家对老百姓的心里话，一步步走进了老百姓的心坎里。处处为老百姓着想的他，成了乡亲们的知心人。

第二章　毛主席语录不离身的老空军

我们在进行走访调研时，发现有名老党员正在抚摸一本已经磨得辨认不出书皮颜色的书籍。泛黄的扉页，破旧不堪；饱经沧桑的双手，微微颤抖；浑浊的眼睛，闪烁泪珠；佝偻的身躯，摇摇晃晃；模糊的文字，难以辨认。贴得近一些再近一些，恨不得把书给吞下，好让它融入自己的骨血，又舍不得用太大力气，怕伤了单薄的纸张。老爷爷在年轻的时候是空军，兵龄九年。即使现在已经到了耄耋之年，却依然每日学习毛主席语录。他不停地抄写，几十年如一日，磨坏了一支又一支笔，从少年抄到耄耋，从挺拔抄到佝偻，从青丝抄到满头白发。封皮没有了颜色，但在他的心中那依旧是鲜艳的熠熠生辉的红色毛主席语录。

看着那一本本用过的摘抄本，他带着满满的自豪感，像是考试得了第一名，像是毛主席对他说的话，像是库尔班大叔终于到了北京。只有他自己明白，他抄写的不只是空洞的文字，而是那一代人特有的情怀。一个时代过去了，对那个美好时代的留恋之情还是会让人感慨不已！虽然我们不曾处于那时，但是看到那个时代的人，依然会被这份美好所感动。

第三章　大哥哥、大姐姐再见

一句句“大哥哥、大姐姐再见”，一句句“下次要再来看我们，我们会想你们的”，稚嫩的语言中透着多少难舍难分，道别的话语中显出万千真情实感。

这是于田县阿日希乡拜什塔什村小白兔幼儿园小学生与大学生实践团队告别时所说的话。从最初的陌生到后来的难舍难分。在刚进入幼儿园的时候，小朋友对我们这些外来的大学生充斥着深深的警惕感，大概是想起了妈妈说的不要和陌生人随意说话的教导。然后我们的队员一个接一个地为孩子们分发玩具、文具等爱心物品。这使得最初的陌生感慢慢消融。我们充分发挥大学生的优势和特长，教幼儿学习和认识传统文化知识，给他们讲解精卫填海、亡羊补牢、刻舟求剑的故事，并鼓励小朋友们将这些故事表演出来。教了汉语，学了剪纸，唱了儿歌，做了手工，背了古诗词和三字经。我们一开始并不十分擅长这些，也是在手机上一遍又一遍地学习后，再教给这些小孩子们。短短的时间内小朋友竟然学会了唱《我爱北京天安门》《上学歌》，学会了跳《小苹果》《海草舞》等等。

离别之际，那纯真的脸上满是泪痕，还依旧说再见；那通红的眼睛充满泪花，还笑着欢歌相送。

第四章　再见库尔班大叔

我们到了那个要骑着毛驴去北京看望毛主席的库尔班大叔的纪念基地。老旧的木门，过时的拖拉机，库尔班大叔故居好像让我们亲临那个时代，好像看到那个在苦水中泡大的维吾尔族农民，那个全部财产只有一条破毡子、一把破铜壶的库尔班大叔。

纪念馆内陈列着50余幅珍贵历史图片资料、10余幅手工绘画和60余件库尔班的遗物。站在那些老旧的物什面前，我们轻轻细细地抚摸着上面的灰尘，好像在摸索大叔那粗糙却又温暖的双手；我们双眸含泪静静地注视着大叔的画像，好像要把画看穿找出大叔的笑颜。临走之际，我们郑重宣誓，又像是在跟大叔对话："我们要永远听党的话，一心跟党走，全民感党恩，积极争做库尔班·吐鲁木精神的传承者和发扬者，用坚定不移跟党走的质朴情怀凝聚起各族群众维护社会稳定和长治久安的强大思想合力。"

第五章　奇幻昆虫之旅

2017年7月12日，天边刚刚泛出鱼肚白，我们在地上或匍匐、或半蹲、或小心翼翼行走；"抓到一只""这还有一只"。我们提着网兜，披着雾气和露水，我们是农学院去往哈密市新疆巴阁达世生态农业科技有限公司参加社会实践的同学。罕见的蚂蚱、说不上名字的蝴蝶、凶悍的螳螂，演绎着它们与众不同的一生。我们把抓到的昆虫精心做成标本，整整齐齐、密密麻麻地陈列在标本室中。虽然这些标本都是我们辛苦制作的，但我们还是毫不吝惜地拿出来让孩子们尝试做下了人生中第一个标本，做坏了一个又一个，毁了一个又一个心血，甚至有些调皮的孩子把刚做的标本不小心弄坏，但看着那惶恐的眼神，我们却也不忍责备；看着孩子们拉着我们的手不停地发问，满眼都是对知识渴望的目光，我们觉得这一切的一切都是值得的。

有句话说，"愿能遍历山河，觉得人间值得"，其实哪用遍历山河，看到那些纯真的笑就是最大的值得。

第六章　村里的图书馆长

协助驻村工作组开展志愿服务活动之一的种科152班的黄友兴同学，在这个暑假前往村委会协助图书馆整理书籍。每天看着村民们来借书、还书，坐在大厅里阅读书籍，他感受到了朴实的村民对知识的渴望。他说大部分村民看书的时候旁边要放上一本字典，方便随时查阅，哪怕是这样也没有人抱怨过，每次都是满面笑容地来去。有时村民们早早就来了，坐在图书馆门前的空地上翻一翻书，两三个人聊聊地里的农活，谈谈谁家的庄稼长得好，互相取取经。然而进入图书馆村民们都不再说话，比有些大学生的素质都高。有些村民晚上去，人少的时候就自觉把灯关掉一些。因为农田里的工作，村民们看书只得抽出早晚的时间。黄友兴同学说他遇到的最多的问题不是维持图书馆的秩序，村民们都很安静；也不是图书归类工作，因为村民们都自觉把书放回原来的位置。最多的问题是村民们向他询问农经类书中的专有名词。他感慨道，我们大学生们可以坐在窗明几净的教室里，接受党和国家提供的高等教育，还有什么理由不好好学习呢！

第七章　滴灌式暖情

生物技术152班赵月梅同学参加了镇政府组织的微爱心公益活动，在活动中看望了孤寡老人和残疾、家庭困难的老乡。她看到许多人自发地帮助老人打扫卫生，送去生活用品。感叹朝如青丝暮成雪深深无奈的同时，也感动于世间尚有温情在。她想尽各种办法逗老人们开心，一遍又一遍不厌其烦地跟老人说话，聊着学校里的一些琐碎小事，怕老人们不喜欢街舞和现代流行音乐的闹腾，特意找到六七十时代的红歌逐字逐句地唱给老人们听，她说那是她第一次上台在那么多人面前唱出自己的声音，不是有功底，是因为她知道，老人们听的不是多么美妙的旋律，不是多么有趣的笑话，只是不孤单的声音。这些声音让老人们知道自己不是一个人，自己没有被人遗忘。活动中赵月梅同学真切感受到了党的惠民政策，她体会到党和政府的扶贫工作已经从大水漫灌式向精准滴灌式转变，用千倍万倍的耐心，一滴一滴，慢慢地、缓缓地浇灌天下百姓的心，让人民对党的政策更加信服。

第八章　红领巾小课堂

自收到校团委征集红领巾小课堂志愿者的通知以来，学院团委广泛宣传，积极动员，共有40余名学生报名参加，最终有4名学生经筛选合格后，成为红领巾小课堂的志愿者。这四位同学怀着极高的热情参加了红领巾小课堂活动，种科

161班阿卜杜瓦日斯红同学在为期近20天的红领巾小课堂中感触颇多。

在红领巾小课堂开始的时候，他告诉小朋友们红领巾的来源以及历史意义，慷慨激昂地教他们唱少先队之歌，给他们介绍队徽的组成元素和特征含义。在小课堂上，教小朋友们汉语，并且自信地告诉他们，学习汉语不只是为了考试，不只是为了单纯的交流，更加是因为汉语是我们的国语，我们有责任和义务去发展和传承。他还将去红领巾小课堂前精心拍摄的学校校园风景用图片的形式展示给村小学里的小朋友们，鼓励他们好好学习，考上理想的大学，去见识更广阔的世界。在他的带动下，小学生们日益上升的学习激情，令他更加自信。此外，他还在村委会和住村工作组的盛情邀请下，在村里举行汉语培训班，帮助村里的小学生学习汉语，并辅导暑假作业，预习下一学期的新知识。那一字字、一句句的教习；那一声声、一遍遍的感谢；那一行行、一片片不舍之泪，令人动容。

第九章　农田里的药剂师

田间地头，林荫小道，麦浪滚滚，枣香四溢、鸟语花香，男耕女织，一碧千里，春花秋月，金桂飘香，沃土千里。很难想象这么一个堪比人间仙境的地方，在几个月前却让当地农民脸上愁云密布。因为这些偏远地区的农民们在实际栽培中遇到了一些相当棘手的问题：种植的大枣虽然口味香甜，但是因为侵染病虫害，卖相不好，只能销往罐头厂进行深加工。这么几经折腾，大大提高了耕种成本，延误了上市时间，以至于最后到了低价也找不到市场的地步。农民们勉强维持生活，入不敷出。除此之外，由于大枣采收后，没有合适的保管办法很容易变质，大大影响了其经济价值。我们也进行了多方实验和查阅资料，争取早日为农民们排忧解困。实践活动在昭苏、霍城、新源、尼勒克等地开展，学生们用所学专业知识指导农民科学种田，真正做到科技扶贫、精准扶贫。他们就大白菜、玉米、小麦等作物的栽培品种选择、病虫害防治、生长期间肥料的选取、盐碱地的适宜营养元素、加工储藏等方面综合回答农民的问题，农民们对他们既管用又通俗的指导非常满意。

第十章　让党的好政策飘扬在连队上空

她说：助人为乐是一种美德，乐于助人也是人格升华的标志。她是众多返乡大学生中的一员，她是种科 172 班的热孜万古·卡斯木。她和众多返乡大学生一起投身于喀什伽师总场 8 连连队的社区实践活动。她们一起教社区居民学习汉语，让居民们在日常生活中可以进行简单的汉语交流。在社区实践活动这些天，她每次都早早到达升旗台前，庄重肃穆地等待着红色旗帜的出现，参加升旗仪式。嘹亮的国歌，有力的青春朝气飘荡在连队上空。在连队大礼堂中，她积极进行十九大精神的宣讲，告诉当地乡亲党的好政策、党的好声音。她面带微笑又不失庄重；她声音温和，又不失力量。如春风化雨般将十九大精神字字句句地融入当地村民的血液中。另外，她还带头发声亮剑，郑重地许下同三股势力、同民族分裂主义斗争到底的壮志豪言。她觉得那段时间的社区实践提高了她的社会服务能力，引导她进一步接触、了解了社会，更增强了她的社会责任感，提高了她的社会适应能力。并且希望自己能利用以后每个假期的时间，尽自己微薄的力量，努力帮助到更多的人。

实践队员席地而坐倾听村民的心声和困难诉求　摄影：李文杰

专注于做一件事会突然觉得时间过得很快，再回首观望这段挥洒汗水的经历，可能真的很累、很不知所措，但细数这段时间收获的感动，还是要感谢那个乐于奉献的自己。青春总要有一场无悔的旅行，就算不能做一件轰轰烈烈的大事，也至少要有一件事，能感动自己。

（李亚杰　文）

农浓兵团情　扎根建新功

——石河子大学农学院2018年联合实践行动纪实录

石河子大学农学院赴第三师棉花田间调研和支农服务　摄影：马亚东

“十万大军出天山，且守边关且屯田。塞上风光无限好，何须争入玉门关”，从戈壁荒滩变成良田万顷，半个多世纪，一代又一代兵团人艰苦奋斗，无私奉献，用青春和热血，把兵团建设成一颗璀璨的戈壁明珠。他们铸剑为犁，坚守大漠，他们边境线上种庄稼，界河边上牧牛羊，他们为这片土地奉献整个人生！作为一名兵团高校的农科学子，为响应兵团向南发展的号召，助力国家乡村振兴计划，石河子大学农学院于 2018 年暑期组建了 6 支联合实践小队前往南疆师团，践行兵团精神，开展扶贫和支农实践活动。

第一章　沙海老兵精神不死

第一支联合实践队前往的是第十四师四十七团，这是一个英雄的团场，它的前身为王震将军指挥的二军五师十五团，他们徒步穿越塔克拉玛干大沙漠，成功解放和田后，就地屯垦戍边，其后集体转业，仗剑扶犁，扎根大漠，在亘古荒原中建立了新疆生产建设兵团第十四师四十七团。

7 月 21 日，实践团队前往敬老院慰问 91 岁沙海老兵——董银娃（化名）同志。自从 1957 年来到和田，董银娃老人便同胡杨树一起扎根在这片大漠边疆上，再也没有离开过。开始与老兵交谈采访的时候，觉得他像邻居家的阿伯，善良和蔼。大家跟随着老人的回忆思路，听他说着怎么解放和田、怎么脱下军装集体转业，自然而然地觉得他很伟大，但当他说起屯垦戍边的趣事时，又觉得他很平凡。在他回忆的时候，我们看到他眼睛里充满了闪烁的光芒，没有一丝后悔抱怨，像是重新穿起了军装，直挺挺地站在实践队员们的面前。作为四十七军团的一部分，老人自始至终践行着兵团精神，骨子里面流淌着坚毅的血液。一次意外，老人的眼睛被铁丝刮伤，在那个医疗条件匮乏的时期，眼睛感染，做完手术后，他的右眼却再也无法合上。接受采访时老人说道，这一切都是自己应该做的。建设祖国贡献自己，他把它看作是自己的本分。人生短暂，老人用一辈子的时间坚守着这份对人民的深情，对军队的忠诚，对祖国的热爱。坚守信仰，扎根大漠，敢为人先，这就是老兵精神！

今天的四十七团，早已没有过去贫穷落后的样貌，当年沙海老兵们在这片土地上的汗水与辛劳已然成为根基，撑起了现在的栋栋高楼，撑起了人民的幸福安稳，只愿这种老兵精神，能永远传承延续。

第二章　原来我们是可以改变这个世界的盖世英雄

第二支联合实践团队，前往的是第十四师四十七团八连，这一团队在指导教师的带领下，实地为连队职工和外来农户提供了种植、修剪、水肥管理的技术指导，团队提供服务的连队职工超过 100 人次，为全连队职工发放了《南疆地区设施葡萄促早栽培技术》和《南疆地区设施桃树促早栽培技术》培训教材。

在八连的实地服务中，有这样的一件事情，成就了“咸鱼”的英雄梦想，团队服务的一名维吾尔族的连队职工名叫买买提（化名），他一个人带着两个年幼的孩子，还要照顾两个种植葡萄的温室大棚。因为疏于管理，棚内的葡萄都是在底下匍匐成长的，赵老师说按照这样的状况，收成只够自己食用，完全没有经济收益。买买提汉语水平很差，对于种植技术知之甚少，导致家庭收入微薄，两个年幼的孩子一日三餐都是头一天做好的油饼，而买买提自己则是三顿不变的黄花卷。团队成员临时决定，利用两天时间，帮助买买提完成大棚内葡萄的吊蔓工作。七月的四十七团，平均气温高达 38℃，棚内气温高达 42℃，队员们满头大汗，却没有人停下手中的工作。两天的时间，实践队员们和买买提一起完成了两个大棚的吊蔓工作，看着棚内整整齐齐的葡萄藤，买买提握着实践队员们的手，热泪盈眶地说：“谢谢，谢谢”。买买提会说的汉语不多，所以这一句简单的谢谢，饱含着太多的情感，也为每一位实践队员心里种下了一颗英雄梦想的种子。

当天晚上，一名白天中暑的实践队员找到指导教师说：“老师，毕业的时候，我想报名三支一扶，我想来这个连队当一名村干部，我想为他们提供农业技术服务，我知道，他们需要我，我回去一定会好好学习专业知识的。原来我以为读大学对我而言只是拿一张毕业证书，可现在我明白了，专业知识或许可以让我改变这个世界。”是啊，或许我们曾经都会觉得自己的力量微不足道，但是只要肯努力，只要肯用心，你终究会发现，我们也可以是改变这个世界的盖世英雄！

第三章　听说，你在黄沙滚滚深处

“南疆又起风沙了？”一名来自第三联合实践团队的队员翻着手机嘀咕着，这一支联合实践队将前往第十师昆玉市二二四团科技支农。

听说，风沙蒙住了你美丽的眼睛，让你不能在晨曦牵手那一缕阳光；听说，风沙掠夺了你仅有的水分，破坏了你赖以生存的家园；听说，你在沙漠中迎着狂风酷日砥砺前行，为每家每户送去得以生存的物资；听说，你转身便投身于最恶劣、最炎热的地方，用你伟岸的躯干化无尽黄沙于厚实土地；你在黄沙滚滚深处坚强地抵御着一切，写下了一个个感人肺腑的故事。

二二四团所处地段自然条件恶劣，风沙极大，但即便如此，兵团的军垦人，用理想和信念筑起了一条绿色防线。他们克服恶劣的自然环境，屯垦戍边。在走访的过程中，队员们了解了许多关于枣树种植方面的问题和红枣行业近几年的发展现状。在指导教师史老师的带领下参观了大棚试验点（和田市墨玉县)。在这里，史老师通过设施农业的技术使得当地农业种植技术得到改善，当地村民每年的收入得到较大改善。史老师指出，这个村子人多地少，凭以往的种植技术难以满足当地村民的口粮需求，更不要提靠农作物来获得经济效益了。以后还要继续推广设施技术，将大棚种植技术普及给当地的村民，为当地村民创造更幸福富足的新生活。一位因史老师指导建造的设施获利的农民为实践队送来了自家地里的西瓜。西瓜又大又甜，甜出了老乡的热情，甜出了老乡的淳朴，甜出了老乡的善良。还有老乡邀请队员们去他家里小憩片刻。阵阵清凉，沁人心脾，老乡们的坚强、乐观，与恶劣的环境、单薄的人力、微薄的收入形成了鲜明的对比，他们的精神与品质温暖着我们的心灵，坚定着我们的信念。

第四章　你看，寻虫查农访民聚心

第四支联合实践团队前往的是第三师五十一团。7 月 23 日，队员们忍受着大暑带来的高温，进行实地调研。枣树和棉花是三师的主要经济作物，所以在途中，队员们看到的公路两边是连绵的绿色，有翠绿的枣树，也有夹着娇艳花骨朵的棉花，各有一番风味。在随后的几天里队员们下农田，钻果园，入大棚，见到了蔬菜水果端上餐桌前的模样，见到了棉花还未被加工成衣物之前的模样，也知道了它们的来之不易。在农户家的地里，指导老师张老师给队员们讲解了各类病虫害的主要特征及防治方法，并让队员们根据所学的知识辨别地里的虫害种类。张老师认真地指导队员如何将专业知识与实践内容相匹配，并叮嘱队员们要不断在实践中锻炼自我，将所学的知识在实践中转化，那才是真正的知识。在离开时，团队给每家农户都赠送了农药基本使用手册和宣传单，希望能将农药科学使用技术和“绿水青山就是金山银山”的理念传递到每家每户。

此行，实践团队在五十一团十九连访惠聚工作队的协助下，还走访了当地少数民族农户，切身感受到了他们的热情好客以及对农业技术的渴望。有一位老乡家庭困难，母亲和弟弟都有病在身，正值棉花打顶之际。贾老师拿出身上仅有的几百元钱交到老乡手中，说道：“老乡，这些钱拿着，给孩子买两件衣服。家里需要人干活时就给我打电话，我叫上连长、队长来给家里干活。以后咱俩就是兄妹，需要帮忙时就跟哥说。”维吾尔族老乡非常感动，热泪盈眶。老乡的孩子为表达感谢一直在给队员们手动扇风，队员们劝不动，于是一起扇风，一片祥和。走访结束后，队友们收获的不仅是调研数据，更是与农户之间那一份真挚的感情。

第五章　那里，红旗与田野

第五支联合实践团队，前往的服务地点是第三师五十一团。7月30日，实践队的成员都早早起床赶往五十一团十九连，和当地农户一同参加了升旗仪式。队员们被连队的“发声亮剑”深深感染，最让人难以忘怀的是坐在国旗前的维吾尔族同胞们，虽然不能完全听懂他们的语言，但他们笃定的眼神透露着对祖国的热爱，他们被国旗下的“发声亮剑”深深地感染着，他们与汉族同胞的心已经紧紧连在一起。

“发声亮剑”后，老师们代表实践队给连队的小朋友赠送了字典，希望他们日后能努力学习，用自己的双手为家乡的建设添砖加瓦。随后聂老师和马老师分别为农户们介绍了棉花和红枣的栽培管理知识，强调了作物在近期管理中的一些注意事项。连队的农户都听得十分专注，不时还结合自己家的田间情况和老师交流。

紧接着，实践队在连队返乡大学生的帮助下，顺利地完成了问卷调研，了解当地的生产经营方式、作物种植模式、常见病虫害以及自然灾害情况。实践队跟随指导老师以及连长和技术员来到一块棉田，对于发现的问题进行及时记录与整理，并与指导老师交流与反馈。

聂老师给前来听讲解的农民讲解道：“花铃盛期棉铃小是因为磷肥缺失，结铃率低是因为缺失硼肥，未能适时施肥导致，因此棉花进入蕾期以后要随水适量施肥，保证正常稳定结铃，棉花出苗20～25天以后，有7次施肥时间，肥量根据生长势确定。”此外，聂老师还告诉大叔关于部分单株生长过旺的原因，第一可能是该植株周围缺苗，导致这片区域通风透光更好，营养都被该植株充分吸收了；第二是该植株为杂株，与周围植株均为不同品种，株型特异，要及时拔除。

下午，实践队抵达十二连，发现不同棉田由于种植户不同，棉田出现的问题也不一样。队员们发现身后的这块棉田，长势相对较好，棉铃生长也较为正常，是连队的示范田；而位于左边的棉田地头则出现很多缺苗现象，另外右边的棉田杂草有很多，比棉花长得都高。同学们观察发现，左边缺苗问题可能是由于地头土壤板结，地膜覆盖，幼苗无法冲破地膜的束缚；右边的地块杂草多则可能是播种前施用除草剂不及时，并且地膜破损相对较多，导致大量杂草钻出地膜。

实践队的队员们第一次自主解决了农户提出的问题，得到了老师的认可，大家信心更足了，表示回到学校后一定更加努力学习，掌握真本领，真正为农户解决更多生产实际问题。

第六章　这里，扎根兵团建新功

第六支联合实践团队前往的服务地点是第二师二二三团。二二三团位于天山南麓，焉耆盆地西北部和静县境内，占地总面积776．86平方千米，是一个多民族聚居的团场。林果业是该团的特色产业，主要种植苹果、葡萄、红枣、香梨。

实践过程中，团队走进基层，专访二二三团基层干部，深入了解团场发展状况和脱贫攻坚战的进程，了解党在基层组织的先锋模范作用。为了更好地了解基层团场农业生产状况和“三农”政策以及兵团精准扶贫相关政策落实情况，团队通过采访和访谈形式，采访了驻村干部以及基层连队基层干部，直击脱贫第一线。

团队有幸采访到了二二三团一连两委书记李书记。刚见到李书记的时候，就被他脸上那灿烂的笑容所深深感染了。黝黑的脸庞，咧着嘴笑，露出一口雪白的牙齿，更让队员们记忆深刻的是他那干练的身姿和蓬勃的朝气。有一个细节，那便是他胸前佩戴的党徽，在阳光下闪闪发光。基层连队每周都会升一次国旗，不同民族、不同语言的老乡都能用流利的汉语大声地唱出国歌。在这个偏远的基层连队里，将“党”与“国家”牢记心中，如此温情，如此真实，可以触摸，可以感受。

李书记在兵团基层工作，烈日炎炎下，他与在场的少数民族农户讨论着葡萄病虫害的防治。在基层工作很辛苦，但他能微笑着应对着压力，而这一切归因于他作为一个兵团人的执着。

“父母都在这，他们都不愿意离开这儿，也许吧，是受父母的影响，感觉兵团就是我的家。我从小生活在这儿，父母从小教导我作为兵团人，应该为兵团奉献自己的光和热，我应该为我的家做些事。”就这样，李书记在做了 9 年的酒店管理后，毅然回到了自己的家乡——二二三团二连，用自己的双手建设自己的家。

每天清晨，李书记会早早地到连队的田地巡视，解决农户种植上的困惑，深入农户家庭，为他们排忧解难，无微不至地关心连队农户的生活和种植问题。三年来，他的每一天都捻落成种，播撒在他所热爱的这片土地上。最终，他被连队“两委”选举为连队管理委员会委员，得到了连队全体人员的认可，无论是汉族还是少数民族，对他都是大大的称赞，站在现在的岗位上，他依旧尽职尽责，散发着自己的光和热。当谈及连队管理时，队员们从他的眼神中看出了深深的热爱和坚定的执着。“连队缺人才，不管是农业技术型的还是管理型的，这些连队都很缺乏，也希望你们毕业后深入连队，服务基层。”

石河子大学农学院实践队员在第三师五十一团棉田开展病虫害调查　摄影：张国强

李书记的语气中饱含着深切想把连队建设得更加美好的殷切期盼，深入兵团，扎根边疆，李书记将自己的一腔热情奉献给了养育他的这片土地。他的所作所为永远值得兵团大学生学习。

教育无他，唯爱与榜样。这个七月，通过全国农科学子联合实践行动，希望我们的青年可以学会爱，对祖国的爱，对兵团的爱，对“三农”的爱；希望我们的青年可以找到榜样，无论是德艺双馨的优秀教师，屯垦戍边的兵团前辈，还是扎根边疆的基层干部。然后，饱含热情，全力付出，敢于担当，做中国特色社会主义建设的可靠接班人，扎根边疆建新功！

（王龙　关思慧　李青山　文）

西南片区

纵有千古，横有八荒。

八千米的海拔落差，造就了大西南巍峨却柔美的绿水青山，星星之火从这里出发。

当那段苦难辉煌与人民一道传唱大江南北，天地为卷，山河做鉴，我们渐渐悟到成功的真谛不在预见，而在实践。

遵义会议后，毛泽东道：雄关漫道真如铁，而今迈步从头越。

我们仍需奋进。

爱　让我们携手前行

——贵州大学农学院 2018 年联合实践行动纪实录

校党委书记李建军、副校长金道超看望实践队员合影留念　摄影：陈恒

8 月的贵州，是躁动的。炎热的空气中充斥着不安的因子，正如我们此时坐在车上的心情。窗外的景色向后退去，我们踏上了实践之路。我们的到来能够为他们带来什么？我们的出现能否为他们改变什么？此行，注定不同寻常。

2018 年 8 月，贵州大学农学院的 5 支团队，共计 102 人，积极响应中国农大发起的“助力精准脱贫，聚力乡村振兴”全国农科学子联合实践行动，以贵州为主要实践地开展三下乡暑期社会实践活动。团队成员分别去往贞丰、丹寨、赫章、水城和紫云5个贫困县，进行为期一至两周的实践调研活动。在短短的一个月时间里，我们的足迹踏遍了各个贫困乡镇，认识了各种各样的乡土人情，更看到了那些在贫困中努力向上、挣脱贫困的感人故事。

第一章　情在鲁容 因为有爱，所以不孤单

见过他的人都知道，他很满足，有着简单的名字做着简单的事，他是小罗（化名）。他的母亲是个聋哑人，家中大大小小的事都由父亲负责，一家人的日子过得也还不错。可在9岁那年，晴天霹雳，父亲去世，家里的顶梁柱倒了，留下了母亲和他相依为命。母亲交流有障碍、文化水平低，只能在周边和乡邻一起做临时工来贴补家用。作为家里唯一的男子汉，他理所应当却又无可奈何地站了起来，揽过家中大小事务，磕磕绊绊地学会操持生活。他明白，要快些长大，哪怕过程很艰辛，也要咬牙坚持下去。

几块板子、几根竹竿、几张破了洞的塑料薄膜，组成了一张床。家中最值钱的家具是别人捐赠的那张书桌。也许有人会问，为什么床上挂的是薄膜，而不是床帘或者蚊帐？因为薄膜更便宜，而且能防雨，哪怕房子破旧，却也是他们仅有的依靠啊。看着这破旧的房屋，你有何感受？是可悲、可怜，还是庆幸自己所拥有的生活并非如此？原以为21世纪的今天，不会再有生活如此贫苦之人，但我们错了，这世上真的还有许多吃不饱穿不暖的人。

记得志愿者去他家时，他将那干净的板凳留给志愿者，而自己却选择了那潮湿的板凳，简简单单的一个细节，这个13岁的小男子汉懂事得让人心疼。

家境贫寒的他，是政府的重点帮扶对象。可在政府提出异地搬迁时，他却拒绝了。经过长时间的交谈我们才知道，他是担心到城里面去没有认识的人，没人能够听懂他的布依语，母亲文化水平低，没有一技之长的她进城靠什么生活，会不会被人欺负……

当工作人员告知搬去居住的楼层里住的都是同村的人，沟通不是问题，并且到城里去能得到更好的教育环境，每个月500块钱的生活补助保障日常起居，在学校里面学习、吃饭和住宿是不用钱的，他的学业能够继续下去；至于母亲，政府承诺会给搬迁的人解决工作问题后，小罗心里的石头终于落地，他同意了搬迁。相信也祝愿他的生活会过得越来越好。

如果有一天我的理想被风雨淋湿，你是否愿意陪我一个温暖的午后？如果有一天我无力前行，你是否愿意回头扶我一把？在此希望更多有能力的好心人能帮助这群孩子，他们需要来自社会的关怀。还记得小罗讲过的一句话“因为有爱，所以不孤单。”

第二章　坚守赫章　我们都是守望者

有一种生活，没有经历过，就不知道其中的艰辛；有一种艰辛，没有尝试过，就不知道其中的快乐；有一种快乐，没有体会过，就不知道其中的伟大。

一张张饱经沧桑的脸，盼望着儿女的归家；一个个任劳任怨的背影，盼望着外出丈夫的归家；一个个稚嫩的孩童，在门前期待着父母的归家。这是中国大多数农村的常态。

这是一位普通的年轻妈妈，独自在家抚养三个孩子，丈夫外出务工一年才回一次家，她平常每天农活结束后就坐在门前，看着远方丈夫所在的方向。当我们问她一年中什么时候最开心时，她露出了羞涩的笑容，“过年的时候最开心，丈夫回家了，一家人能团圆”。一个简单的笑，让我们看到了生活的无奈，也看到了爱情的甜蜜。

生活总是会有困难、有挫折，但同时也给予幸福和快乐。在快节奏的生活中，人们的抗压能力变小，野心却变大，不再满足于简单的快乐。但在农村，我们看到了对生活的感恩和满足，那是一种质朴、美好的心态。

在中国农村，留守儿童的存在是一个极其平常的现象，每当在农村看见那一张张稚嫩的面孔、天真的笑容，谁也无法想象他们夜晚的煎熬，谁也无法体会他们在受到伤害时的委屈，更无法领会他们的坚强。

每一个留守儿童都是一株柔弱的幼苗，他们的愿望比平常孩子更为简单，他们仅仅希望能够让父母多陪陪自己、多鼓励鼓励自己、可以与父母分享自己的快乐忧伤、希望在委屈时得到父母的安慰、哭泣时有一个温暖的怀抱。但这一切对于他们来说是奢侈的，残酷的生活现实让这些简单的愿望成了奢望。

在孩子心中，父母是他们的一切，是分享快乐与忧伤的对象，是抵抗外界伤害的后盾。在此次三下乡活动中，我们在赫章朱明的一个偏远的小山村中发现有很多留守儿童，他们都有一个共同的理想：好好学习。因为他们知道只有好好学习，才能不辜负远在他乡的父母，才能走出大山。而在外打工的父母最开心的事情就是看到自己孩子优异的成绩。孩子的成长让他们忘却打工的艰辛，可以暂时抚慰思乡之情。

我们在此呼吁：不要让那明亮的眼睛，蓄满泪水，望着星空哭泣；希望每一个家庭都可以团团圆圆。

第三章　星火紫云　星星之火，可以燎原

2018 年的夏天酷热如旧，2018 年的雷雨急骤如夕。然而 2018 年的夏天我们却肩负着不同的使命，在紫云县收获不同的感动。

脱贫，是一个艰巨的任务。为了带动当地经济发展，当地种植了很多作物：薏仁米、蓝莓、烤烟、香菇等。其中最让人印象深刻的当数菌草生产，是以草喂养牛羊，将牛羊粪便加工成有机肥的新型的循环产业，真正意义上达到了资源的循环利用。除此之外，还有用相对较老的菌草加工成为菌棒用来种植蘑菇的生产模式，通过对资源的循环利用达到降低成本、提高经济效益的目的。

在调研中，我们通过走访发现如今的农村渐渐形成了新局面。上到村领导，下到村农户，大家都积极寻求科技指导，热烈表示出想要学习科学技术的态度。没有愚昧的故步自封，而是由衷地希望借鉴科学技术来发展自己家乡的产业。他们不断强调自己不怕吃苦，不怕资金短缺，怕就怕吃了没有文化的亏，没有科学的管理和种植能力，不在正确的时间做正确的事。他们希望有人能够带领、指导他们，进而带动家乡发展。那种渴望学习、渴望发展的态度，深深震撼了我们的内心。这不再是以前不思进取的思想落后的农村，而是焕然一新充满了勃勃生机的新农村。

真正的扶贫，是思想的扶贫。

在紫云县板当镇尅哨村关爱留守儿童的时候，一个叫小思（化名）的小朋友给我们留下了深刻印象。她是家里的老大，底下还有一个妹妹和一对双胞胎妹妹，小女孩瘦瘦小小，穿着鞋底已经明显开裂的凉鞋，在面对我们的时候很羞涩，不敢说话。但当我们问她想不想读大学时，她睁着炯炯有神的大眼睛，用力地点了点头。这一幕就这样刻在脑海，挥之不去。这些孩子，每天要走很远的山路上学，即使大雨滂沱道路泥泞，哪怕摔得狼狈不堪，他们依旧坚定地相信，外

面的世界很精彩，只有好好学习才能走出大山，这个信念自始至终地激励着他们奋发图强。

古人诚不欺，“纸上得来终觉浅，绝知此事要躬行”。一次三下乡调研之旅，让我们深刻体会到实践的意义。心灵和思想的触动，在调研实践过程中得以放大，不同于课堂理论知识的洗礼，我们在实践中收获到的，是更为直接、深刻的感悟。

忘不了那漫山遍野的淮山，忘不了那随风而动的悠悠清香草；忘不了田间垅上无处不氤氲着的迷人绿意；也忘不了农村留守儿童那天真稚气的笑容，忘不了走访中遇到的老人们那刻满风霜的脸和慈爱的眼神；更忘不了风雨中我们相互扶持，相互依赖，相视而笑，相拥而泣。而这一切的一切，将被永远地珍藏在我们的似水年华中。

第四章　逐梦米箩　扬帆起航

水城县米箩镇是“三变”改革的发源地，“资源变资产，资金变股金，农民变股东”，发挥当地得天独厚的气候和资源的优势，从土地流转和农产品种植中获利，最终使老百姓达到共同富裕。

只有学会创新，才能在改革的浪潮中迎风远航。

在猕猴桃基地和西红柿基地，我们感受到了设施农业魅力和数字化管理为农业带来的改变。但同时也发现了目前扶贫工作中尚有不够完善的地方，扶持没有落到实处、异地扶贫搬迁仍然是显著问题，但米箩目前的发展模式让我们有理由相信未来会做得更好。

调研过程中，我们接触到了一些之前从未有过交流的群体，独居在家的空巢老人、放弃学业打工挣钱的青年，社会经历的不同以及语言的不通使得我们的沟通问题重重。受访者不愿配合调研、提供虚假信息等情况使得我们的工作在一开始便陷入了僵局。为此我们进行了深刻的反思并向当地政府寻求帮助，我们认真地研究问卷，将那些复杂专业的问题用农户能理解的方法表达出来，并且在对话时表现出我们想帮助他们的诚意，最终收获到了还算理想的结果。

这一天，我们在村里的马路上，与一个特殊的女孩不期而遇。

女孩背对我们，坐在简陋的砖房门口望着远方，对我们的问路毫无反应，甚至在轻拍她的肩膀时，露出了惊讶的表情，但片刻后，是明媚的笑容。

老伯的出现打破了我们之间微妙的尴尬，通过了解我们得知女孩是先天性失语而且听力也不太好，但是对人很友善。老伯是女孩的父亲，60 岁，身有残疾，一个人拉扯女孩长大，女孩 19 岁，从未上过学，只能通过手语和一些简单的文字与人交流。老伯为了照顾女儿，没有外出打工，没有其他收入，一家人一年的生活来源，全都依靠流转土地的租金和政府补贴。为了存钱供女儿之后生活，老伯能省则省，家里仅有的电器也是政府和其他好心人送的。

“我年龄也比较大了，在不了我女儿身边多长时间了。我女儿想上学，这辈子没让她去读书，对不起她啊。我得存钱给她，我怕我走之后没人照顾她，虽然不知道存的钱够她生活多久，但能多活一天算一天吧。”老伯的话深深地触动了我们的内心，他的热泪早已夺眶而出，他用掌心一遍又一遍使劲儿揉搓眼睛，让自己看起来不那么狼狈。

之后，我们拿出纸笔与女孩交流：你想读书吗？女孩在纸上写道：我很想读书，我想知道坐在教室是什么感觉，想用我的方式对老师“说”一声——老师好！

我们离开时，女孩一直站在家门口目送我们远去，脸上仍是初见时明媚的笑容。19 个春夏秋冬，老伯每天照顾着女孩生活起居，无悔无怨！19 年的艰辛照顾，让老伯殚精竭虑，可为人父的他从未有过抱怨！19 个春夏秋冬，女孩克服自身缺陷勤奋自学，自立自强！19 年的生理缺陷，让女孩“与世隔绝”，可一直怀揣着走进校园的梦想，她从未放弃！

如果有一天，我无力前行，你是否愿意为我搭建一个港湾；如果有一天，我“无言以对”，您是否愿意回我一个温暖的笑脸。贫困，这两个字，在书上是生活艰难的意思，在媒体上报道的是让人同情和辛酸的故事，而当你真正站在这两个字面前，才会发现，它是如此让人感到无力。老父亲隐忍的泪水与女儿明媚的笑容一直在我们脑海中挥之不去。“即使命运不公平，但我坚信，只要我努力，生活总会更好一些！”

第五章　云上丹耘　坚守，我们在路上

这是一个阴雨绵绵却又阳光明媚的地方，在这里，有贵州罕见的开阔视野和连绵不绝的美丽山脉；在这里，本该矛盾的事物显得那么契合。

入眼可见的，是大片洁白、厚重的云朵，紧密却又不失柔和地布满湛蓝的天空，这是有着“云上丹寨”之称的丹寨县。这里拥有着得天独厚的地理环境条件，连绵起伏的山峰、开阔平坦的土地、川流不息的江河和美丽质朴的人们。

每一天清晨，叫醒人们的是窗外叽叽喳喳的燕群，勤劳的人们在天刚亮便开启了一天的劳作。这是一个少数民族聚集区，以苗族为主，田坎上随处可见穿着传统苗族服饰的身影。对实践队员的到来，村里的农户们毫不吝啬地展现出热情好客，邀请我们去往家中，积极配合调研工作，并带领我们去往地里田间查看作物长势，对我们提供的作物栽培技术指导予以肯定和感谢。

这是一群质朴的人们，村里多是老弱妇孺，他们保持着传统的劳作模式，对新生事物和新的栽作模式接受度不高，但通过多日来的沟通交流，他们的观念有了一些改变，对于家乡的农业发展，他们愿意付诸努力。

在丹寨县展良村，有这样一位退休书记。黝黑的皮肤，精瘦的身材，微微佝偻着背，脸上是常年风吹日晒形成的沟壑纹路。即使退休了，却还坚守在带领村民走致富路的前线，结合当地生态环境条件，发展农业产业。他在面对我们的时候话不多，带着淡淡的微笑，但在说起基地里的罗汉果、葡萄和蓝莓时，他可以一口气说上好多话，这就是陈书记，一个坚持带领农村走上致富路的书记。

今日的丹寨依旧是晴空万里，天空一如既往的美丽。时值葡萄成熟时节，陈书记热情地邀请我们品尝了基地里的葡萄。我们围坐在凉棚下，也许是香甜可口的葡萄打破了大家的拘谨，又或者是陈书记毫无官腔的交流方式让我们得以放松，大家你一言我一语地交流起来。从谈话中可以感受到陈书记丰富的农业知识涵养，对我们提出的疑问均能一一答复，我们此行的小伙伴都是学习农业相关专业的学生，我们在基地待了一整个下午，与陈书记的交流过程十分愉悦。通过交流，我们得知目前基地存在着资金短缺、配备设施简陋以及果树植株栽培管理技术欠缺等问题。陈书记说：“现在村里大多是些老弱妇孺，年轻人都出去打工了，我们基地的存在就是为了给农户做出示范作用，让村民知道在家乡也可以走上致富路，可以不再背井离乡外出务工，也可以带动家乡经济发展，让大家都过上好日子。”

我们离开的时候，陈书记站在基地门前送我们，我们的车走出去老远都还能看见陈书记微微佝偻的身影。这一幕在我们的脑海里留下了深深的烙印，每每想起都会有所触动。一个常年奔走在地里田间的村支书，给我们上了宝贵的一课。扶贫，不只是一句口号，它是需要我们共同为之付出努力攻克的难题。此次社会实践之旅，让我们切身体会到了农村目前存在的问题，也让我们看清了我们肩上的责任，中国的全面建成小康之路，需要千千万万个我们共同努力，像坚持带领大家走上致富路的陈书记那样，我们应以之为榜样，加倍努力地服务社会、服务人民，争做先锋，以坚定、自信的姿态直面一切困难，为农村脱贫贡献一份力量。

第六章 走进乡土乡村助力精准扶贫 聚力乡村振兴我们在路上

记得在十九大报告当中，规划好了我们国家在今后几十年的发展蓝图，印象深刻的是“确保到 2020 年我国现行标准下农村贫困人口实现脱贫，贫困县全部摘帽，解决区域性整体贫困，做到脱真贫，真脱贫”。在这么一个大背景之下，贵州大学农学院带着满腔热血与激情奔赴贵州省各个贫困乡镇开展社会实践活动，通过各种调研及科技支农帮扶活动，帮助当地政府增进对本地区经济等各方面发展情况有一个新的认识。同时也让我们去认知，去感悟扶贫工作中的艰辛，努力倾听贫困人民的心声，献上我们最诚挚的祝福与努力工作的激情。

丹耘实践分队在丹寨县展良村精品果蔬示范基地调研 摄影：于小龙

（宁子恩 王艺琴 文）

星星之光　编织未来群光

——四川农业大学农学院 2018 年联合实践行动纪实录

社会实践小队合照一　摄影：薛冰

川渝地区的七八月，正是盛夏时期，空气仿佛一丝丝被熔尽。但即使是40℃左右的高温，扶贫道路上的探索也从未间断，耕耘历程中的步伐也未曾停止。劳作人儿的背被烈日灼烧，汗水大滴大滴落下，他们将手中的锄头搁置一旁，轻轻摇起摘下的草帽，转身抬头，举手放于额前遮挡刺目的阳光，似遥望着火红的太阳，但深邃的目光停在看不见的远方。

为跟随习总书记提出的乡村振兴战略的时代脚步，积极响应中国农业大学农学院发起的“助力精准扶贫，聚力乡村振兴”全国农科学子联合实践行动，鼓励广大学生利用暑期开展“三下乡”调研活动，2018 年 7 月，四川农业大学农学院共组建 18 支联合实践团队，围绕“科技支农”“精准扶贫”等主题，以四川、重庆为主要实践地开展了相关调研工作。实践团队的足迹遍布四川凉山彝族自治州、阿坝藏族羌族自治州、甘孜藏族自治州、南充市、宜宾市、广元市、绵阳市和新疆维吾尔自治区南疆地区等地区，调研次数超过 1000 余次。

长途奔波后，映入实践队员眼帘的是大片大片的农田，以及还未铺好的乡间水泥路，乡村与城市的巨大差距冲击着他们的直观感受，他们在心里小声地问自己：“为什么选择来这里?”

或许这源于内心对土地的爱，对农村的使命感。当他们放弃城市优越的条件，选择深入大山，走进乡村时，便已担起农科学子的责任，下定决心为中国农业发展贡献自己微薄的力量。他们是值得鼓励的人儿，挽起裤脚穿梭于田地之间，没有半句怨言；他们也是值得羡慕的人儿，深入基层面对面与农户交谈，了解乡村最真实的模样。

第一章　逐梦之声　唱响大山希望

“始终坚信梦的力量，因为它像光，从不曾因渺小而黯淡；始终相信努力的汗水，因为它像金，从来不曾因为泥沙而消损。”

雷波县千万贯乡垭口村坐落在群山之上，当我们攀登到海拔 1 300 米左右时，寻见养蜂人家养蜂的峭壁，近九十度的岩壁，所见之处只是一只脚宽的沙土坡路、空荡荡的陡壁和在眼中已被无限缩小的金沙江。道路的艰辛并没有磨灭实践队成员的毅力，随行的扶贫帮扶干部葛飞和王万洪一前一后时刻关注着实践团队成员的安危。

一路颠簸，前行近一个小时后，我们终于到达养蜂人临时休息的小木棚。小木棚周围上下均匀放置着 15 个蜂箱，蜜蜂嗡嗡声音隐隐传来。此刻已近晌午，在此处守蜂的是一个 16 岁的女孩，她的皮肤被烈日晒得黝黑，长发用头绳随意绑起，穿着一双粉色的拖鞋，从棚后探出身来，茫然无措。

看到这个女孩，心酸涌入我们的心头，16 岁的花季少女不应该眼中有光、脸上溢满笑容的吗？女孩未曾出过大山，也未曾见过来自山外的大学生，更未曾想过有一天有人会问她的梦想……“爸爸妈妈去地里采花椒了，我的脚被虫咬了，没有处理便肿了，没办法过去帮忙，就留在这守这些蜜蜂。”我们看着她拖鞋下已经肿胀发紫的脚，眼泪悄然润湿眼眶，却不知道从何开口来嘘寒问暖，更不知道我们能为她做点什么，心疼、无奈或是茫然夹杂在此时的沉默里。

养蜂女孩惹珞（化名），现在雷波县唯一的高中读高一。当我们问她学习情况时，惹珞面露胆怯，害羞地说自己成绩不好。

“爸爸妈妈告诉我，他们被这大山困了大半辈子，不知以后有没有机会走出去。他们对我的期望很大，希望我能通过读书考出去，去看看外面的世界。每次他们了解我的学习成绩时，我都不想给他们说，因为成绩不好，不想让爸妈失望。”

……一时间，我们竟不知说什么。

“我当然希望考上大学，走出这片山，看看外面的精彩，回报父母的辛苦养育。读书好啊，像我这样在大山里长大的孩子，读书是走出去的最快捷的途径，但我成绩不是很好，不知道能不能考上大学。”

惹珞断断续续的回复向我们诉说了她的小小梦想，对明天的期盼，对未来的向往，都隐藏在了她小小的梦中。她望向蔚蓝的天空，不禁叹了一口气。

惹珞的父母养了二十几年的蜜蜂，根据天气状况不定期地迁移蜜蜂。小小的她，早就用瘦弱的肩膀背起三四十斤的蜂桶翻山越岭，从一个峭壁移到另一个峭壁。这样一个身材娇小的小女孩，出生便与蜂为伴，有着超越实际年龄的心智与力量，心中淡淡的期待，蕴藏着深切的梦与回应。她从未因为苦难埋怨命运，而是选择常年与梦为伴，这个梦做了十几年，她也从未厌倦。

回想在雷波县的数天，这里的大多孩子在上学之余还要帮家里务农，成绩不好的孩子一般也会中途辍学。这让我们深切感受到：受教育水平低是孩子们走出大山的阻力。但是在乡政府领导和村民们的讲述中，通过上学走出大山的孩子，一年比一年多，更令人欣慰的是，在走出去的孩子中，还有完成学业后回到故乡带领村民致富的。

我们一行人在实践过程中总共走访调查了 4 个村，从山脚至山巅，以海拔高度为基准，海拔越高，汉化程度越低，有些山村有高达 92% 的村民不懂汉语，地理位置的偏僻、交通难度的增加等因素都导致受教育人群极少，教育资源极少，接触外界的机会极少。在受访的村民中，没有受过 9 年义务教育的人占 5 成以上，有 4 成左右的村民受教育年限在 6 年以上，年纪超过 20 岁的村民受教育年限几乎都在 9 年以下，超过 50 岁的几乎未受过教育。

随着国家政策深入普及和现代基础义务教育的广泛推广，每家每户的孩子都得到支持，可以去县城或是更远更好的学校上学。走访的农户家庭普遍孩子较多，父母们都会提到对孩子之后出路的担忧。“我们再累再苦，也不会耽误孩子的前途，我们希望孩子以后不会像自己这么累这么苦。”越来越多的人体会到教育的重要性，一代一代的人渴望接受更好的教育。

由于实践时间的限制，我们的支教活动，只进行了一天，但满满的课程将“四好”“梦想”“励志”都包含于其中。孩子们的故事，使我们心疼；孩子们的认真，使我们感动；孩子们的期待，使我们欣慰。在凉山彝族自治州，像惹珞这样的孩子还有太多，而我们唯一能做的就是给他们讲述外面的世界有多精彩，让他们永远不要放弃对美好生活的追求。谈及上大学，孩子们眼里有光，路上有泪，心里有最宝贵的希望。

第二章　扶贫之路　点亮大山希望

2017 年 12 月，四川农业大学农学院教师胡剑锋同志由四川省委组织部选派到凉山彝族自治州雷波县千万贯乡挂职乡党委副书记，开展扶贫工作。抵达的第一周，山里昼夜温差大，导致他因水土不服而咳嗽发烧一周。但身体出现的问题并没有浇灭他的工作热情，到达千万贯乡的第一天，胡剑锋便跟随乡领导下江用网箱打鱼，第二天下村进行实地考察。胡剑锋说道，来之前他就已经对自身的能力进行了评估，也做好了充分的心理准备，既然选择扶贫，便要认真落实每一件事，不能因为感冒这样的小事耽误工作。

如今，胡剑锋在千万贯乡工作已半年有余，一个多月回一趟家，因为交通不便，七八个小时的车程后才能到家。他告诉我们，乡上不管是领导还是工作人员都没有“早九晚五”和“双休”，这里的工作用俗语称作“五加二”和“白加黑”——周末也会工作，晚上不时有急事处理。工作时间长、强度大，但生活的情趣并未减少。一天的工作做完，他们几人扛起鱼竿相约去金沙江钓鱼，或是去学校的操场打篮球，他们总是能够做到苦中找乐。

半年过去，千万贯乡的变化翻天覆地。胡剑锋告诉我们，他刚到千万贯乡开展工作时，许多农户比较保守，不愿意尝试种植新作物，但仍有少部分思想先进的人愿意“第一个吃螃蟹”，栽种新作物。试验后，效果良好，其他村民也开始慢慢接受，逐渐配合扶贫人员的工作。在开展扶贫工作过程中，他发现最大的困难便是资金缺乏，比如山上村民的生活用水主要依靠收集雨水，雨季若短，村民连基本的生活用水都很难保证，需要修建引水渠，但资金不够。

在基层工作中，胡剑锋也学习到了很多在学校工作时学不到的东西。半年多的工作感受，他用“真心对农户好，农户就对你好”这样一句话总结道。“每次我们下村去农户家里考察时，虽然农户家境并不富裕，但仍会用彝族礼仪招待我们，百姓的善良淳朴让我们深深感动。”由此忘却工作的辛苦，他决心每件事的出发点和落脚点都是为了百姓。

而冕宁县森荣乡党委书记王荣（化名）点亮的是大山另一处的希望之灯。

黝黑的皮肤，一米七几的个子，满脸的自信，是王荣给我们留下的第一印象。

森荣乡的扶贫工作开展方式多种多样，要尽可能全面地解决资金、劳动力和土地不足等问题。王荣的扶贫方式，并不是将国家补助的资金直接下发，而是利用这些资金换取鸡崽、树苗等，分发给贫困户，并对他们进行技术指导，鼓励他们用双手打造未来，带领他们从精神上脱离贫困。同时，森荣乡的干部们非常重视教育问题，花费了大量的人力、物力、财力用于教育方面，不仅是孩子，村民的教育也已提上日程。王荣及其他村干部为村民开设了夜校，以培训他们的农业技术，丰富他们的知识文化。

从王书记口中，我们了解到：森荣乡共 7 个村、54 个小组，31 000 多户、16 000 多人。截至 2017 年，全乡脱贫共 382 户、1 721 人，其中五保户 23 户、24 人。在国家的补贴和政府的努力下，全乡危房户改造正在进行中，政府新建 184 座房子；各村的人均收入也在逐年增加，从 3 000 元到 3 300 元，至今仍在上升；政府拨款 3 亿资金，帮助学校改善环境面貌，为彝族小孩子提供更好的学习环境；在医疗方面，只要有医保卡，国家就可以支付 80% 医疗费，让村民有病可医，更不会因病致穷。

村党委书记和其他干部对村民的未来都有一个共同的愿景，即“四好”——住上好房子，过上好生活，养成好性格，形成好风尚。王荣带领森荣乡的扶贫干部在“四好”的道路上奋斗着，他们上山挨家挨户慰问、了解民情，每亩每分调研观察耕作情况，他们一步一步走近“四好”，完成国家交给他们的使命。

在中国大大小小的乡村里，像胡剑锋、王荣这样的扶贫干部，还有许许多多。他们用真心完成国家使命，用青春谱写乡村美景。他们入户于农家，是村民最信赖的依靠者，他们游走在基层，是乡村最真实的了解者。他们为中国乡村的明天，带来无尽的希望……

第三章　民汉之情　维持大山希望

“五十六个民族，五十六枝花，五十六个兄弟姐妹是一家，五十六种语言汇成一句话，爱我中华爱我中华爱我中华……”这首 20 世纪 90 年代的歌曲永远不受岁月的侵蚀，始终唱着中华民族的共同心声。

做好民汉工作和巩固民汉团结是新疆发展的重要问题。于是，带着情怀与责任，我们与塔里木大学“富民固边”调研团在和田地区和田县经济新村陈国昌主任的带领下，一同来到了和谐、和融、和安、和康四个经济新村。

一进入和融新村村民托合提·茹孜爱(化名）的家门，吸引我们的便是挂满串串葡萄的葡萄藤。同其他村民一样特别的热情总让实践队成员感到温暖。

2018 年 66 岁的托合提·茹孜爱憨厚淳朴，是一名有着 30 年党龄的老党员。2015 年初，托合提·茹孜爱响应和田县政府建设民汉式嵌入居住新村的号召，带领一家六口人定居和融新村，帮助移居到此的汉族同胞。他作为老党员，同时也肩负起引导新村青年大学生积极入党的责任，他的四个孩子前后分别考入大学，其中有两名在他的影响下积极加入了中国共产党。凭借着良好的个人品格与认真的工作作风，托合提·茹孜爱先后被评为和田县民族团结先进个人和“五星级”党员。

在搬到新村后，他们家与对门来自甘肃的爱萍（化名）一家结成亲戚，两家互帮互助，生活过得非常融洽。

“刚搬来时，我们之间存在着语言的障碍，彼此听不懂对方所要表达的意思。后来经过长时间的相处，爱萍一家教我们说汉语、了解汉族文化，让我对汉语和汉文化有了一定的认识，和汉族同胞交流起来也比以前顺畅了，两家人的相处也更融洽了。非常感谢爱萍一家对我们的帮助。”

“爱萍他们在种植方面比较有经验，每当搭建大棚、培育番茄幼苗等，他们都会过来帮忙。我们两家一起播种、收获，一起品尝收获的瓜果。每次做好吃的菜肴或是点心，都会做两份，给对方送一份”，孜爱向实践成员讲道。

爱萍和家人于1994年从老家甘肃搬到新疆，至今已有21年了。2017年和托合提一家结成了亲戚，两家便结下了不解之缘。

“如果我家有什么困难，托合提大哥和古丽斯（化名）大嫂都会第一时间过来帮忙。虽然语言存在一定的障碍，但是真情使我们之间的距离感减少。”

“每当逢年过节，我们两家也会聚在一起，结合维吾尔族和汉族的传统形式，过着文化融合的节日。文化习俗虽不同，但五十六个民族本就是一家亲，并不影响我们和托合提·茹孜一家的亲情”，爱萍向实践成员表达自己的真情实感。

且末县琼库勒乡党委副书记、乡长纳斯尔（化名）说过，“民族的不同，只是让我们拥有不同语言、不同习俗，可我们头顶同一片蓝天，脚踏同一方沃土，心中充满同一个爱！”各民族应以现代文化为引领，互相爱护、互相学习、互相尊重、互相促进。

南疆的天空清澈蔚蓝，草原上的牛羊成群，新村的人民欢声笑语。黑夜降临，这里的人儿，在一派祥和安宁中进入梦乡……

第四章　皆为星辰，迎接白昼

我们与金沙江下游的美丽乡镇相遇，这场邂逅如同这浩浩汤汤的金沙江，来时昏黄奔腾，离时却清澈平静，像化解我们心事一般，给我们来时的震撼和离时最美的礼物；我们的故事只有七天却记录成时间的厚度，当把时间拆成秒来过时，在这里看见的、遇见的、听见的所有的景色、村民、故事都化成一帧帧定格的美好，待离别时显得分外的感伤……

我们在这里看见的不仅仅是随着脱贫攻坚工作的不断深入和发展逐渐展现出的脱贫成效，更是不可忽略的隐于凉山角落的仍旧与贫穷苦难相伴的贫瘠土地，两者如同明与暗，真正折射出了时代进步下的蜕变与隐匿起来的创口，凉山是一块扶贫“硬骨头”，同时也是一个具有代表性的脱贫样本，发展春风还没有吹遍整个华夏土地，还有多少角落需要我们散发微光去照亮？扶贫这条路有多长，走着走着就懂了，路上前赴后继的人们，似在时间的纬度里星星点点的微光，但仍旧不卑不亢地闪耀着，似企图突破白昼前最后一层阴郁般竭力地散发温度与光芒，正如千千万万的星子终究汇成银河，千千万万行进的光芒也将化为群光，迎接白昼。

“起风了，散落的星子也将对地图上微渺的角落道别，沿途散下的微光可否为祈梦的人儿带去方向，为行走过的土地、停驻的农家、相遇的村落赠予祝福？”

“荷锄东篱”团队在长江村调研　摄影：匿名

（刘柯君　王思宇　薛冰　郭丰珊　文）

关注“三农”真情　回味乡村之行

——西藏农牧学院植物科学学院 2018 年联合实践行动纪实录

联合实践小队成员合影　摄影：步彪

静坐明窗前，看塞上江南层林尽染；望四周峰峦薄雾依依；风吹秋桂盈香满怀，勾起一脉心绪。一幅画跃然纸上：天还未亮的村庄，静悄悄的小巷，一群眼神炙热的青年志愿者，交流着他们心之所向，素履已至的地方；而盘旋在他们身后蜿蜒的小路仿佛有光，照着来来去去的远方……

——题记

山脊上已浮起了淡淡的金黄，山下却只炸裂出一簇极力想要跳出的微光，可能是山太高耸，总感觉太阳出来的有些迟。天虽然只泛着浅浅的蓝黑色的光，可它依然挡不住那些勤劳的鸟儿早起的鸣叫声，更抑制不住大家心中那颗“当一天志愿者”炙热的火苗。

带着这股子热情和干劲儿，所有人来到了集合点，大家都各自忙活着自己手里的事情，大家没有懈怠之意，共同做好了前期准备，大家内心都燃烧着炽热的小火苗。一切准备就绪后在带队老师强调了注意的事项，“摄影师”将眼前这难忘的一刻记录下来后，我们陆陆续续上了车。

汽车带着我们开出校门奔向心灵向往的远方，这一路上我们走走停停，欣赏了沿途好多美丽奇特的风景，大家在车上有说有笑，猜测着下一步要发生的事情。时间总是在不经意间飞快流逝。

第一章　初遇甲玛　邂逅农家

车停后大家迫不及待地与这一方土地来了个大大的拥抱，脚下的土地软绵绵的，抬头仰望，笼罩着的那层青黑色光早已褪去，朝晖相映在湛蓝湛蓝的天空中，山与天边相接，车子与村庄相应，一片晴空万里的大好时光。闭眼深吸一口空气带着凉意泛着草香，这一天就在这惬意美好的光阴里开始了……

相互配合井井有条，文艺部的演职人员进到屋里换演出服装；几个人张贴条幅和海报；还有一部分人则在门口静候乡亲们的到来，然后再把他们安置到座位上，或搀扶或指引；参与活动的志愿者们也是闲不住的，张罗张罗东家，忙活忙活西家，操持着这些零散琐碎的事情；我们起初担心乡亲们理发问题，还专门摆设了理发摊来提供免费的服务供他们享用；摄影师们早已按捺不住，不断晃动着镜头找灵感，记录下最难忘、最有感觉的那一刻；总策划人则在一旁掌控着全局，总是在关键时刻指出问题的根本。等到这里的一切都安排差不多了，乡亲们也都陆陆续续坐到了座位上，这时音乐响起，演员们上场了，到了发挥他们才能的时刻。

于是，志愿者们都悄悄地退到院子两旁静静欣赏他们的才艺，顺便稍做休息。从乡亲们热情的掌声中，藏族姑娘和小伙子们跳起了他们的民族舞蹈。其中《朗玛堆谐》作为西藏的传统的宫廷舞蹈，《雅砻阿谐》作为国家非物质文化遗产保护名录传统舞蹈，不仅宣传了传统艺术表现形式，也让乡亲们了解了本民族传统文化的历史底蕴。他们乐在其中笑语不断，时而鼓掌时而低语赞扬，在一旁观看的志愿者们也没有忘记自己的职责，赶紧抓拍，这样的时刻才最动心最感人最幸福最美好。在另一旁的志愿者们也纷纷走到乡亲们身旁，唠唠家常，聊聊身体状况，一步步拉近和乡亲们的关系，让他们感觉到志愿者送出的温暖。理发摊并没有闲着，第一单“小生意”因为一位小伙子的到来而开始，不一会儿就完成了我们的“杰作”，让志愿者们充满了满足感。歌舞接着一曲又一曲，乡亲们的感情一直保持着高涨，组织者的脸上都露出满意的微笑，志愿者们依旧陪坐在乡亲们的身旁。不知不觉中时间已过了晌午，表演也将要结束，表演者们累并快乐着，乡亲们也有意犹未尽之感，节目才刚开始就要结束了。时间总是在最美好的时间里那样短暂。临近尾声我们给乡亲们分发了我们带给他们的“小温暖”，他们拿到这些东西的时候内心是满足的，精神是满足的，每个人带着这些心灵上的慰藉品幸福满意地回家了。忙完这些把乡亲们全部送走后，肚子早就已经咕咕叫个不停了，摆上盒饭，十个人围成一圈找一块草坪盘腿而坐，席间纸杯交错，虽没有高级餐厅里的高雅漂亮，可这种几人席地而坐无拘无束的感觉温馨而美好。村里的主人还给我们准备了酥油茶，入乡随俗的习惯也会让人倍感亲切，喝不习惯的志愿者们都会喝上一小口体会一下。简单地吃完午餐之后我们分成两队，一部分去村里当爱心文明小天使——清扫环境卫生。另一部分则去村子里做调查。我们边走边看村子里的一些不同的地方，边说这里的风土人情边清理垃圾。两支队伍很有默契地在约定的时间里完成了各自的任务，并满载而归。

第二章　“四讲四爱”播撒精神

为深入学习十九大精神，开展“讲党恩爱核心、讲团结爱祖国、讲贡献爱家园、讲文明爱生活”群众教育实践活动，甲玛村的村干部和三下乡所有青年学子参与其中，学习教育由西藏农牧学院植物科学学院党委书记主讲。

主讲人安排了“四讲四爱”群众教育实践活动的相关内容，用藏汉双语进行宣讲，她指出：开展“四讲四爱”主题教育实践活动，是进一步强化“四个意识”，向核心看齐，在思想上政治上行动上同以习近平同志为核心的党中央保持高度一致的必然要求；是深入开展反分裂斗争、维护社会和谐稳定，与全国一道全面建成小康社会，实现长足发展和长治久安的必然要求；是不断开创经济社会发展新局面，以优异的工作成绩、良好的社会氛围，喜迎党的十九大胜利召开的必然要求，群众要充分认识开展“四讲四爱”主题教育实践活动的重大意义。

本次学习宣讲会进展十分顺利，三下乡实践团队的青年学生认真倾听，仔细记录。纷纷表示宣讲会不仅深入讲解了“四讲四爱”群众教育实践活动的思想内涵，而且拉进了与村民之间的距离。此外，他们更加坚定了勇做走在时代前列的奋进者和开拓者的信心。

第三章　深入调研　微显阐幽

调研过程中，我们深入了解当地农牧民的家庭收入结构、劳动力的分配情况以及其他副业的收入情况，对他们的生活有了更加深入的了解，同时希望通过调研的结果，助力于精准扶贫的开展以及问题的研究。调研途中碰到了一户可爱的人家，推门而入，一位面态祥和的老母亲正在光着脚晒着太阳，嘴里还自言自语着：“阳光是这片土地上被赠予的最好的礼物，不晒一辈子怎么行。”而后，一位稍年轻点的老大爷端着酥油茶走出来，好像知道我们会到来似的，热情地让我们喝茶。

一对母子，两张黝黑的脸，四只布满老茧的手，通过聊天，我们了解到这位老母亲今年 83 岁了，身子骨倒是硬朗，只是右边眼睛一直看不见，因此劳动能力有限，一直靠儿子养着。老大爷今年 64 岁，照顾了母亲几十年，为了母亲至今未娶妻。两位老人家亲切地捧着我们的手，喃喃诉说着过去的日子，感叹道：“现在国家强起来了，日子变好了，这一切要归功于我们几位伟大的主席，尤为感谢我们习主席提出的精准扶贫政策，让我们农牧民族不愁吃不愁穿，生活方方面面有了保障。”说着说着，老人家竟感动得哭了起来。这位老母亲用她额头上的年轮和我们诉说着从前的往事：8 岁的时候，本该有快乐的童年，却被卖给了一家残暴的地主，当牛做马了十一年，没有休息，主人稍有不顺就拿自己撒气，迎来的就是一顿暴打。15 岁的时候，正值花季，又被卖给了另一家地主做不知道第几房的媳妇儿，在那个女人没有地位的社会，充当着牲畜和繁殖工具的角色，生不如死地活着。好在痛苦一年后，1951 年，伟大的领袖毛主席带领中国共产党，响应人民的号召和平解放了西藏，虽然不能温饱，但是没有了奴隶，终于，过上了人人平等的日子，解放的那一天，她说道：“好日子终于要来了。”听到这里，志愿者们也不禁潸然泪下。她说：“六十几年过去了，我们不仅获得了解放，还过上了富裕的生活，我一个老人家了，以前哪想过能用上电视机，洗衣机更是听都没听过，现在，家家户户都富裕了起来，不仅不用担心吃不上饭，还能享受享受现代科技，我这几年自己也学了不少字，每天听听新闻，又了解到习总书记提出的精准扶贫政策，党和国家能时时刻刻想着咱，太感动了！”

诚然，20 世纪上半叶的西藏，与反帝爱国和亲帝卖国斗争相交织的，还有农奴阶级与封建农奴主阶级的斗争。在农奴制度下，农奴们每天生活在水深火热里，苦不堪言。一位语言不通要靠本地学生翻译的老者的感叹，让我们亲身体会到解放西藏是时代的要求，是西藏社会发展进步的必由之路。感谢我们伟大的领袖毛主席，感谢我们伟大的中国共产党，实现了西藏的和平解放，让这些被剥夺自由和平等的人重新获得自己幸福的权利。

第四章　孝贤为先　敬老为善

当那一簇光逃出束缚尽情地在天空绽放异彩时，山的高耸阻挡不了它照亮世界的欲望。太阳高照，天空是那样的灿烂，没有夜空点缀星光漫天的神秘，可它有着专属于它自己的主题。太阳透过车窗照到我们身上暖洋洋的，这时的我们似乎多了几分困意，小眯片刻醒来窗外下起了雨，淅淅沥沥地，西藏的天气就是这样，前一秒艳阳高照，后一秒就可能暴风骤雨，有时待在太阳下张开双臂，一只手臂在阳光中沐浴，另一只就可能在雨中洗礼。来到这里后才真正体会到了什么叫作“半边晴天半边雨”。这对于本土长大的人来说是不足为奇的，一切对他们来说都显得再平常不过了。

车驶过高速来到城市中，没了刚刚那开阔无际的田地和河流，闯入眼帘的是一栋栋整齐划一的房屋，人们在街道上走来走去，各家商店的人进进出出，络绎不绝。如果说刚刚那种景象是安逸田园风光的自然美，这里则是一种热闹温暖的城市美，没了刚才的凄美倒多了一丝温馨美，别有一番体味。

经过了城市的喧嚣，所有的志愿者到了目的地，这次慰问的对象是一群待在敬老院里的老人们，他们没有亲人的陪伴，没了子女在身旁的照料，整天待在这座“紫禁城”里，好不自由。外边的雨依然下着，洗涤着我们刚刚经过了一路奔波风尘仆仆的心情。与其说是雨倒不如说是从一种环境到另一种环境转换的润滑剂。我们安排好一切走到屋子里，老人们早已安静地坐在屋里的凳子、沙发上，他们看起来是那样的亲切安详。文艺部的成员们早就已经换好了服装，为老爷爷老奶奶们带来节目表演，让他们感受到欢声笑语，给他们带来温暖的问候。几个志愿者一起组成了剪指甲小队，为屋里有意愿的老人们服务。老人们听不懂普通话，志愿者就带着本地同学一起进行互动，边聊天边帮他们修剪指甲。在这瞬间热闹的屋子里，有人给他们带来欢乐，有人帮他们修剪指甲，或许在这一时刻他们已经忘记自己是一个孤寡老人，有的是亲人幸福和陪伴的温暖。表演完后，雨倒也停了，这时组织者让我们拿出电剃发机，来帮老人们理发。开关打开，一缕缕头发从头顶滑落，他们有的很安静，很享受这份舒适，我们在旁边看着，感觉一个个老人像极了会撒娇会淘气的小孩，也觉得志愿者们都变得好可爱。动作麻利的志愿者不一会就帮他们剃完了，之后给老人们分发生活用品，老人们得到这些物资后很满足，脸上露出了从心底里发出的幸福微笑，他们不舍离去一直和志愿者聊天嬉笑。雨后的天似乎显得更蓝了，吸进肺里的空气湿润润的，亭子旁的那些植物被雨水洗礼后显得更精神了。之后我们还去了楼里慰问那些出行不便的老人们，给他们带了礼物以表作为晚辈的礼貌和孝心，我们的到访着实给他们增添了不少乐趣，让他们也倍感温暖。敬老院的管理人员对我们学校的慰问表示诚挚的感谢。院长表示：欢迎志愿者们多来，带着温暖和爱心，带着节目，老人们也需要精神上的陪伴。最后我们拿着他们献给我们的哈达在门口和敬老院院长及工作人员合影留念，相机记录下这最有意义的敬老院时刻。

一次洗礼一次精神的享受，一次帮扶一次物质的满足，我知道他们如同鸟儿，但他们渴望的并不是飞向天空而是相互取暖。他们想要的满足是那样的简单，幸福、陪伴，仅此而已。

后　续

莫可言喻的时光，阳光倾泻透过层层水汽，现实感在奇异的失去中反复。三下乡之行结束了，心里却五味杂陈，眼前的一幕幕深刻动人，平凡却有力量。这是一趟实践之行，但也是一场心灵之旅。年轻，是骄傲的资本，这个时代注定要我们去开拓！滴水可穿石，聚沙可成塔，扶贫的号角已经吹响，实践的脚步已经迈出，让我们用热情与真情去温暖那些需要帮助的人。传播爱心跟温情很有意义，爱的旅行之链仍会蔓延增长，不会断开，就在我想着这些的时候，车上响起了一阵阵振奋人心的歌声……

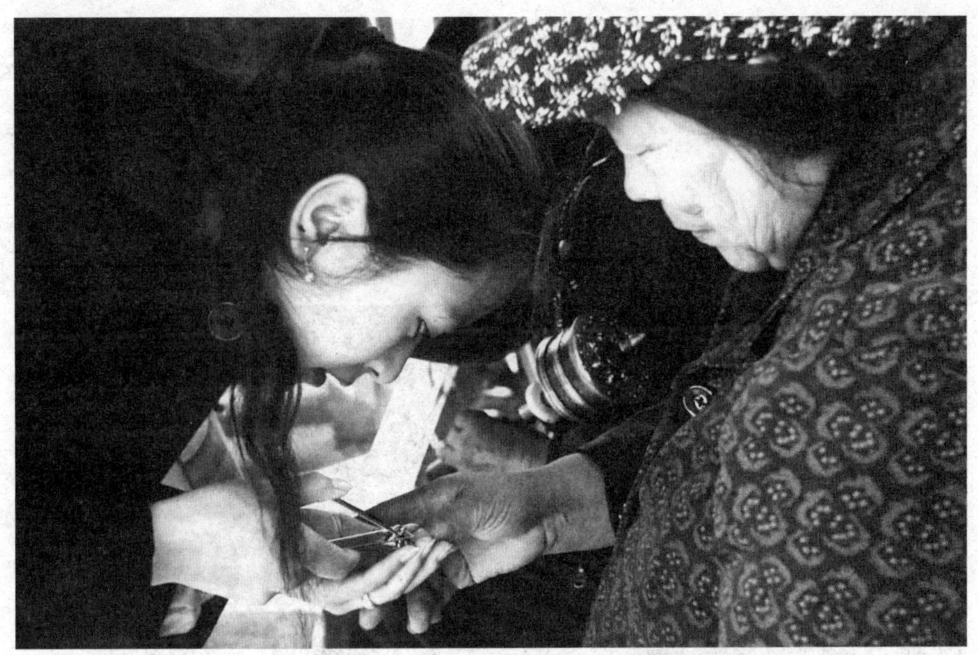

小队成员开展志愿服务 摄影：张银凤

（秦丽 李佳旭 庞冰 文）

寻山访野追梦　历田经桑为农

——西南大学农学与生物科技学院 2018 年联合实践行动纪实录

入户调研　摄影：周伟

我们曾在学案前求索，在实验室中俯首，心中念的却是遥远村庄里的静谧与纯净。在无数次的路过后，终于抬起头，看见洒出的些许阳光。想在青山绿水、蓝天边缘 、树荫之顶，到处留下些许印记。终于，我们背上了行囊，弃城市喧嚣于不顾，梦想，就此启程。

为积极响应“全国农科学子联合实践行动”号召，引导广大青年学生将理论和实践相结合，进一步激发我院青年学生成长进步，西南大学农学与生物科技学院于 2018 年 7 月 12 日至 8 月 30 日开展了以“助力精准脱贫，聚力乡村振兴”为主题的暑期“三下乡”社会实践活动。以“热火青春点亮攻坚扶贫 乡村振兴致富当代农村”为口号，组建师生助力脱贫攻坚社会实践服务团，13 名教师党员、83 名本科生、1 名博士研究生组成的 8 支实践队伍分别奔赴重庆巫溪、武隆、彭水、黔江、云阳、奉节、秀山共 7 个国家级扶贫开发工作重点县开展社会实践活动。在实践期间，各小分队以深入农户调研为主要内容，开展了帮学支教、农业知识科普、慰问孤寡、乡村振兴宣讲、党建活动、体验农耕及民间手艺、武术及五禽戏教学、参观特色产业园区、播放爱国纪录片，以及“农天下”手机 App 推广在内的共计 19 项服务“三农”的实践活动。形成 1-2-3-4 的实践工作模式——紧跟一个主题：走进乡土乡村，助力精准扶贫。组建两支队伍：党员专家扶贫队和学生支农服务队。构建三个结合：学生实践与党日活动相结合、暑期社会实践与教学实习相结合、学生扶贫调研与专家项目精准扶贫相结合。搭建四项交流平台：创建线上与线下、专家与学生、专家与农户、农户与学生之间的交流与经验分享平台。

在近两个月的实践中，纵是骄阳似火，但我们于夏山如碧的水土间开展活动，虽是暑气逼人，但我们于簟纹如水的深夜学习总结。作为西南大学农生学子的我们，了解乡村，传播文明，服务“三农”是我们的使命，成为“懂农业、爱农村、爱农民、有理想、有本领、有担当”的农科人才是我们的目标。从课堂到乡间，走在精准扶贫之路前列的我们，理应为中国广大贫困农民走向致富之路出谋划策，奉献自己的力量，燃烧自己的青春。

第一章　“乡村振兴”需先振心 战略宣讲理应先行

一个山坳里的小村庄，巫溪塘坊梓树，来了一些人，离开了一些人，三年里，它碰触了多少梦的希冀，又见证了多少心愿的实现。作为肩负着创造美好乡村这一使命的青年主力军，2018 年，我们带着“乡村振兴”战略走进了梓树。

“心中为念农桑苦，耳里如闻饥冻声”。党的十九大，提出了“乡村振兴”战略，这四个字应变成了村里人的期盼。“每一座青山都有绿水环绕，老人停在大公路边谈笑，小孩在小河沟边嬉闹，大人们可以在家中经营也可以去远方闯荡。游子不会有‘世界那么大，何处是我家?’的喟然长叹，留守者能体验到‘暮春者，春服既成，冠者五六人，童子六七人，浴乎沂，风乎舞雩，咏而归’的安逸和闲适”。每一个乡里人都能看见、触碰、享受“此处是我家”的幸福。

近两个月的熟悉及内化，分队成员秉承助力精准脱贫，聚力乡村振兴的坚定信念，给当地的党员干部们带来了一场振奋人心的宣讲。看着宣讲队员们全情投入、慷慨激昂地同大家分享自己对乡村振兴的看法和意见，以及如何实现“产业兴旺、生态宜居、乡风文明、治理有效、生活富裕”这 20 字方针。大家各抒已见、言辞奋然，共同描绘了一幅属于梓树的美丽蓝图，愿耕者有其田，居者有其屋。那一刻，每个人的眼里，仿佛都闪着光，就好像前方的道路就在眼前，清晰可见，充满希望。

宣讲结束离开时，队员们留意到，村委会办公室的墙上挂着一块牌子，其上写着“认穷不认输，落后不落伍”，鲜红色的字在白墙的衬托下格外突出，鲜艳得好似刻进了每个梓树人的心里，那是他们对家园美好未来的期待。我们这一行人的使命或许已经达成，在乡村振兴的路上，梓树人的心已经走在了前面……

第二章　执远念归乡　以近情辅邻

他，生于农村，长于农村，梦想在外，家乡担其沃土。30 年的不懈拼搏，已得一方天地。

他，文化不高，但吃苦耐劳，团结邻里。从种植土豆、销售土豆的一位普通农民，发展成为梓树村有名的农村致富带头人。

七月的梓树村，田间已是一片勃勃生机。暑气正浓的中午，小分队成员敲开了他的家门。闲话家常中，谢大叔开始跟我们谈起了他的致富故事。

从开始的十几亩到如今的两百多亩，从开始的温饱到如 2018 年收入的几十万，从普通的管护到如今的新技术，这些背后是几十年的坚持与不懈。

“2000 年只种了十几亩土豆，除了日常最普通的管护外，也没有对当时的生产情况有新的想法和投入，更没有引进新的技术”。但后来谢大叔发现，自家田地周围有许多荒废的田地。于是他想，能否将周围的荒地租赁起来，组成一部分连续的土地进行种植，这不仅能够扩大种植面积还能够便于管理。就这样，在接下来的几年里，土豆种植面积逐渐扩大。

现在，谢大叔的土豆种植面积已经达到二百亩，相当于十八个足球场地大小。当我们惊讶于农田的面积时，他说道，“土豆是轮作植物，所以在种植土豆的同时，还有其他蔬菜像玉米、红薯一起种植，充分利用土地资源。”这些书本上学到的知识谢大叔原来早已经用到了田间地头里。两百亩地的耕作是个大项目，已经有将近70位村民在谢大叔的田地里帮工做事。

能否将周围的荒地租赁起来，组成一部分连续的土地进行种植？能否在种植土豆的同时，与其他蔬菜像玉米、红薯一起种植，充分利用土地资源？能否在大规模扩展的同时雇佣村民一起种植？一次次的思考、一遍遍的改善，谢大叔才会拥有如今的项目成果。在自己发家致富的同时，他不忘帮扶村民，解决就业问题，带动当地的经济发展。

这个酷暑，他望向屋外的百亩田地，满目的绿色，承载了他和他的乡人们所有的梦想。梦想不随地点而改变，大梦筑外，以小而见大。

在这山坳之上，白色的马铃薯花开遍地。

第三章　帮学递新知　陪伴传梦想

欧文曾说：“教育人就是要形成人的性格。”而支教能带给山村孩子的除了知识，更多的是埋下一颗梦想的种子。

有这么一群孩子，他们没有电子游戏，接触不到网络，但他们呼吸着喧嚣中最为干净纯粹的空气，有着自己最单纯的小美好。

第一个嚷着上楼的点点，兴奋之后，面对大家流露出一脸羞涩的表情；一个人乐乎乎喜欢木马的小不点，见到哥哥姐姐们一个劲指着旁边的秋千；还有中午不停嬉闹的欢欢，闹着要和大家一起吃饭的畅畅。他们大多是父母外出务工，而陪着爷爷奶奶、外公外婆留守家中的孩子，平均年龄不超过十岁的他们，就读于山上的村小。学校不算太好，又因地处山区、交通不便，使得与外界的交流仅仅局限在日常的电视中，但他们对外界的好奇与期待一直满满。

一次科学小实验中，“土豆真的可以进行发电吗？小灯泡真的可以亮起来吗？”小朋友们发出疑问，个个都瞪圆了眼睛，露出难以置信的表情。梓树的小孩子们，似乎对这支撑他们一个村子的圆滚滚的小东西不太了解，只晓得它可以炸、煮、蒸……我们想让这些其貌不扬的土豆在小孩子们心中留下别样新鲜的印象。

怀揣着好奇与疑问，他们和小老师一起选土豆、切土豆、插上铜片和锌片、用导线串联，接上小灯泡。“亮了！小灯泡亮了！”一颗不起眼的土豆让灯泡在小朋友的眼前闪闪发亮，孩子们都高兴得欢呼雀跃，仿佛感知到无穷的奥秘。

山里的孩子们的勇气和可爱超出我们的想象。穿着花裙子的小姑娘唱起一首《虫儿飞》，平时古灵精怪的小男孩背起手朗诵一首《小池》，还有平日看起来都在专注学习的两名学霸小朋友给大家带来的逗得大家哈哈大笑的相声表演……天真可爱的孩子们也给支教队员们回馈了太多的惊喜。

我从未武断地认为读书便是唯一的出路，但对于身处贫困小山村的小朋友来说，较之祖辈的面朝黄土背朝天，父辈在不断挥汗的钢筋混凝土中摸爬滚打，读书无疑是他现在最好的选择。处在脱贫攻坚的山村，除了物质上的帮扶，教育的带动更如那不竭的涓涓细流，汇聚为一条清清绿水，不断滋润着这片青山。

漫长暑期里的一瞬，恍惚而过，但笑脸已经印刻在彼此的眼中、心上，温暖彼此的一段岁月。

他们窥见了外面世界的精彩，埋下一颗颗会发光的种子，那是对未来的憧憬之梦。他们用温情抚慰心灵，让孩子们坚定信念，为追逐梦想而努力。

第四章　“边城”的追寻　执着的守候

山背如弓，山脊如箭，威厉之势刺长空；飞湍瀑流，砯崖转石，清冽之感漫云端。清晨的露珠刚挂上翠绿的荷叶，我们踏着曦光向着灰千粱子出发了。

荫翳的树荫，潺潺的溪水抵挡住了烈日的气焰，形成一个幽静、怡人的迷人环境。涓涓细流在河道间肆意奔走，或急或缓，或快或轻。待行走劳累之时，抔饮一口泉水，凉意立刻钻进了五脏六腑，顿觉神清气爽，甘甜也弥留舌尖。

站在乡政府外的广场上，我们发现正对面的一座山很有特色，五里乡土生土长的杨志忠爷爷（化名）说它就像一只乌龟在和一只猪接吻，而且这个地方更有一段关于“猪龟恋”的美丽传说。神秘又凄美的爱情，这份相守的感情在蓝天白云下被见证。“猪龟恋”对于和杨爷爷一样的五里乡人来讲，是景，亦是一种情怀。

伴着刚刚放晴的天空，我们去往了少数民族的村寨。一首悠扬的苗族歌曲，渐渐绕入耳畔，遏云绕梁。传统的苗歌略显山间气息，新版的歌声少了些许灵气，却又“温文尔雅”。

走进民居，我们遇到了许多热情的村民，他们十分乐于给我们展示他们的文化。这个村子主要存在着两种苗族：歪梳苗和汉苗，其二者最主要的区别是人们的发型有所不同。寨子里的老奶奶大抵思念孙女，看见我们时，便拿出了孙女的苗族服饰给我们的队员们穿戴上。服饰原为四件套，但由于头巾佩戴过于烦琐，近年来已简化为三件套：上衣、裙子、围裙。在婚丧嫁娶时，衣服是全新制成的，其颜色与常服有所不同，且银饰会更多、更为精致。更深一步的了解后，我们得知了苗族人在老人逝世时，会跳芦笙舞以表思念。其子嗣会采取“拉牛”的方式以表哀思。据老奶奶讲述，苗族拥有自己的语言，拥有自己的文字，但令人遗憾的是，我们并未找寻到一份带有苗文的书籍，更未发现有会写苗文的人。

而在这样一个村寨里，还存在着其他两个民族。一为仡佬族，二为彝族。彝族的服饰主要以长袍短袍为主，长袍用于更为正式的场合，短袍则为生活中的常服。每年的农历六月二十四就是彝族著名的火把节，那一天人们围着火炉，载歌载舞，十分欢乐。而仡佬族，汉化已经十分严重，我们很难从年轻甚至中年一辈得到一份关于文化的答案，游走于老一辈之间，我们仅仅得到他们存在语言，以及其衣服以黑蓝为主，仅此而已。

小林深处遇人烟，岩山下面享风景，小小的地方，隐藏深深的美丽。当民族趋于融合之际，少数民族的文化日益在改变着，类似于仡佬族那般踪迹难寻的不在少数。我们在创造新兴文化时，是否应该留存传承下那些千百年间的文化呢？这个文化又该谁去传承呢？

“羁鸟恋旧林，池鱼思故渊”，在繁忙的都市奔波，适时走进乡间，感受自然，执一分情怀，寻一分静谧，尊敬古老，传承古老。

第五章 苗乡映射时代梦想 路漫途艰撸袖奋斗

苗乡的夏夜来得晚，却是异常快，说黑就黑。山是青翠的，大山周边是被大树包裹着的小小山包。村中的太阳亮堂堂的，站在阳光下，感受到的却是凉凉的舒适，如春风轻抚般。水流虽远，大家还是做基建、搞旅游，忙活得热火朝天。

夏夜，星光如此灿烂，所有黏湿而烦冗的睡眠，也随之构架起一个个活力四射的梦幻世界。一不经心，辽阔的星空就让一些醒着或睡去的人，多了一份憧憬，多了一份翘盼，多了一份期待。

我们也不得不踏上归程，坐在返校的车上，这一路的颠簸山路还真是有家的味道。犹记得不久前我们小分队一行人登上石磨崖，站在最高的石头上，迎着呼呼而过的风，对着远方宣誓“心系‘三农’，顶天立地”的壮志凌云；记得第一天便遇见了我人生中的第一次双彩虹桥奇观，大家闭上眼睛一起许愿的激动与兴奋还在眼前；记得在秋千上、餐桌上、小路上絮絮叨叨的碎碎念。还没来得及把真正的苗寨看一看，没来得及陪欢欢、点点们去镇上走一走，还没来得及陪刘奶奶好好唠唠嗑、拉拉家常，一不留神就到了离开的日子。

那是在这个夏夜里的梦，不久，苗乡里的人们可以躬耕青山，在小亭闲谈，四处兜兜转转或者什么事也不做，只是在温暖、舒适的家里刷刷微博、逛逛淘宝，等着午餐。盘山公路虽还回环，却已四通八达；山边的房屋鳞次栉比，继续驶进，却是青山伴着绿水，沟渠自水库四处蔓延，停下车，可鞠一捧清凉的水，洗洗乏、醒醒神。然后转过身，迎着凉凉的风，拱拱手，道一声：“你好呐！春天。你好呐！绿水青山。”

这是我们的梦，苗乡的梦，村庄的梦，心已启航，梦亦将至。生活从来不易，尤其是对于这些从小扎根于大山的他们，不过幸好大山还在开发，村庄还在建设，至少未来依旧可期，只要撸起袖子加油干，美好生活就在前方。

今当别离，临路思忖，唯有祝愿。

世间的所有相遇，都是久别重逢。近两个月的追梦生涯，我们与遗憾、与艰难、与困苦握手言欢。

从未知到了解再到熟悉，我们慢慢探索。

第一次宣讲，我们将十九大的精神贯彻其中。看着乡村居民们期待的笑意，我们不畏而执着着描绘蓝图。让理念走进生活，让精神融入期待。每个地方，都有一个执着的追梦人。谢大叔不仅仅是一个逐梦者，更是一个引领人。他对外界的远大抱负，早已滋养了脚下的黄土。那些可爱的孩子，是这个暑期最真挚的存在。我们，尽所能，仅想表达一个道理，为了自己，为了家乡，必须努力。我们找到了，一个独特的边城。自然的山水，淳朴的人儿，古老的文化，仿佛诉说着他们的桃花源地。

终将远离，但不会遗忘。

另一方天地，我想要努力，想要拼搏。因为在彼岸，我的梦想已经扎根。

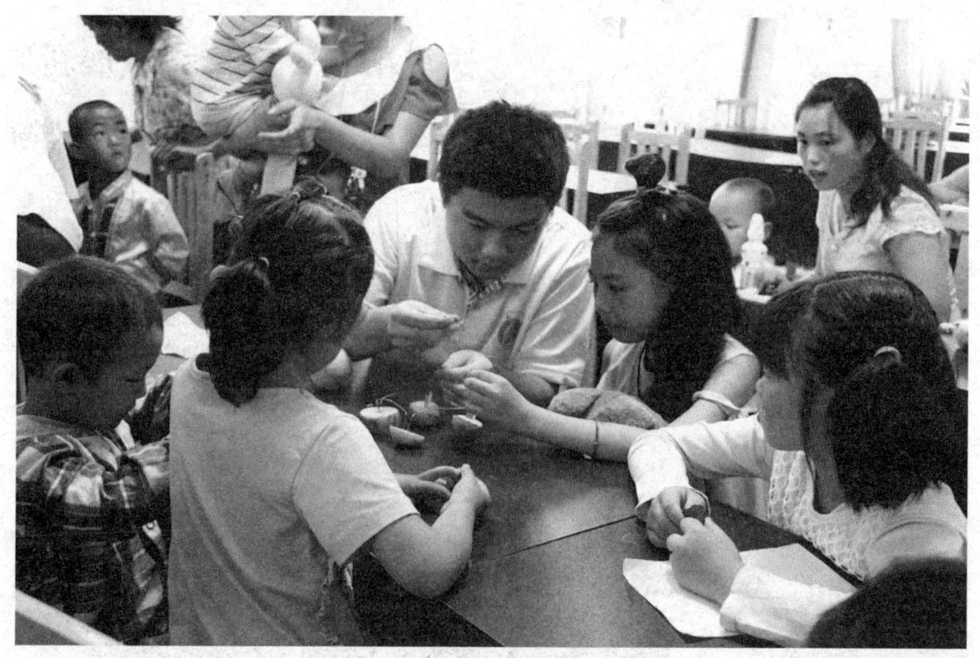

支教——科学小实验　摄影：周伟

（许莹竹　黎淳　周伟　胡子昂　文）

扶贫帮农　齐聚力量展新风

——西南科技大学生命科学与工程学院 2018 年联合实践行动纪实录

科技扶贫，助农增收　摄影：秋卓君

"我从山中来，带得兰花草。种在小园中，希望花开早。"

——胡适《希望》

与格桑花再识，是花开满地，根渐深叶渐茂的勃勃生机；与羊角花相遇，是十年重生，扎根砖瓦，遍布废墟的震撼人心；与索玛花初识，是风景独好，舒展绿叶拥抱万物等待发掘的翘首以盼。三花三地，有提供幼苗的支持者，有挖坑培土的生产者，还有浇水施肥的助力者，共同为花团锦簇的欣欣向荣景象聚力前行。他们有理想、有抱负，选择在深山施展才华；他们肯吃苦、不怕输、勤勤恳恳自力更生；他们有才识、有热血、用技术支农助力乡村。了解文化，倾听心声，他们为改善当地生活状况、脱贫奔小康出谋划策。有人说，是他们给这些地方、这些群众带去了希望，他们说，是这些地方、这些人带给了他们希望。埋下一颗种子，在贫瘠田垄生根发芽，长出花苞开出万紫千红。一群又一群的人在这里用知识服务农户，科技推动产业，文化助力乡村振兴，带着农户发展致富。

第一章　不等不靠　脱贫发展己先行

第六年踏上去往阿坝州的道路，风景变了，道路变了，前往的心情也变了！

穿过悠长的巴郎山隧道，山顶的阳光渐渐地拨开迷雾，小金县的轮廓正在被勾勒描画。沿着有“中国熊猫大道”之称的G350国道向“苹果之乡”沃日镇木栏村疾驰而去，远远看见的是果农张大哥和妻子在田间劳作，两个幼儿在一旁嬉戏。张大哥告诉实践队员，他现在管理着两亩多的果园，种植的都是红富士苹果，收益日渐可观。这片果园原本是合作社在进行管理，经营方式是合作社把地交给农户种植，不论产出多少，每亩地都会给农户一定的资金。在这种落后的管理方式下，农户们打理果园的积极性不高，产出的果实质量、数量都不好，慢慢地失去了市场。不久之后合作社无法维持运营就倒闭了，现在只能由农户自己来管理果园，所以张大哥就自己摸索怎么种植苹果，在摸索过程中也有了一套自己的栽培管理方法。在进行深入交流及观看他的实际操作之后，科技扶贫藏羌行团队就其果树拉枝角度、拉枝方法和时机、矮化修剪方式、肥料的使用等问题向张大哥进行了示范和讲解。实践队员的拉枝教学还吸引了张大哥的两个孩子观看学习，可爱的模样惹得带队老师亲自去指导，孩子们也学得有模有样，余晖下的果园里萦绕着欢声笑语。

金川县喀尔乡，素有梨园之称。走入梨园，金花梨和鸡腿梨挂满枝头，在阳光下熠熠生辉。不过，灾难总是发生在一瞬间，金川本土雪梨遭遇黑心病，周边市场的冲击和病害大规模的发生，使金川之花渐渐凋零。可是刘大叔并没有放弃，他四处走访、学习，到处求学问教，逐渐探索出了一条适合当地雪梨发展的道路，采用先进的密植栽培技术，引进早酥红梨、中梨1号等新品种，开展林下套种，进行产品深加工，金川之花又逐渐开始绽放。

金川的雪梨在刘大叔的带领下发展起来了，而松潘县镇江关乡梨子种植基地却遇见了难题。与农民面对面、手把手地传授科技知识，帮助合作社鉴定雪山梨品质、解决夏季修剪问题，为合作社提供农资产品。“公司+专合组织+基地+农户”的现代农业经营模式发展日益完善，年产超过250亩，拥有近2万棵的优质雪山香梨。但种植户告诉实践队员：“梨子有了却卖不出去，这就很麻烦，以前愁产量，现在愁销量”。“丰产不丰收”是目前面临的最大问题。此种情况下，实践小队和种植户召开会议，共同商讨了初步的解决方案。农科学子返校后以校园为中心，以学生和老师为初步客源，在校园带头扩大宣传影响力，逐步宣传推广向校外扩展，及时搜集、整理、发布供求信息，为生产者和校外消费者搭建桥梁，承担农科学子的责任与义务，及时为农户解决问题。

阿坝州，是一个美丽的菜园子，得天独厚的自然条件和地理位置给了这里众多的宝贵财富。六年时间，农科学子用双手帮助他们建立特色产业，用知识巩固产业基础，用技术推动产业发展。而第六年再次来到这里，是想要为更多的农户送上技术扶持，助力产业进步。农户的生产自救，农科学子的添砖加瓦，让格桑花花开遍地，为美丽乡村的建设增光添彩，让科技扶贫之果挂满枝头。

第二章　戴帽摘帽，灾区群众诉心声

北川，重创在羊角花盛开的季节，十年间花开花谢，即使遭受了此般创伤，希望的种子依然埋在北川的大地中，慢慢地生根发芽，发生了翻天覆地的变化。

“一无家二无食到有屋有余粮”，这是在对当地居民的访谈中，一位老爷爷的真切感受。老爷爷曾经是村干部，实践队员是在问卷调研的路上遇见的他，听说队员们在对北川震后十年的发展变化进行调研分析，他停下脚步对实践队员的问题侃侃而谈，他说：“你看这里的房子和环境，都是国家和政府的大力支持才有的，他们对我们的帮助很大，也是因为党和政府，我们才能从废墟走出来。”“我曾经也是村干部，对这里的工作还是很关心的。”老爷爷说话的时候脸上满含笑意，显然对现在的生活很满意。美丽新北川的建设，让饱受地震摧残的老北川人民有了新家，而他们对党和国家积极的政策行动的感激之情是这数十年也抹不去的。

依山傍水，厂房环绕，这是北川县擂鼓镇。实践队员们还有幸得到在此工作的优秀毕业校友介绍当地地形、路线、居民分布等相关情况，并在擂鼓镇建新村村书记的带领下，步行2公里前往当地进行调研。一路上，村书记滔滔不绝地讲述灾后十年擂鼓镇的快速发展，概括了房屋修建、居民集中安置、环境整治、道路建设等问题。2公里的步行中，村书记的讲话，大到国家政策，小到人民衣食住行，处处体现着他是一个工作认真、全心全意为人民服务的基层干部。

“脱贫不脱政策，脱贫不脱帮扶”，在曲山镇任家坪村农户家中“精准脱贫连心卡”上罗列出的政策清单、帮扶清单、收入清单，全方面地展示了农户的家庭状况。在被列为贫困县的这几年中，北川一直在积极探索发展道路，致力第三产业发展，并在不久前退出国家贫困县行列，实现了“摘帽”。农户还告诉实践队员，政府对已脱贫农户原有扶贫政策依然保持不变，支持力度不减，给他们留出了缓冲期，这对于他们来说是确保能够实现稳定脱贫的重要决策。

北川在希望中获得重生，与悲痛告别，努力为幸福生活奋斗。地震是惨痛的，北川人民从来没有遗忘，把沉痛的过去深埋心底，努力开始新生活，那才是对逝者最好的告慰。在北川，人们更愿意回答这十年的变化，更愿意展示新变化新发展。新北川在重生中走上了发展的“快车道”，展现出灾难后的新生与奋进。如今的羊角花越开越鲜艳，越长越茁壮。

第三章　扶贫扶智，共绘彝乡新蓝图

旅途的疲惫又怎能与乌依乡的景色相比，布拖县乌依乡杜副书记曾叹息地说道：“这边的风景其实很美，但是很少有人过来赏美。”无论是谁在此刻都能够感受到杜副书记心中的无奈。

一入乌依乡，面对的是当地孩子们好奇的脸庞。村里来了一群说着普通话，穿着相同衣服的人，提着大袋的文具和零食，热情地和他们打招呼并把文具和零食送到他们的手上。一个拿着笔记本的小女孩用生涩的四川话说：“我从来没有见过这么好看的笔记本，哥哥姐姐，谢谢你们!”这些在我们看来再为平常不过的东西，对于这些孩子来说却是极其珍贵的“宝贝”。在实践的路上，还遇到一位七八岁大的孩子，背着自己的弟弟，弟弟光着小脚丫，被自己的哥哥用绑带固定在身上。他们的父母外出打工，家中生活靠村上的帮助，穷困的环境，无法接触到外面的世界，却从来没有失去对美好生活的向往。村干部们说当地孩子以前辍学的很多，随着校园环境的变好，辍学率是大大地下降了。但教育设施和条件仍然还存在许多不足，所有干部们也在致力于解决这些问题。

再入乌依乡，是杜副书记和村干部带着实践队员一起前往，一路涉足、一路留恋、一路回望。在布托县，每一天都是一幅精彩的画卷，一座座山峰拔地而起，牛羊在山坡上悠闲地吃着野草，远处的山峰在云雾中朦朦胧胧，若隐若现，也正是这样的美景，才会有杜副书记的感慨万千。

杜副书记其实应该称作杜老师，他是 2017 年由西南科技大学选派到当地挂职进行精准扶贫工作的，这也是他和布拖联系的开始。在学校，他是三尺讲堂上的教育者，管理学生，勤恳教学。去往布拖，他是一门心思的扶贫者，当好桥梁和纽带，让群众住上好房子、过上好日子、养成好习惯、形成好风气是他们的重要目标。在与村干部的交流过程中，实践队员们了解到，异地扶贫搬迁是当地的政策之一，主要是对居住在深山、石山、高寒、荒漠化、地方病多发等生存环境差、不具备基本发展条件，以及生态环境脆弱、限制或禁止开发地区的农村建档立卡贫困人口，采取集中与分散相结合的安置方式，不仅要让他们“挪穷窝”，也要“换穷业”“拔穷根”。国家的脱贫攻坚工作落实后，各贫困户的生活日益改善，不仅异地搬迁户有了安全住房，新通了电，依靠水工程入户工程更是新建了水池，有了干净水源。当然，政策提供的硬件设施再好也是远远不够的。杜老师说：“政策好了，硬件跟上了，但是百姓们自己的软件还需加强。”所以在走访过程中，实践队员们根据实际情况也向村民讲解了只有远离毒品才可以谈致富，只有健康的身体才可以享受小康社会的道理，同时宣讲了禁毒防艾的重要性。

三入乌依乡，是怀着对当地风景的“觊觎”去的。实践队员成了杜老师口中“很少人”中的一部分，想要欣赏就要懂得如何创造，更要懂得如何分享。三天的考察，队员们经开会讨论发现，当地资源丰富，牲畜和农作物却极其单一，加大当地规模化养殖的力度是十分有必要的。队员们结合当地特征，给书记提出了“特色农产品 + 本土文化”的旅游发展方式。乌依乡作为彝族火把节的发源地，以此为契机，并种植当地特色农产品，规模化发展畜牧业。满山的索玛花、飞奔的山羊、悠闲吃着草的牛无一不是独特的风景。

队员们和驻村干部一致认为，要让更多的人了解布拖，帮助布拖打赢脱贫攻坚战。要实现当地旅游业与畜牧业的融合发展，引导农牧民改进经营理念，提高管理和接待服务水平，提升乡村牧区旅游的总体服务水平，建立特色旅游发展模式，对当地的经济文化的发展有着至关重要的作用。

第四章　齐心协力，聚力乡村振兴梦

阳光照射着大地，照得那一排排塑料大棚格外引人注目。发展起来的草莓产业受到越来越多的人喜爱，销售的火爆程度体现在实践队员来到三舍驿村时，大棚里的草莓已所剩不多。草莓基地的熊老师边采边说："2017 年由于管理不善，草莓苗死了很多，产量很低，在西南科技大学专家指导下重新补苗，加强管理后，你们看，2018 年草莓真不错，2018 年草莓就这么大、这么红，还挺甜，吃起来很香。2018 年草莓也卖得很好，自主采摘价格 50 元左右。"草莓的种植成功，填补了松潘县高海拔地区水果稀缺的空白和四川盆地夏秋草莓生产的空档期，让更多贫困农户看见种植草莓的希望，这对于缺少产业支撑、主要靠发展传统农业的偏远乡镇来说，无疑已成为脱贫致富的一大途径。

有位"玫瑰花姐姐"，带动着全县 9 个乡镇、22 个村的 3 200 余贫困户增收致富。科技扶贫藏羌行团队成员带着好奇在金山玫瑰基地见到了这位陈女士。在玫瑰花茶的清香中，陈女士告诉队员她是冒水村的村委会主任，以前一直从事餐饮行业，能让村民富有起来一直是她的目标。无意间看到的地边的几株野生玫瑰花给了她启发："当时我就想，既然传统农业无法给大家带来更多收入，那么玫瑰花如果能卖钱呢。"经过上网查找资料，以及到甘肃、陕西、河南、山东等八个省市考察市场之后，她终于开始试种栽培，2013 年鲜花收获后又送往兰州加工。当产品生产出来的一瞬间，一向坚强的陈女士喜极而泣，"当时眼泪一下就出来了，当我拿着产品我就知道，两年的时间没有白费"，陈女士笑着说。成立了清多香玫瑰种植专业合作社后，她带动达维、结斯、新桥、崇德、老营 5 个乡镇、14 个村的 1 307 户农户、460 户贫困户、126 户残疾人户种植玫瑰增收致富。虽然玫瑰产业变大变强，种苗的供不应求却是一个问题，于是陈女士将目光转向农科学子，希望以专业知识和技术助力玫瑰产业的蓬勃发展。发展产业助力脱贫从来不是一个人的事情，农科学子与村干部齐心协力共谋发展，相信在大家共同的努力下，玫瑰产业的未来会发展得更好。

在西南科技大学的定点帮扶基地，生命科学与工程学院食品、农学、园艺、动科等专业学子积极参与精准扶贫，振兴乡村的实践工作，连续六年致力于松潘扶贫攻坚。虽然初次接触布拖乡村发展，却始终坚持用专业知识与科学技术帮助当地老百姓脱贫致富，争做“一懂两爱”新人才。懂农业、爱农村、爱农民，承担农科学子责任，致力扶贫、助力乡村振兴，将所学所懂用在实处，有针对性地为农户施帮扶。践行农科学子的使命，铭于心，践于行。实践团队不畏艰难，在这几年将自己深入田间地头，送课入户达 200 余家、送课入乡 5 次，推广新技术 15 项，培训种植户 1 000 余名，发放资料 3 000 余份，建立草莓示范园 10 亩，建立高原香猪繁育场 3 个。夯实农户知识基础，指导开展技术帮扶工作，建造特色产业模式，调研产业生存问题，改善农户经济状况。农科学子充分发挥作用，帮助草莓示范基地成为农村经济发展的“香饽饽”，并致力于带动更多贫困农户走出困境；玫瑰花产业由无到有再到壮大，给更多人脱贫创造条件；苹果和雪山梨从试种到丰收，从遭遇突变到扭转颓势，让产业发展有了强心剂。

测量金花梨可溶性固形物含量　摄影：张猛

十九大报告指出“实施乡村振兴战略，要培养造就一支懂农业、爱农村、爱农民的‘三农’工作队伍”，还强调“人才振兴是乡村振兴的重要方面”。习总书记指出“青年是标志时代的最灵敏的晴雨表，时代的责任赋予青年，时代的光荣属于青年”。农科学子作为这个时代的一分子，要以人才振兴为己任，推动乡村振兴战略落地；要不怕苦不怕累，勇担时代责任；团队成员要勇于实践，聚焦实施乡村振兴战略和建设美丽中国的新任务、新要求，坚持走好致力于实践的道路。

（刘璐　杨玲　李健梅　高蕾　文）

不忘初心　阡陌共行

——云南大学农学院 2018 年联合实践行动纪实录

驻村工作队座谈　摄影：方磊

在全国农学院协同发展联盟的组织下，2017 年云南大学农学院组建了三个小分队，分别奔赴云南省凤庆县、会泽县、勐海开展农科学子助力扶贫联合实践活动；2018 年农学院组建了两个小分队分赴云南省玉溪市戛洒、河口市进行暑期社会实践活动。七月的云南，正逢雨水丰沛的时节，行走在大山之间的同学们，用脚步丈量这片泥泞的土地，用心聆听这里感人的故事，听罢叹罢思罢，惟借此记录一二。

第一章　苦难，孕育着未来

七月的河边村，阴雨绵绵。蜿蜒曲折的山路，混着不停歇的雨水，愈发泥泞。尽管是炎热的夏季，这里依旧寒气袭人。凤庆小分队经过两个多小时的路程后，终于走到了张华（化名）家。张华家的房屋是混合型民居，一边是传统的土坯房，即传统的土木结构，以土基为墙，屋顶由当地特有的石片拼凑而成；一边是混凝土结构的小楼。原来张华家向政府申请了旧房改造贷款，盖了新房。这样的房屋组合在河边村很常见。旧房一般较大，但地面为泥土，多属危房；新房较小，但现代感较强。然而坐落在两栋房屋间的厨房，依然如旧，没有改变。厨房里是原始的烧柴灶，灶边散落着几条条凳。看到师生们的衣服湿了，张华连忙把大家带到火塘边，让大家边烤火边烘衣服。他还热情地端来了热茶，让同学们暖身。

伴随着屋外的雨声，张华讲述了家里的情况。原本他们家的情况并不像现在这么糟糕，一家人三代同堂，虽然清苦，但也其乐融融。然而，一场意外事故打破了长久以来的平静。2016 年年初的一天，张华的妻子王苹（化名）正在做饭时，家中的煤气罐发生了爆炸，王苹全身大面积烧伤，危在旦夕。不幸中的万幸是，在云大驻村工作队的帮助下，王苹被及时地送到了县医院，一番治疗后，王苹的性命算是保住了，然而新的难题却产生了。除去新农合报销的费用和政府帮助的费用外，张华家仍需承担大约九万元的医疗费用，这让这个本不富裕的家庭雪上加霜。

王苹出院后，在家里卧床了一年左右。刚开始的时候，由于双手严重烧伤，王苹基本无法动弹，甚至连简单的翻身都做不到，生活无法自理，吃喝拉撒全都由张华负责。王苹说，最初卧床的那段日子，充满痛苦和难熬，她几乎不愿也不敢再回想。由于劳动能力的丧失，王苹不但不能为家里分忧，反而需要家人时时照顾。她渐渐产生一种极度的愧疚感，觉得自己是家里的累赘，让原本就入不敷出的家庭背上了沉重的债务。她的意志一度消沉，甚至常叹息，觉得家人当初就不该救她，让好好的一个家被拖垮了。

最困难的时候，村干部来了，扶贫工作队队员来了。在他们的帮助下，家里盖起了新房，王苹的身体也逐渐好转。经过一年多的休养，现在的王苹已经可以下床，生活能够自理，总算减轻了一点家里的负担。张华可以出去干农活了，女儿虽然还小，但也可以做一些力所能及的事情。尽管家里仍有十多万的欠款，女儿也到了上学的年龄，家里的负担依旧很重，但一家人温情相守，又得到来自各方的热情相助，总算有了生活的盼头。

张华说，现在国家的扶贫政策好，他们家也逐渐变好。云大建设了河边村小学，还把路修到了家门口。这样，女儿就不用到镇里上学，家里的负担也相对小一些。驻村工作队员和挂钩扶贫干部也经常到他家里，帮助他们解决实际困难。他说，以前河边村路不好，出门很难。现在路修通了，国家的扶持政策多，还有那么多好心人在帮助他们，他们坚信未来的生活会越来越好。

告别了张华一家人后，调研小队又向着另外一家出发，雨还在下着，没有丝毫要停下来的意思。而故事，也在继续。

第二章　渴望，凝聚着希望

小雨淅淅沥沥地下着，推开简朴的木门，穿过狭窄的小院，进入拥挤的土坯房。院子里没有铺水泥，一下雨就全是黄色的泥浆，老母鸡带着小鸡在房檐下躲雨，一旁的猪圈里传出小猪仔舒服的哼唧声。在得知同学们的来意后，女主人和蔼地笑着招呼大家坐下。

这家的老奶奶拄着拐杖，弓着背，倔强地坚持让大家坐“高处”，自己则找了个小板凳矮矮地坐着。在屋子一角，一个瘦瘦的小男生，腼腆地坐在长条板凳上，显得有些不知所措。少年名叫李希（化名），据女主人说，他学习成绩优异，2018年刚考上县城高中，过了暑假，就要去凤庆城里上学了。这名少年是一家四口的希望，家人希望他能够通过学习改变自己的命运，终或有一日走出贫穷的家乡，看看外面的世界。

女主人眉头微蹙，有些欣慰却又忧心地谈到家里情况。她说道，家里干活的劳动力少，吃饭的人多，好在政府提供了补助，家里的日子才得以为继。但是一想到儿子接下来上高中的费用，真不知道上哪里去找钱。同学们向李希的家人解释了国家资助家庭经济困难学生就读高中的政策后，全家人既是感激又是期盼，他们仿佛看到了希望的曙光。

在房屋的顶头，有一张矮矮的小方桌。斑驳的桌身，开裂的桌面，无不印证着它经历过的漫长岁月。小方桌上面还堆着一摞厚厚的书，在厚厚的课本里，每一页都有工整的字句，清晰地标注在课文旁边。这是李希平时学习的地方，屋子旁边的低矮隔间是厨房。厨房里有两个灶，一个是几块砖头搭成的简易小灶用来做饭，一个是水泥砌起的大灶用来煮猪食。红色的火舌轻舐笨重的水壶，伴随着噼里啪啦的烧柴声，连飘出的黑烟都有温馨的味道。

尽管房屋简陋，他们家依然其乐融融。男主人常年腰疼，不能干重活，女主人看起来身体很好，是家里最好的劳动力，年迈的老奶奶和瘦弱的李希都做着自己能做的事。这家人面对生活的态度令人敬佩，纵然生活艰辛，但是他们的目光依然坚定，如同黑暗中的火炬，鼓舞人心。

窗外，郁郁葱葱的大山座座相连，远远看去全是繁茂的树林，仿佛世外桃源一般的美景，背后承载的却是大山里艰难困苦的生活和大山人的不易，好在他们淳朴乐观，从未丧失前进的勇气，渴望凝聚着希望，青年承载着未来。

第三章　生命，当自强不息

雨夜，微寒。雨碌乡政府的二楼热闹非凡。乡政府扶贫干部、驻村工作队队长、驻村工作队员正在和会泽小分队开座谈会，将扶贫中的酸甜苦辣向同学们娓娓道来。

老马是个声音洪亮、长相粗犷的汉子。他是这批驻村工作队中驻村时间最长的队员。他说，驻村的日子里，他走遍了雨碌村的山山水水。雨碌村有 17 个村民小组，最近的村民小组就在乡上，多数村民小组都在山里，而有的村民小组很远，要翻过几座山才能到达。两年的时间，让他对雨碌乡从陌生到熟悉。他认识了很多农户，和他们亲如家人；他也看到了贫困户的家庭变化，听到了很多令人感动的故事。

吴大爷的故事便是其中之一。

吴大爷住得很远，要去看他的话，需要翻山越岭两个多小时才能到达。在半山腰上有一个破旧的小屋，那就是吴大爷和他两个孙子的家。这个年逾七旬的老人，在经历了儿子犯法送进监狱，儿媳离家出走的沉重打击后，用佝偻的身躯为两个未成年的孙子重新撑起一片天。他挺直脊背，做着农活和家务，在政府和工作队的帮助下，养羊喂猪以抚养自己年幼的孙子。吴大爷跟老马说，再困难他都要维系住这个家。只要自己还健在，就不会饿着两个孙子，更不会让这个家散了。

陈奶奶的故事是另一种励志的故事。

2016年，云南城投集团投资200多万元，启动了旨在帮助雨碌村建档立卡户脱贫的养猪计划。该计划实施的步骤是：城投集团为每家贫困户提供2～3头小猪，交由贫困户饲养。饲养期间，每头猪给予600元的饲料补助。待到年底，集团再派人到各家，按个数称重购回农户饲养的猪。因为按个数购买成猪，养猪户的积极性并不高。成猪质量普遍偏低。但是陈奶奶家养的猪却与众不同：干净而肥壮。老马在陈奶奶家回收成猪时，陈奶奶一句“你们的政策比我儿子好，我可不得好好照顾这些猪嘛”，令老马深受感动。

原来，陈奶奶有一儿一女，都在外务工。儿子30多岁了还没成家，女儿患有糖尿病。儿女的收入低，仅能满足个人温饱。陈奶奶得了癌症，老伴患有严重的风湿病，家里借了十多万的外债，还要养育外孙女……尽管糟心的事儿很多，但是陈奶奶的脸上始终挂着笑容。当队员们注意到陈奶奶家墙上贴的各式奖状时，陈奶奶显得激动而骄傲：“奖状都是我这外孙女的。她知道自己的妈妈没钱，就从来不买零食；知道妈妈辛苦，就想着好好读书。读书做作业这些事从来不要人操心。”当队员们提到陈奶奶家的猪养得又大又胖，连猪圈都比别人家的猪圈干净时，陈奶奶也是满脸笑容，细心地跟大家介绍她的“养猪秘诀”。

第四章　他乡，亦为我故乡

瘦削的脸庞上嵌着一双炯炯有神的眼睛，小个子，不爱说话，这就是李副乡长给人的第一印象。李副乡长本不是雨碌人，但他扎根雨碌十余年，将自己的青春、热血和汗水都奉献给了这片热土，这里，可以称得上是他的第二故乡。

2006年，大学刚毕业的李副乡长考上了雨碌的特岗教师。任教期间，他认真教学，得到了许多学生和家长的认可。2011年，他考取了乡镇公务员。工作上，他总是说得很少，做得很多。他从普通公务员，一直到乡办公室主任，再到副乡长，分管扶贫工作。他说，在雨碌工作的十几年，他对得起自己的良心，对得起雨碌的百姓。

说到雨碌，他一改沉默寡言的形象，对着小分队的队员娓娓道来。扶贫工作难做，基层扶贫工作更难做。由于当地文化教育水平较低，村民的意识较为落后，政府的精准扶贫政策在落实过程中遇到了巨大的阻力。他带着乡里、村里的干部和驻村扶贫工作队，一遍又一遍地进行宣传，给村民们做思想工作。他说，他要做的事，就是让那些真正需要政策的人得到应有的帮助。扶贫工作队有工作年限，过一段时间就会回去。而他则是十几年如一日地做着同样复杂而艰巨的工作。俗话讲，清官难断家务事，而贫困户的甄别工作就是要理清乡里、村里的“家务事”，比如有些人认为，自己与贫困户条件差不多，却没有评上贫困户，觉得不公平不公正。这时，李副乡长就会带领工作人员，不断给他解读政策，告知他并没有达到贫困户的条件，不能给他评定，化解他心中的不满，解开他的心结。

李副乡长在基层工作了这么多年，令人钦佩。在这么多年的扶贫工作中，他深切地感受到扶贫不能只做物质上的扶贫，更要做精神扶贫和观念扶贫。许多人的贫穷并不是单纯的经济困难，而在于观念落后、目光短浅，总是过着竭泽而渔的生活，无法做到可持续发展，因而变得越来越贫穷。面对这种扶贫现状，李副乡长自觉责任重大。身为一个基层干部，他尽己所能投身扶贫事业，倾己之力帮助乡亲脱贫。而李副乡长只是众多扶贫干部中的一员，他和这些所有奋斗在扶贫一线的人儿一样，可亲可敬，值得我们肃然起敬。

第五章 扶贫，一直在路上

青壮年多半外出务工，大多数家中只剩下老人和孩子，子女们很少往家里寄钱，孩子主要靠老人抚养；因病致贫仍是大多数贫困家庭难以脱贫的原因，部分贫困户只能选择吃草药或者硬扛的方式抵抗疾病。近年来，随着国家扶贫力度的加大，产业扶贫、旅游扶贫、金融扶贫等扶贫模式逐渐推行，贫困人口逐年减少，人们的生活水平也有了明显改善。

但是，扶贫仍在路上。扶贫工作依然面临着不少问题和困难，亟须扶贫干部施力解决，也更需有志的年轻农科学子用自己的智慧启蒙这些贫瘠的土地，用自己的技术改善这里贫困的生活。未来，是我们青年一代的，在助力扶贫的路上，用心为农科学子的梦想插上翅膀，一展宏图，大有所为，千山万重，未来可期！

实践队员在陈奶奶家入户调查　摄影：刘骏麒

（陈蕊　金天　陈蓉　谭瑶　文）

问询扶贫事　献计扶贫策

——云南农业大学农学与生物技术学院 2018 年联合实践行动纪实录

2018 年姚安县前场镇科技支农咨询服务　摄影：李自超

扶贫是一个久远的话题，是一个沉重的话题，更是一份必须坚守与承诺的责任和义务。扶贫是中国共产党、中国政府向全国人民和世界人民的庄严承诺。党中央发出了举全国之力打赢脱贫攻坚战的号召，举国参与岂能少了广大青年学子的参与。2018 年 7 月下旬，云南农业大学农学与生物技术学院“科技支农帮扶团”和“乡村振兴实践团”两支“三下乡”团队奔赴云南省楚雄彝族自治州南华县和姚安县开展以“助力精准脱贫，聚力乡村振兴”为主题的暑期“三下乡”社会实践活动。

第一章　调查贫穷根源　破解贫穷困局

第1天，2018年7月24日，队伍于早晨8时从云南农业大学出发，经过3个多小时的长途跋涉，于11时30分抵达南华县沙桥镇政府，随后在镇政府扶贫办公室召开了一个小型会议，会议上沙桥镇分管扶贫工作的副镇长详细解读了“精准扶贫”的内涵，重点介绍了沙桥镇的发展现状与扶贫工作的开展情况。会议短暂，但意义重大，它为我们接下来开展扶贫调研工作打下坚实的基础。会议结束后，队伍稍做休整便又整装出发，直指沙桥镇新华村。到达目的地后第一时间开展了党建互动活动，党员重温入党宣誓词后便走进老党员的家中，为其送去问候，同时认真听取和学习了老党员的工作经验，从老党员的分享中我们体会到其思想的先进性和工作作风的优良性。活动过程中我们了解到，新华村村委会第一党支部现有党员28名。28名党员扎根基层，想民之所想，急民之所急，为决胜全面建成小康社会尽心尽力，无私奉献的精神值得我们广大学子学习。紧接着在当地村干部的带领下团队分组走进农户家中，进行了农户调研活动，活动过程中队员们与村民深入交流，并完成了相关调查问卷，结果显示，农户对政府的帮扶非常满意，挂包帮扶措施效果显著，新华村贫困户总数由原来的48户减少至现在的2户。

通过走访调研，我们发现农户贫困的原因错综复杂，其中基础设施和群众思想观念是致贫的两大因素。新华村在各级政府干部的共同努力下基础设施已得到改善，水、电、路都已通入每家每户，但由于地理条件的制约，生产模式较为传统，生产效率低下。由于村民受教育程度不高，对市场不够了解，很难掌握市场动态与走向，产品滞销的现象屡见不鲜。调研过程中我们发现有一农户家中养有1头刚刚产仔12头的种猪，按理来说这将给他们带来好大一笔收入，但由于猪价下跌，他们反倒担心起猪仔的销售的问题；还有一农户家中酿有香醇甘甜的苞谷酒，但由于担心销路问题而没有大量酿制，因此自己的酿酒技术得不到推广，酿制的白酒也只能在自家院落里飘香。通过调研活动我们发现，很多农户具有生产实力，但担心农产品没有好的销路而不敢生产，因此严重制约了他们的发展。

很多农户在农产品的销售方面希望得到政府帮助，为其寻找合适的销路。然而，政府也有他们的难处，因为农户生产规模小，生产类型繁多，无法与企业单位达成协议，而且市场具有不稳定性，很难掌握市场走向，政府也不敢轻易担保，寻找销路这一问题十分棘手。针对这一难题，我院学子为扶贫攻坚出谋划策，认为要使农民富起来仅仅鼓励农户生产是解决不了问题的，首先得解决农户担心的问题，让农户有胆量、有信心地去生产。要解决销路的问题政府可以尝试组织成立农村合作社，让生产具有一定规模，让农产品有一定的品质，然后再与企业单位合作，保证群众收入。

第二章　走访脱贫示范地　宣传先进引领观

第 2 天，在老师的带领下我们来到南华县五街镇和龙川镇等地进行参观学习活动。我们首先参观的是五街镇老厂村的小米葱种植基地。老厂村党总支引导农村党员干部在脱贫攻坚战中发挥先锋模范作用，成立南华县富农养殖合作社，农村党员干部带头投入资金入股（其中党总支书记和村委会主任各入股 10 万元，其他村干部入股 5 万元，农村党员入股 1 万元以上），发动 98 户建档立卡贫困户以产业扶贫资金入股合作社，引进现代农业种植企业——元谋林峰绿色食品有限公司，以“企业 + 合作社 + 贫困户”模式种植德国小米葱，通过土地流转发展小米葱种植 208 亩，企业以协议价每千克 2. 5 元负责收购小米葱后，每千克返还村委会 0. 05 元作为集体经济收入，实现农村党建与脱贫攻坚同频共振。预测 2018 年老厂村村委会在带动贫困户实现户均收入 700 元的基础上，还可实现村集体收入 10 万元。很显然“企业 + 合作社 + 贫困户”模式在脱贫攻坚战中取得了明显的效果，土地流转发展使土地得到合理规划利用，很大程度上节约了资源保护了环境，使得土地利用效率提高；建立农村合作社，形成更专业化的管理模式，在专业人员的带领下，农村劳动力得到开发利用；与企业协作解决了农户的后顾之忧，让他们不再为产品的销路问题发愁。“党建 + 企业 + 合作社 + 集体经济 + 贫困户”的发展模式是值得我们借鉴和推广的。

紧接着我们来到了龙川镇镇境村村委会白及种植示范基地。3 000 亩紫花三叉大白及规模宏伟壮观，为当地经济发展做出了重要贡献。基地以示范区绿色防控技术覆盖率达到 100%，化学农药减少 40% 以上，病虫危害损失率控制在 5%

以下，平均亩产增加 1 500 元以上为目标，发展绿色种植业，在保证收入的同时，不对环境造成危害。此外，在白及种植园区内还植有樱花等多种观赏植物，每逢花季便会吸引来大量游客观光旅游，其次，观赏植物的种植也给白及生长创造了一定的条件。白及种植示范基地对当地的脱贫贡献主要体现在 2 个方面：①基地规模庞大，劳动力需求巨大，为当地贫困人口提供了很好的就业机会，助力当地农户在家乡就业脱贫致富。②基地采用“公司 + 农户”合伙的形式，让周边村子的农户，尤其是建档立卡贫困户自愿入股，这种入股甚至可以采用劳力或者基地管理的形式开展，入股后采用项目分红的形式反哺农户，让广大农户既能与公司合作获得经济收益又能降低风险。

第三章 调研校地合作 宣传扶贫成果

第 3 天，7 月 26 日，我们的目的地是姚安县前场镇木薯村，该村是云南农业大学帮扶定点村，学校安排多名干部长期驻村开展扶贫工作。学校的定点帮扶工作、学校安排的驻村扶贫人员不仅仅只是安排人员驻扎在当地、监督当地的扶贫工作，而是要考察当地的实际情况，结合当地的贫困特点制定相应的扶贫对策，并针对这些扶贫对策开展相应的扶贫工作。鉴于此，我们的“三下乡”实践团队到达前场镇木薯村后，云南农业大学农村干部学院的驻村干部黄荣华老师和当地村干部向我们介绍了村中的扶贫工作情况、农业生产和教育的发展情况，以及对未来发展的展望。其后我们针对黄老师介绍过程中一些不明白的问题对黄老师进行了提问，黄老师也一一为我们做出了解答。通过问询了解到木薯村在各驻村干部的共同努力下，贫困户数由原来的 65 户减少至现在的 8 户。在村干部的带领下木薯村成立农村合作社，建大棚，搞种植，响应市场需求，提高农产品品质，将木薯村打造成绿色能源、绿色食品、养生目的地是木薯村各级村干部的共同目标。

中午吃过午饭进行了半个小时的休整后，我们分三组去到农户家进行问卷调查，村里面的天气多变，时而烈日当头，时而倾盆大雨，但我们丝毫没有抱怨，依然热情满满地去到农户家中，面带微笑地和村民解释来意，村民们也很配合。通过走访调研我们了解到，木薯村海拔 2 100～2 200 米，耕地多为山地，农户则因地制宜在种植核桃、烤烟等经济作物，在相对平整的地方种植小麦、玉米等粮食作物和花椒、大蒜等香料作物。在调研过程中，实践队员询问当地建档立卡户有没有加入本村的农业合作社，向他们了解加入农业合作社的想法，以及加入农业合作社能给他们带来什么样的改变和效益，并向农户宣传学校在当地的扶贫政策和扶贫措施。

随后我们来到了姚安县木薯村的农业示范基地，该基地由木薯村内的合作社承包土地种植德国小葱、辣椒、丹参。在合作社负责人的介绍下，我们初步了解了他们的产业规模、产业结构、产业收益以及收益分红等情况。通过了解，我们对学校与当地政府制定的扶贫措施表示出了充分的认同，对当地的扶贫攻坚、快速脱贫充满了极大的信心。与此同时，我们广大同学也认识到了学校扶贫干部队伍在扶贫总体规划和站位上的重要性。

第四章　加强科技宣传　助力输血脱贫

第 4 天，2018 年 7 月 27 日，也是此次“三下乡”行动的最后一天。我们按照前期的准备和策划，来到了前场镇集市进行“科技支农”咨询服务活动，为广大农民朋友答疑解惑，科普当地主要粮经作物的种植知识。

咨询服务当天是当地的赶集日，咨询点刚摆设完成，便吸引了一部分当地老乡过来询问，老乡们向我们询问他们在实际的田间种植过程中遇到的问题，比如大蒜和百合的根腐病、大蒜叶枯病要用什么药来防治？玉米如何种植才能获得高产？老乡们的问题很具体，并且他们也希望能从我们的回答中获得更实用、更有效的解决方案。我们尽自己所学，对老乡提出的问题进行解答，在遇到我们自己不懂的问题时，我们便让老师解答，或者当老师在帮其他人解答时我们就上网查询，将一些具体的有效的药名或作物品种补充在技术手册上，让老乡带回去参考。通过半天的摆点咨询服务，我们发现虽然很多村都有设立农业咨询服务站，农民在遇到问题时可以去寻求帮助，但在种植方面大多数农民基本是凭借自己在田间的种植经验，很少会去农业咨询服务站进行咨询，所以存在很多不合理的地方，包括自留种子、不科学的用药，所以我们向他们建议今后在种植方面，应当多向农业咨询服务站咨询自己种植方面出现的问题，老乡们也欣然答应了。我们的技术推广虽然只有半天，帮助的农户也没有很多，但这是一个良性的开端，相信科学技术在农业生产中的作用，相信农业科学技术推广会慢慢走近千家万户。

除此之外，我们通过与当地老乡们的沟通交流，发现了自己身上的很多问题。老乡问的很多问题实际上我们在课堂上都学习过，我们对这些问题有印象却回答不上来，这是理论没有结合实践的体现。在今后的学习中，我们要多参加像今天这样的活动，通过参加类似的活动让理论知识与实践相结合，进行查漏补缺，要更努力地去学习知识，不负老乡们的信任。

7 月 27 日下午，我们坐上了返回学校的车，此次“三下乡”活动圆满结束，但是我们的思考还在继续。返程 6 个小时的时间里，我们重新思考了此次“三下乡”活动的意义，它给了我们一个走进乡村、走进基层的机会，它让我们更加了解农业、农村和农民，让我们心系基层，不再做“两耳不闻窗外事，一心只读圣贤书”的书呆子。我们去了几个发展情况不同的地方，通过不同地区不同发展状况的对比，我们认为“要想富先修路”这话很好地诠释了不同地区发展状况不同的原因，地理环境和基础设施很大程度限制了一个地方的发展。而很多农民因为

2018 年南华县五街镇农业合作社调研　摄影：周锋

受教育程度不高，思想局限，不愿意接受新鲜事物，生产跟风没有创新是导致农村地区贫困高发的重要原因。因此，要实现脱贫应从群众的思想入手，在贫困地区实施教育扶贫是有必要的。经过此次三下乡活动，我们将重新树立自己的人生目标，理清思路，不断前行。作为农科学子，我们一定会紧跟党的步伐，投身农村的建设发展中，为更多的农民朋友服务，为我国“三农”事业、乡村振兴出一份力。

（周锋　李自超　邓宗澳　文）

不忘初心　砥砺前行

走进乡土乡村　助力精准扶贫

华南片区

三中全会的春风，依稀还拂过昨日的窗台，春雷轰鸣，于南海边掀起海浪惊天。

四十年的众志成城，时代见证了一个国家、一个民族从“吃不饱饭”成为世界第二大经济体、造就“中国奇迹”的华丽蜕变。

这是什么力量？是造梦的力量。

不是杰出者才善梦，而是善梦者才杰出。

面对乡村未来，我们的梦，在路上。

乡村振兴　我们在行动

——广西大学农学院2018年联合实践行动纪实录

暑期实践团在香蕉林前合影　摄影：韦雪露

2018年7月，为深入贯彻习近平新时代中国特色社会主义思想和党的十九大精神，积极响应团中央、全国农学院协同发展联盟的号召，落实乡村振兴战略，广西大学农学院组织了4支农科学子联合实践队伍、共68名师生分别奔赴广西贺州市、百色市那坡县、南宁市隆安县、柳州市融水苗族自治县等地开展暑期社会实践活动。

7月，骄阳似火。广袤的八桂大地上，有这样一群年轻人，他们穿梭在山林田间，他们走在乡村振兴最前线，响应时代的号召，吹起青春的号角，播撒希望。这是一群具有家国情怀的农科学子，他们怀着感恩的心，踏上了暑期社会实践的征途。站在祖国苍翠的青山上，迎接清晨第一缕曙光，思绪随风飘荡。山上的树在向他们招手，路边的花在向他们绽放，树上的果在向他们致意，身边的鸟在向他们歌唱。学子的热血，燃烧着激扬的文字；学子的青春，锤炼着为民服务的信念。

在一个月的时间里，广西大学张扬青春活力的农学院的学子们，走在扶贫攻坚第一线，为乡村振兴献计献策，奉献青春力量。暑期社会实践活动期间，4 支队伍共完成调查问卷 500 余份，实地走访调研 10 个村庄，开展多场农业培训会，受益农民数千人，为国家乡村振兴贡献自己的力量。

雄关漫道真如铁，而今迈步从头越。作为 21 世纪的大学生，广西大学农学院暑期社会实践团的同学积极投身暑期社会实践活动，立志成为“懂农业、爱农村、爱农民”的“三农”工作人才，扎根到农村去、到基层去，用自己的专业技能服务“三农”，以自己满腔的热情助力乡村振兴。

全国农科学子联合实践行动，我们一路向前；乡村振兴，我们正在路上。

第一章　八桂赞歌，乡村兴旺

在炎炎的夏日里，博士团的队员们再一次踏上了征程，坐上驶向贺州市八步区的汽车，深入乡村，为解决“三农”问题贡献一份青春力量。

贺州曾是穷乡僻壤之地，但 2017 年起，贺州市发生了翻天覆地的变化，全市地区生产总值 548.8 亿元，全市农民人均可支配收入 10 498 元，相比过去有了巨大的提升。是什么让这个落后的地区有了如此之大的变化呢？在深入调查后，我们找到了答案。

在贺州市农业局的带领下，先行走访了贺州市八步区贺街镇淮山协会，调查并了解贺街淮山的种植情况，参观了贺街淮山的种植基地。随后，博士团一行人又参观了贺州满天下李子产业示范区和贺州市八步区步头镇善中村村民合作社，听取了善中村驻村书记的讲解，对该村的产业扶贫有了一定的了解。

在走访善中村的过程中，我们了解到：这一切的成就是与乡村扶贫工作者的努力离不开的。该村卢一（化名）从带动群众发展稻耳轮种的种植模式，再到带头进行粉葛的种植，带领善中村村民探索出了发家致富的途径。

在走访途中，我们拜访了一位致富带头人，我们称呼他为“老沈”。户外骄阳似火，68 岁的老沈却健步如飞。在他的带领下，实践团参观了基地的水稻育苗场。育苗场用机械培土育苗，用塑料筐做育苗盘，全程机械化操作，可根据预期插秧时间机械调节播种密度，水肥一体化喷灌育苗，整个育苗期不到 20 天。老沈骄傲地对我们说：“我们合作社种植水稻是全程机械化的，机械培土育苗、机械插秧、无人机喷药施肥、机械收割烘干……，9 名员工种植管理 1 300 多亩水稻，一台插秧机每天可以插秧 40 亩。”

老沈在自己发家致富的同时，没有忘记帮助周边父老乡亲一同致富。他经常指导周边农民科学施肥，合理防治病虫害，应用各项农业先进实用技术，并主动帮助他们耕田、播种、管理、烘干和加工；对实在不能耕地种田的农户，他主动代耕代种；对贫困户，老沈免费提供优质水稻种子化肥，高价回收稻谷，既防止了土地撂荒，又为缺乏劳动力的家庭解决了粮食问题。

我们通过调研当地实际情况，找到了当地农业能够迅速发展的原因。八步区之所以能够发展得如此迅猛，归功于“集众智，聚群力，团结一心”的理念，我们需要将这个理念传播开来，让更多的扶贫工作者把它带到更多边远乡村。

“乡村振兴大调研·科技支农兴产业”广西大学农学院博士团暑期社会实践已经结束了，虽然行程很短，却给我们带来许多震撼。暑期社会实践活动让我们成长许多，也收获许多。在以后的学习、科研和工作中我们将努力提高理论水平和专业技能，为实现乡村振兴奠定坚实的基础。

阡陌逐梦，让农民们不再羡慕城里人的生活，为实现农业强、农村美和农民富不懈努力。

第二章 一次远行，几分感动

在一番紧锣密鼓的准备之后，7 月 21 日，广西大学农学院益农实践团一行 25 人坐上了前往广西柳州市融水苗族自治县白云乡瑶口村的大巴车，为期 9 天的“‘农’情融水，助力美好乡村建设”的暑期社会实践活动正式拉开帷幕。

一路上山路蜿蜒，傍山又临河，大家对白云乡很是好奇，这个大山深处的乡镇是什么样的景象呢？经过 6 个多小时的车程，实践团抵达了白云乡。队员们穿着醒目的队服走在路上，期待着与这里的乡亲们度过 9 天美好时光。

结合专业知识，实践团为孩子们带来了一次别开生面的乡村科普探秘营活动，带领孩子们探索未知的大自然。活动期间，每当老师领着孩子们来到农田时，孩子们总是摘下一些路边的野花，露出好奇而又渴望的眼神。“大哥哥，这个叫什么花呀?”当我们一一介绍后，孩子们会露出天真烂漫的笑容，这些笑容伴随我们度过支教时光。

早晨的白云乡，环绕着层层云朵，一眼眺望远处的高山，只能看见一个山尖儿，仿佛是一座悬浮的山，犹如中国的山水画一般，我们体会了“白云乡”中“白云”二字的含义。村里有一口水井、一帘瀑布和一个戏台，戏台是当地村民休闲娱乐的场所，旁边还有篮球场，村民每天都会聚集在这树下的戏台，或是乘凉打牌，或是聊天唠嗑，怡然自得。

白小花（化名）是柳州融水县白云乡瑶口村驻村“第一书记”，广西大学农学院 2016 届硕士毕业生。在考上选调生后，她被分配到了融水县团委，又下到白云乡瑶口村，成为瑶口村的脱贫致富领头人。在跟随白小花书记工作几天后，我们感受到她的坚强，作为柔弱的女子，她面对巨大的困难时，没有选择逃避与懈怠，反而积极承担，勇于面对和解决困难。“如果以后有机会扎根基层工作，我们定会如白小花书记一样认真负责，为人民服务，这就是榜样的力量。”实践团成员感慨道。

忙碌而充实的九天很快就度过了，这里真诚可爱的孩子们、善良朴实的村民让大家念念不忘。纵使我们离开了，还常常牵挂着他们，我们会想孩子们现在在哪里读书了？村民走上致富路了吗？一次相遇，情牵一生。此次远行，我们收获了无数的感动，更加坚信了我们作为农科学子的信念，用我们自己的微薄的力量，为祖国乡村振兴事业添砖加瓦。

第三章　摇曳金穗，农业筑梦

7 月，八桂大地上撒满金色，农科学子们满怀豪情，踏上征途。

7 月 26 日，伴随着和煦的微风，广西大学乡村振兴学社踏上了金穗集团实践调研之旅。进入集团生产园区，蓝澈的天空、青葱挺拔的香蕉林、标准化种植流程体系、冷链物流产链等景象生动地向我们展现着现代农业的魅力。

金穗集团近几年快速的发展得益于其开阔的眼界、大胆的创新，他们没有将发展局限于广西甚至是中国，而是利用广西紧邻东盟的地理优势，大胆地将自己的品牌推出国门，率先迈进东盟合作发展的大格局。“金纳纳”牌香蕉已经是国际化品牌，如今他们已经开始辐射火龙果种植与深加工及其他水果产业链。12家子公司环环相扣，以农业为核心，一、二、三产业协同发展，共同助力金穗集团大发展。

金穗集团坚持可持续发展理念，秉着绿色、环保、可持续的发展原则，坚持改良土壤，保障食品安全与环境无污染。这是很多企业不能做到的，又或者不能坚持的，而金穗集团却做到了。“精耕中国，基业长青”这简简单单的八个字被金穗人扎扎实实地践行。作为农科学子，我们清晰地知道这八个字的分量，也将成为我们坚持的理念。

四天的炎炎烈日，四天的疾风骤雨，四天的披星戴月，队员们多角度、大范围地对金穗集团及定江村进行深入调研，我们深刻认识到“金穗模式”不止是一种模式，更是我国现代化农业探索机制的一个缩影，是当下农业宏观经济下的大趋势，其借鉴意义非常重大。土地流转是农业产业兴旺发展、现代化推进的必由之路。正如习近平总书记所说：“深化农村改革，完善农村基本经营制度，要好好研究农村土地所有权、承包权、经营权三者之间的关系，土地流转要尊重农民意愿、保障基本农田和粮食安全，要有利于增加农民收入。”土地流转的实施要充分结合政府监管、企业诚信、当地现状和农民意愿等多个方面进行，改革不能生搬硬套，操之过急。

7月30日，浓浓的晨雾还环绕在山腰，飘飘然于山谷，3个多小时的翻山越岭，我们来到了马山县古棠村。在与村民的交谈中我们了解到，因村民人均占有地少，缺乏资金投入和技术指导，使得村集体经济收入很少，季节性缺水严重限制了生产生活。为维持生计，青年人几乎都外出打工，老幼留在家中。看着坐在会议室的村民们脸上一副茫然而又无措的神情，每一位队员的内心都被深深触痛。不曾想过，扶贫工作进行已有一段时日，还存在着如此艰难的局面。此刻，我们更加坚定努力学好本领，今后造福一方的决心。习近平总书记在讲话中指出：“广大青年应到基层和人民中去建功立业，让青春之花绽放在祖国最需要的地方。”的确只有深入到基层中，才能真正了解农民的需求，只有将更多新鲜的血液注入农村，农村才会有发展、有未来。在全国有很多像古棠村这样的一级贫困村，人们盼来政府发展振兴的政策，却没有找到发展致富的办法。我们多么希望有更多高校学子、青年实干家、社会媒体走近他们，帮助他们，共同推动乡村振兴这一伟大战略的实施。这不仅仅是我们农科学子的一份责任，也是国人的一份责任，是“中国梦”实现的重要环节。

日渐西落，我们辞别古棠村，带着不舍与收获踏上了返校之路。通过 5 天的实践，我们深入企业，开阔了视野，踏足贫困乡村，深刻地了解了在企业带动下村情、民情的变化，同时也看到深藏在角落的贫困村落。活动结束后，学社成员将结合自身专业知识，以微薄之力为“三农”发展和精准扶贫提供更多的第一手资料和建设性意见。

九层之台，起于垒土，“助力精准扶贫，聚力乡村振兴”任重而道远，我们农科学子也将在本次社会实践中积累经验，明确今后继续努力的方向，在助力乡村振兴的道路上，不忘初心，牢记使命，砥砺前行，勇做乡村振兴的领头人。

第四章　脱贫攻坚 砥砺前行

七月是丰收的，田野的稻穗染上了金色；七月是喜悦的，农民的脸上洋溢着笑容。

初到那坡，广西大学农学院学生党员暑期社会实践团成员便被它的宁静所吸引，远处是望不见顶的山峰，山上是浓郁的翠绿，土地中传来的每一缕气息都那么清新，在神州大地普遍炎热的夏季，那坡仿佛是一处仙境，清爽而怡人，风在轻轻地吹着，稻穗慢慢垂下了它的身子，一切都洋溢着喜悦。

学以致用，为建设新时代社会主义新农村而努力，实践团在学院党委支持下，邀请学院教授现场开展“科技兴农”农业技术咨询会，就当地农民在农业生产领域的问题，为当地百姓提供技术指导，答疑解惑，并给当地百姓送上萝卜、莜麦菜等多种蔬菜种子。一颗颗种子，送去的是我们的心意，带来的是农业新技术，种下的是那坡人民的希望，收获的是千家万户的笑容。

深入基层，获取扶贫路上的第一手资料，实践团前往那坡县念头村开展了以“广聚青春力量，助力乡村振兴”为主题的农业调研扶贫活动。据了解，念头村地理位置海拔较高，多为山地。村中共 253 户 1 036 人，其中贫困户 67 户 200

人，脱贫攻坚工作任务比较艰巨。2018 年，念头村脱贫攻坚工作主要是围绕“八有一超”的指标来进行，重点从林下仿生栽培、稻田产业、水源水系建设、村合作社营运，来增加村集体经济收入，帮助扶贫困户脱贫。

念头小学现有学生 15 名，设有一到四年级，共有老师 2 名。在向学校老师及学生了解该村的教育情况后，实践团协同该小学校长一起将随行所准备的书包、文具等物品赠予该村小学的学生，并与小朋友开展互动活动，用自己的故事鼓励他们努力学习，考出大山。那一双双渴望知识的大眼睛，一句句温暖的感谢，是当代中国边远山村孩子们最真实的写照。

由于村子所处地理位置为典型的喀斯特地貌，可用于农业生产的可耕地面积极少，且劳动力缺乏，粮食作物难以大规模生产，经济效益低，念头村的青壮劳动力不得不外出打工，以维持家庭开销。在广西大学驻村“第一书记”黄康（化名）的指导下，村中开始发展“稻田养鱼”“桑蚕种养”等项目。其中“桑蚕种养”项目已初见成效，并取得了一定的收益，越来越多的村民们走上养蚕脱贫的道路。通过对念头村的实地访谈调研，深入田间地头和家禽家畜养殖基地，实践

老沈带领大家参观水稻种植基地　摄影：禤子琪

团的每一位队员都了解到扶贫攻坚战的艰难，意识到了国家精准扶贫工作的必要性与重要意义。

“春蚕到死丝方尽，蜡炬成灰泪始干”，黄康老师不仅在课堂上为学生传授知识，更将自己的所学所知奉献给人民群众。我们感恩千千万万扎根于祖国大地的基层工作者，也坚信在他们的努力下，我们的脱贫攻坚一定会取得最终的胜利，实现全面建成小康社会的目标。

本次暑期社会实践虽然只有短短四天的时间，却深深触动了每一位实践团成员的心，坚定了我们学好农业知识、服务人民的信念。队员们纷纷表示，要认真学专业知识，践社会实践，表助国之心，以己之力，促己之为。聚是一团火，散是满天星，广聚青春力量，助力乡村振兴，我们当代农科学子责任重大，吾辈必将尽己所能，为农业强、农村美、农民富而不懈奋斗。

（王伟超　宋江宇　李帆　胡艳玉　文）

一村一品　以“绣花”功夫做实精准扶贫

——海南大学热带农林学院 2018 年联合实践行动纪实录

实践队伍在东方火龙果基地调研　摄影：王金平

“我们要立下愚公移山志，咬定目标、苦干实干，坚决打赢脱贫攻坚战，确保到 2020 年所有贫困地区和贫困人口一道迈入全面小康社会。”在中央扶贫开发工作会议上，习近平总书记掷地有声。

一根稻草抛不过墙，一根木头架不起梁。要实现“小康路上一个都不能掉队”，新时代的大学生同样需要有新行动、新作为。2018 年 7 月中旬，海南大学热带农林学院积极响应中国大学农学院协同发展联盟“一带一路”“美丽中国”绿色行动计划和海南大学开展暑期文化科技卫生“三下乡”社会实践活动的号召，结合中国青年网、“三下乡”官网、今日头条三家单位开展的2018年“线上三下乡·扶贫我先行”活动内容，在学院团委书记周霞的组织下，组建起海南大学“海南乡村情，助力振兴梦”实践团。

暑假期间，实践团兵分6路，顶着烈日深入海南的5个国家级贫困县——临高县、琼中黎族苗族自治县、保亭黎族苗族自治县、五指山市、白沙黎族自治县，以及东方市，对当地特色产业的运营模式、发展瓶颈等展开调研。7月16日至8月24日，我们共走访了15个镇30个村、38个基地、12个企业，共完成了575份问卷、40篇日记、5篇总结。活动事迹被南海网、“农科学子联合实践”“热带农林青年”以及今日头条等报道。此次社会实践让我们看清如今的扶贫现状和扶贫走向，同时培养和提高了学科素养，对我们考研和就业抉择都有重大影响，希望今后我们不管在哪个行业都能保持奋斗者的姿态，撸起袖子加油干，为国家和社会贡献力量！

第一章　走村入户“把脉问诊”

下基层调研前，实践团做了大量准备工作，比如确定路线、明确分工、对接联系人、备好资料文件和医药用品等。团队成员还通过上网、到学校图书馆阅览、询问相关师生等方式，细致了解乡镇的区域概况、历史沿革、气候、自然资源、民俗等，并认真查找相关资料，尤其是当地精准扶贫的相关政策内容，储备相关的理论知识。

7月16日，实践团临高队深入该县东英镇、波莲镇、新盈镇、临城镇、皇桐镇开展调研活动。这短短4天的实践并非一帆风顺，相反却是坎坷前行。其中最大的困难莫过于语言不通，难以交流。问卷调查时，很多队员傻眼了，农户表现出的热情让大家很开心，但他们复杂的方言着实让人听不懂。所以调研第一天，我们完成的问卷数量远远没有达到预期值。不过，这并没有挫败大家的热情，我们总结经验、克服困难，探讨如何与村民交流才能取得更好的效果，最终在合理的安排分工配合下，如期完成了计划任务。

第一天，地瓜叶种植基地、竹狸养殖场；第二天，火龙果种植基地；第三天，渔村、荷花基地；第四天，红心蜜柚种植基地……从临高一路走来，我们顶着烈日在田间地头听着村民们感叹近年来村庄的变化，看着扶贫干部对扶贫产业的尽心尽力，为农村和农民的可喜变化感到由衷开心。

通往五指山市的道路崎岖坎坷，实践团五指山队在宛如多个U形道路拼接而成的阿陀岭道路上颠簸了整整4个小时。初到五指山，感觉这个城市的繁荣程度比想象中还要差一些，因此我们的扶贫调研工作有了更重要的意义。7月17日至7月20日，我们深入五指山的通什镇、毛道乡、畅好乡以及水满乡，走访了当地的多个村落和合作社，完成了575份有效居民问卷。

东方市大田镇乐妹村是海南大学定点扶贫帮扶村。在这里，实践团东方队走近农户，走到地里田间，看到了这个“桃花源”的众多面相——既有青山绿水环抱下的诗意，也不乏贫困带来的沉重现实，有心酸，有无力，但仍旧有着感动和温暖。在实地调研中，农村的真实模样，农民的真实诉求，农业发展中存在的问题与趋势，不加任何掩饰地呈现在我们的面前。

在6个市县的走村访户中，我们更加深刻认识到农业是各地农民赖以生存的基础。从我们的调查数据看，94.96%的人都对乡镇农业产业非常了解，而另一个重要的收入来源——旅游业，则只有34.96%的人了解。这也充分说明了在大多村镇中，农业基本是唯一的收入来源，而旅游业只有少数村镇发展起来。特别是贫困乡镇中，农业是无可替代的，也是很多家庭唯一的收入来源。

结合所见所闻所思，我们“把脉问诊”，进一步分析了农村产业扶贫目前存在的突出问题。

一是农民文化水平偏低，对自身以及整体发展不够重视，尤其在技术、销售等方面无法进行建设性创新、改革，进而为增产增收设下了重大障碍。二是销售渠道较单一，容易导致信息流、物流、资金流受到限制，阻碍渠道功能的发挥，由此容易导致产品滞销问题。三是农民可用资金有限，田地有限难以扩大种植规模，难以进行大型机械化生产。同时，涉农金融部门也常常表现出“慎贷”态度，贷款手续复杂，担保和抵押、质押要求繁多，给农户贷款造成不少困难。四是扶贫政策、目标、主题、资源整合难，推动力度不够大。目前基层政府的正常运转、经济建设发展、社会和谐稳定大部分依赖于中央和省级的财政，而贫困地区的转移支付资金受地方人口、人均收入、工资、税收基数等影响。五是宣传力度较弱，对于新兴产业，农户们通常持观望态度。由于农村交通不便，网络不发达，难以及时获取市场需求信息，而且农民普遍文化水平不高，难以使用互联网获取相关市场需求信息。所以农户们对新兴产业基础技术、当前形势、前景发展知之甚少，因而不敢投入，使得产业停滞不前，进而错过最好的发展时期。

第二章　深入思考“对症开方”

虽然，产业扶贫还有很多路要走，但从实地走访来看，成功的案例不在少数，参与者越来越多，政府越来越重视特色产业的挖掘和扶持，产业扶贫的前景一片大好。

临高县东英镇扶提西村一直有种蒜的传统，但品质和产量没有现在这样好，再加之村落偏僻、种植面积零散，很少有客商来这收购大蒜，几乎都是村民自己挑着到集市上卖。为了改变这种状况，积极响应县里提倡发展的“一村一品”特色农业，镇里干部多方面着手，从水源、种质资源、栽培管理、销售渠道等对当地种植困难进行全面分析，各项击破，并成立专业合作社大蒜示范基地，打造出特色品牌大蒜，为农户们铺建出一条致富路。

琼中县湾岭镇岭脚村，位处中部山区、交通不便，这里的村民世代耕种务农，经济来源单一。在政府的帮扶下和养蚕致富能人陈世锦的带领下，岭脚村村民种桑养蚕，从开始的一个人发展到现在的合作社，如 2018 年产茧超过 4.5 万斤，产值超过 60 万元，桑蚕产业已经成了该村的支柱产业。在交谈中，我们了解到陈世锦发家致富的道路并不顺利。在独身前往广西学习种桑养蚕技术时，他被拒绝很多次，但始终没有放弃。他的坚持让我们敬佩，也让我们深刻理解了“人穷志不穷”这个道理，经济条件的落后不是致贫的根本因素，思想的落后和不上进才是最根本的原因。

五指山通什镇福利村，在政府和社会的支持下建设了光伏发电项目。光伏发电项目所需的光伏太阳能发电板由光伏产业协会捐赠，总计投资 50 万元。光伏发电每年为福利村带来约 5.4 万元的收入，主要用于福利村村委会解决贫困户基本生活问题，符合精准扶贫条件的家庭一户一年可以获得 2 400 元补助。光伏发电板能够持续发电 25 年，具有良好的经济效益、生态效益和社会效益。光伏扶贫产业让福利村的贫困户尽享阳光收益，“晒着太阳”增收脱贫，奔向小康。

可以看到，在整个实践过程中，几乎每个村镇都有自己的特色扶贫产业，有的虽然才刚开始，但不管是中间牵线的政府、投资的企业，或是参与其中的农户，都对未来发展充满美好期待并鼓足干劲，在内外因素的刺激下，三管齐下的效果尤为明显。

发展特色产业不仅有助于扶贫，同时有利于传播和传承海南传统文化，保护和利用优质自然资源，实现农村经济的高质量发展。那么，如何进一步推动农村特色产业扶贫呢？在实地调研、探讨交流、深入思考的基础上，我们试着“对症开方”。

我们认为，首先要明晰目标，做好准备。要对精准扶贫有准确的认识，在心里明晰帮扶的是谁，怎么帮扶，谁来做这个帮扶的带头人，要达到什么样的效果。在实施之前尽可能分析方案的可行性，估算风险，预期结果，在项目实施之前就将“精准”二字牢记于心。

最关键的是，对产业的选择要慎之又慎。要结合地区的位置、气候、文化等选取最适合当地发展的产业，例如，根据当地土地成分特点，大面积种植适合本村的热带农作物，大面积种植相同种类农作物，可以更有效地管理农作物生长，同时也便于采摘和销售。产业要容易被农户接受，不能有太高的技术要求，农户能够在专业人员的教学下花较短时间便掌握甚至精通；要选择能够深度挖掘的产业，使产业做出特色，打出品牌，创造更多的市场价值，达到可持续发展的目标。

此外，要以农为业，以新为标，建设具有强大生命力的产业链。从源头开始便要有能充分调动农户积极性的举措，凝聚农户的力量。在生产、加工流程中要有规范性制度，鼓励农户创新，让农户不仅停留在种植阶段，还能为自己的产品进行独立设计，为自己产品创销的同时提升产业的多样性。要顺应时代变化，结合消费者需要，不断调整以找到最契合于产业自身的定位。

在产业发展过程中，还要集众之力，发挥杠杆效应。不能将企业和农户单独隔离开来，而是要在政府相应政策的支持下，结合农村合作社的形式，将政府、企业、合作社、农户紧紧绑在一起，就像一棵大树的根、茎、叶、果实一样共同发展，彼此促进。政府及时获取市场信息，积极反馈给农民，避免农民盲目种植，同时提供相应的技术培训，给予一定的优惠政策和资金支持等。减少中间环节，实现农民生产端到销售终端的直接对接，实现农民利益最大化。农户要积极学习技术，自立自强，先富带动后富，以合作社的形式拓宽渠道，通过聚集力量，达到互利共赢。

俗话说：要想富，先修路。但整个实践过程中，队员们最大的苦恼就是交通不便。大多数村镇都有农村公交，但发班时间混乱、班次少、等车时间过长等普遍存在，除了农村公交外，唯一的选择便是电三轮（有的地方不一定有），但对人数较多时的出行来说尤为不便，乘客的安全也无法保证。有些村庄的路况糟糕，路面过窄，这对发展来说十分不利，不管是物资的引进还是产品的销售都离不开货运，希望有关部门加强注意及时关注各村镇交通信息，该维修的维修，该整改的整改。总之，要用“绣花”功夫因地制宜、对症施策，发展好“一村一品”特色产业，助力精准扶贫、精准脱贫。

第三章　知行合一　收获满满

“纸上得来终觉浅，绝知此事要躬行”。这次暑期社会实践虽然时间短暂，但它对我们的影响却是积极而深远的——我们不仅要在课堂上学知识，更要将“论文写在祖国大地上”，以行促知，知行合一。

这次实践让我们进一步熟悉了国情、社情、民情。

鲍颜为同学感慨地说：“现代大学生，大多是在书本知识中成长起来的，对我国的国情、民情知之甚少，而社会的复杂程度，远不是仅凭读几本书、听几次讲座、看几条新闻就能了解的。社会实践则为我们打开一扇窗口。它让大学生广泛地接触社会，了解社会，不断地参与社会生活，在实践中不断动手、动脑、动嘴，直接和社会各阶层、各部门的人员打交道，培养和锻炼实际的工作能力，并且在工作中发现不足，及时改进和提高，使之更新知识结构，获取新的知识信息，以适应社会的需要，通过社会实践，大学生能以现实主义的眼睛，以人文关怀的深度，去观察、体验这个我们既熟悉又陌生的社会。”

这次实践让我们进一步增强了克服困难的信心和能力。

“刚刚开始，因为调查表上的问题烦琐和询问的方式不对，我们引来了村民的不快，甚至有村民看到我们就立马回家关门，这对我们来说是一个沉重的打击”，谢佳文同学说，“指导老师指出了我们的问题，我们逐渐学会了沟通的方法与技巧，以一种和村民唠家常的方式找出我们需要的答案，村民们渐渐地很乐意配合我们的调研，虽然这种方式花费的时间比较长，但容易成功。”

陈金鹏同学说，此次实践，让他明白了一个团队的成绩是由每位队员的努力换来的。在这个竞争激烈的社会，孤军奋战、单枪匹马已经很难前行，我们应该更注重沟通、交流，更注重怎样更好地融入一个团队中，通过一个团队整体的进步来带动自身的进步。“这次实践就很好地锻炼了我们的沟通能力、协调能力，等我们踏入社会后，这会给我们带来很大的帮助。这次实践中遇到了很多方面的困难，但我们都能冷静解决，这让我们的信心得到了增强：我们不是温室中的花朵，我们不是满腹理论不懂实践的书呆子，我们已然有能力迎接人生中的风风雨雨。即使以后我们步入了社会，我们依然不会退缩，依然能出色完成任务。”

这次实践让大家更加懂得幸福来之不易，更加珍惜现在的生活。

“作为当代大学生，或许真正的磨难只是与我们擦肩而过，并没有过多的纠缠。大多数的我们一向在安逸的环境下生活、学习。很多东西都能够唾手可得，但在某个遥远的角落里，却有一些人过着与我们截然不同的生活”，姚丽娟同学深有感触地说。应对生活，农民们展示出与烈日暴雨搏斗的精神。谁能不为之震撼，不为之动容呢？

此外，我们还形成了一个共识——学科知识用处大，知行合一更有力。

本实践团队队员分别来自农学、动物医学、植物保护等与农业息息相关的专业，在整个实践过程中不仅学到了很多课本以外的专业知识，还拓宽了我们的见识，有利于将理论与实际联系在一起。比如，学农学的同学在作物生长发育过程中病虫害治理以及农药使用时给出了力所能及的建议；学动物医学的同学在走访竹狸养殖地时向负责人学习养殖之道并交流意见；学植物保护的同学关注环境治理和植物保护，在美丽乡村建设上给出不少建议。同时，专业知识的匮乏，更给我们敲响了警钟，今后更要加强学习并多参与与学科知识相关的实践活动，增强实际中问题处理和运用知识的经验。

“亲身下河知深浅，亲口尝梨知酸甜”。无限的过去，都以此刻为归宿；无限的未来，都以此刻为起点。我们将怀揣着这次暑期社会实践的美好记忆，带着感动与思考起程，把个人的命运同社会、同国家的命运联系起来，去探索更加广阔的舞台，去实现更有价值的人生！

实践队伍在临高水稻种植基地参观学习　摄影：陈金鹏

（周霞　郑书记　张银东　文）

青春助力飞翔　书香对话梦想

——华南农业大学农学院 2018 年联合实践行动纪实录

笑中带泪的毕业典礼　摄影：吴乐燊

2018 年 7 月 21 日，清晨灿烂的阳光照耀着操场，贵州省铜仁市石固仡佬族侗族乡龙塘坳小学举办了文艺汇演与暑期班的毕业典礼。华南农业大学梦之队的队员们与孩子们一齐欢笑表演、含泪告别，正式结束了为期十四天的暑期社会实践活动。

下乡前，梦之队的队员们经过了 3 个多月紧张的募书、筹款与准备，集合了

20 位校内外队员，于 7 月 8 日从广州出发，跋山涉水来到了群山环抱中的龙塘坳小学。梦之队在此开展了以“圆梦书屋，续爱黔行”为主题的暑期社会实践活动，在短暂而珍贵的两周时间内，队员们圆满完成了支教、调研、扶贫和筹建爱心图书室等多项任务。

“这次下乡是我最累，但又最难忘的一次经历”，梦之队的队员这样感慨着，“当初在凌晨两点建图书室时我站着都能睡着，但我只要想到以后孩子们认真读书的样子，就觉得一切都非常值得啊！他们的未来，与我有关。”下乡后，连续多天的熬夜工作让大家的脸上显出疲态，但大家的眼神却仍旧炯炯有神。“书屋是我们能给予孩子们最好的礼物”，梦之队的队员们自豪地说，“这让孩子们能从阅读之中遇见最好的自己。”是啊，知识是无价的宝藏，相信梦之队带进大山的这抹书香能更韵味悠长！

第一章　支教：为梦想插上翅膀，让兴趣引领远航

来到龙塘坳小学后，我们才发现孩子们是那样的好奇，在课堂上仿佛有无穷的精力去探索世界，眼中充盈着对一切新知识的渴望。在进行支教的短短 12 天里，我们开设了 21 门不同种类的课程，共上了 105 节课。

在这 12 天里，我们废寝忘食、不厌其烦地备课，想使每节课都充实，让每个小朋友都能开心一点。嗓子哑了没关系，含着喉片继续上课。时间太宝贵了，只要你们想懂得多一点，只要我们能教你们多一点。

在英语课上，当我们打开精心准备的教案，却遇到了一个意想不到的难题：孩子们根本不认识英文字母，他们都是用拼音来读的！看着小朋友们天真无邪的眼睛，我们心生一股悲怆和希冀，我们悲怆是因为切实感受到城乡教育的差距，他们自身如何努力在现实条件上都会输于城里的孩子们；而我们又不甘心地希冀，我们恳切地希望他们能好好读书，因为在这大山里，知识真的是改变他们命运的唯一出路了，很多孩子如果能走出大山，一定能成为一个有用的人。

于是我们只能告诉他们：“虽然你们没有读对这些英文，但没有关系，跟着老师一起从基础的学起。”我们在担忧和憧憬中不断改进课程，不断地去探索最佳的教学模式，力求给他们不一样的学习体验。语文、数学、英语，我们尽力采取有趣的课堂模式：看视频、讲故事、做游戏，让枯燥的基础知识也变得活泼生

动，他们高举的小手便是对我们最好的肯定。编手绳、玩刮画、学折纸、做实验，我们用兴趣课打开一扇通往大千世界的门，将他们强烈的好奇心填满；橄榄球、性教育、阅读技巧、对话梦想、天文地理，我们尽可能教授更多不同的知识，让他们的见识更加丰盈。

在手工课上，孩子们完全沉迷于手工世界。一张张彩色的卡纸，一条条交织美丽的手绳，带给了孩子们一个崭新的世界。哪怕是课堂上最淘气的小男孩，也变得格外的专注。下课了，有个小朋友把老师喊过去，低着头，羞涩地笑着把手绳绑在了老师手上："老师，我想把这条手绳送给你，是你教会我编的。"人们常说"孩子生下来就是一张白纸，你往上画什么，它就有什么"，但只有正确的描摹，才能绘出最美的图画。爱玩是孩子们的天性，兴趣是孩子们最好的老师，我们能做的就是带领孩子们一步一步靠近自己梦想的方向。

在最后一节主题班会课上，我们一起谈论梦想，孩子们都哭红了眼睛，认真地在小纸条上写下了心里话：

"老师，我以后要像你们一样做个志愿者，也去帮助别的小朋友！"

"老师，说好的呀，我以后要好好读书，考上大学再去找你！"

"老师，我们一定会走出大山，去看看外面的世界的！"

"老师，我想去北京，去天安门……"

还有好多好多，写在离别的纸条上，也写在孩子们不舍的目光中。看着孩子们这么懂事，种下了梦想，所有的队员亦是含泪带笑，把这些稚嫩却令人触动的梦想一一记在心中。

林语堂曾经说过："梦想无论怎样模糊，总潜伏在我们心底，使我们的心境永远得不到宁静，直到这些梦想成为事实才止，像种子在地下一样，一定要萌芽滋长，伸出地面来，寻找阳光。"或许小朋友们对梦想的概念还不是那么清晰，但我们每位支教队员都希望，我们能为他们的梦想做出正确的引导，为他们的梦想浇水施肥。希望这些孩子们的内心能始终保持纯洁与勇敢，不随波逐流也不畏惧，在人生转折处可以捍卫自己的梦想。希望多年后，我们能够收到他们的消息：老师，我实现了自己的梦想。

第二章　调研：翻过那座山，看见不一样的真实

在龙塘坳小学的这十几天里，每天下午放学后，队员们都会亲自把小朋友送回家，并进行走访调研，了解当地农业发展现状和家长对小朋友心理健康的关注程度。

在陪伴他们回家的路上，队员们发现，许多小朋友上学的路上十分崎岖，在绵延不尽的山路上，回荡着多少感人的故事，那四面围绕的大山，又唱响着多少世代的绝音。他们嘴里“不远的路程”，实际上是每天都要走将近两个小时的危险山路。

某天走在孩子们回家的泥路上，我们问一个小朋友想听什么歌，他和我们说了一声《灯塔》，于是我们打开音乐播放器找到了这首歌，《灯塔》的旋律随之而出：“小的时候我们总是一起牵着手回家，迎着夕阳踏着同样的步伐。”第一句就把我们震撼住了，这难道不是大山里的孩子们世世代代的求学之路的真实写照吗？童年时光是美妙的，即使很苦，但是有小伙伴们的陪伴就是幸福的。“你是生命之中最亮的灯塔，温暖着我让我勇敢地飞翔，这一路上总有难免不了的伤疤，有淤青才让生命更嘹亮。”高潮响起顿时让我们眼泪止不住地往外流，是啊，他们经历的比我们多得多。他们会在天没亮时就起床赶路上学，他们会在闲暇时帮助家里人干农活、做饭烧水，他们会在夜深人静时安抚弟弟妹妹睡觉，然后用手电筒照明熬夜做作业、学习。他们没有放弃，他们心中仍然有着梦想，他们期盼着有明亮的灯塔能够带领着他们前进。我们愿意做这座灯塔，或许照亮他们的时间不长，但我们相信他们会记住这灯光，在心中种下梦想的种子。

我们调研时，不仅仅在路上看到了蜿蜒崎岖的小道、泥泞不堪的石阶、烂木垒叠的屋墙和陡峭险绝的悬崖，还在小朋友们的家中见到了散发酸臭味的门厅、发黑发霉的锅碗、破漏的屋顶、发霉的食物和残损的地板。贫穷的原貌，远远超乎我们的想象。村民们很是热情，见到我们急忙给我们端茶送水递板凳，关心我们走了这么长时间肯定累了吧，我们的心里很不是滋味，确实我们走累了，可是回头看看孩子们还有眼前的爷爷奶奶，他们在这样的年纪，走得又何尝不比我们累呢？我们默默地站了起来，和他们一起交流。

当我们问及一个小朋友“你的梦想是什么?”，她回答：“我长大以后想当明

星！”我们感到疑惑，问：“为什么呢？”她说：“因为小时候妈妈总是带我一起去跳舞，唱歌跳舞的时候我总能想起妈妈。妈妈已经很久没有回家了，如果我当明星，说不定妈妈就能看见我了。”

我们转过身，憋住眼泪。其实，这个小女孩的妈妈在她刚出生不久，就选择了不辞而别，她的妈妈根本没有带她去跳过舞，也根本没有回过家。她不知道妈妈的模样，不知道妈妈喜欢什么。她能做的，只是一次一次幻想着，妈妈带着她去跳舞，她只想让妈妈看一眼未来那个优秀的她。

在我们调研的过程中，像这样的单亲家庭还有很多，他们的父母因为生活的贫穷，而选择了在他们很小的时候离开家庭，音讯全无。他们只能跟着爷爷奶奶们生活，他们没有完整的家，没有完整的爱，他们很自卑，很脆弱，但他们的梦想却比任何人都更灿烂。

我们不希望孩子们因为贫困限制了他们的未来，我们希望通过我们微小的努力，能看到那张最纯真的笑脸继续绽放，让他们可以无忧无虑地学习。希望他们在未来的青春年少，能够坐在宽敞明亮的课堂里读书，而不是继承他们上一代人“面朝黄土背朝天”的劳作生活。希望他们回家后是认真做作业，而不是为了生活而四处干活，到了深夜才来学习。

好在驱赶黑暗的路上，我们从不是孤军奋战，点燃光明的途中，也从不缺乏爱心。穷黔孕梦，我们一直在路上：一批批书籍，一笔笔善款，一张张棉被，来自不同的地区，却都代表着同样的关怀和温暖。有梦的地方，就有梦之队，更有无数双温暖的眼注视着黔贵山区的教育状况。我们希望所有的爱心人士能够加入服务乡村，精准扶贫的大改革中，能够用十九大的精神为中国的乡村振兴战略做出属于自己的一份贡献，能够为真正在2020年前实现全面建成小康社会的宏伟目标出一份力。为此，梦之队一直在努力。

第三章　建图书室：尽情遨游知识海洋，用爱打造梦里书乡

“为山区的孩子做一件实事”这是梦之队建立的初衷，也是我们一直在努力践行的目标。四年来，梦之队已经为贵州山区五所不同的乡村小学分别建立了爱心图书室，藏书量多达18 283册。爱心图书室是梦，是光，是希望，承载着孩子们的未来。圆梦书屋，续爱黔行，梦之队始终记得自己的承诺，为贵州贫困山区

的学校建立一所爱心图书室。

在建图书室的过程中，我们经历了一系列的探索和努力。首先，是如何筹书的问题，我们寻求发动了一切能够求助的资源：校内宣传收书、校外联系公益组织、线上利用公众平台发布信息、与爱心人士沟通收书等等。经过不懈努力从各种途径筹集到 5 828 本图书和数量众多的期刊。

接着，是图书室的建设环节。如何将数量众多的图书进行有序整理，同时又考虑小学图书室的实际使用情况呢？这又是一个难题。我们在借鉴了梦之队上一年的经验后，又结合实际情况进行了具体方案的制订和实施。

来到学校的第二天，我们便开始建造爱心图书室的任务。在建设图书室的七天里，我们历经了停水停电、熬夜通宵做整理、一遍遍推倒前期工作从头再来等困难和挑战，所有队员一有时间就上阵：图书分类、整理排序、贴写标签、盖章、上架、装饰。我们采取流水线作业形式，每人负责一道工序，简单的事情重复做，重复的事情认真做，这是一个漫长琐碎的过程。每天除了要去上课调研，大家都会在图书室一直忙碌到深夜，如今回想起那段在图书室的时光，大家脸上都带着自豪的笑容。经过 7 天的漫长奋战，凝聚了所有队员的汗水与心血，承载着孩子们的未来和希望，爱心图书室终于在 7 月 17 日圆满建成。在这个过程中，时不时会有好奇的孩子从门缝探头观望，两眼放光："哇，这么多书啊！可以看吗？"这时，我们总要提醒一句："别急别急，再等几天，等图书室建好了就可以进来看书了。""老师，还要多久啊？我们都等不及了！"小朋友嘟起了嘴，接着又欢呼着跑开了，开心地喊着："耶，过几天就有书看了！"我们的嘴角已经悄悄翘了一个弧度，心里盛满了欢愉的喜悦和辛勤的甘甜。

白天黑夜连轴转，图书室总能见到队员们忙碌的身影。凌晨一两点钟，时钟依旧在滴答，图书室的灯还亮着。队员们一起并肩作战，累了困了就趴在书上休息一下，然后马上投入工作当中，大家互相鼓励，互相支持，一起奋斗。有时候我们也会互相调侃一句：这估计是我们这辈子跟书接触最亲密的时候了。笑声过后，疲倦、劳累也就抛在了脑后。想起孩子们阅读图书时享受的表情，就又有了继续坚持的动力。"我们累一点，苦一点，孩子们就能早点看到书了。这点困难又算得了什么呢？"队员们边干活边这样说。

一切的辛苦和汗水都成了过去。7 月 17 日龙塘坳小学爱心图书室揭牌仪式如期圆满举行。在带领着孩子们进入图书室后，他们认真地听着老师讲解图书室使用规则和公约，眼中满是喜悦和好奇。中午一到，孩子们便兴奋地前来读书。看着孩子们阅读时专注的样子，看着他们找到自己心爱的书籍时高兴的笑容，我们知道，一切的努力都是值得的，还有什么比他们脸上展现的在阅读中陶醉的神情更迷人的呢？

支教的时间稍纵即逝，两周的课堂太短，来不及教他们更多。只有这所爱心图书室能代替我们，长久地守护这群可爱的孩子们，浇灌他们渴望阅读的心灵。一颗星便能驱走黑暗；一盏灯就能指引前路；一本书也能拓展未来。我们相信，知识才是孩子们永远的老师，而梦之队，也会继续黔行，将梦想与爱心带到更多的地方！

明亮、整齐、崭新的爱心图书室　摄影：吴乐燊

（梁嘉鸣　刘雪莹　高靖波　赵颖琪　陈妍冰　李梦雨
宋冬萍　吴乐燊　郭家壮　李涛　李镓彤　张文祥　叶长涛
禤伟盈　单耀生　刘锦辉　罗青青　杨佳如　黄春晖　文）